喻少如　台建林◎编著

法言法语

FA YAN FA YU

FA XUE ZHU ZUO XUAN DU

法学著作选读

中国政法大学出版社

2025·北京

图书在版编目（CIP）数据

法言法语：法学著作选读 / 喻少如，台建林编著. -- 北京 : 中国政法大学出版社，2025. 4. -- ISBN 978-7-5764-2060-9

Ⅰ. D90

中国国家版本馆 CIP 数据核字第 2025FX5539 号

出 版 者	中国政法大学出版社
地　　 址	北京市海淀区西土城路 25 号
邮寄地址	北京 100088 信箱 8034 分箱　邮编 100088
网　　 址	http://www.cuplpress.com (网络实名：中国政法大学出版社)
电　　 话	010-58908586(编辑部) 58908334(邮购部)
编辑邮箱	zhengfadch@126.com
承　　 印	固安华明印业有限公司
开　　 本	720mm×960mm　　1/16
印　　 张	14.5
字　　 数	260 千字
版　　 次	2025 年 4 月第 1 版
印　　 次	2025 年 4 月第 1 次印刷
定　　 价	69.00 元

编委会

目 录

中国理论评析

英美法学思想

中国理论评析

经济学视角下的正义问题之论

——读熊秉元《正义的成本：当法律遇上经济学》

王泽鉴教授对这本书赞誉有加："将经济分析的方法带进法律学，虽未使用图形模式，但仍有数学上的精确，以流畅的散文阐释经济学上的'效率'和法律上的'正义'，并探究二者的关联。"的确，法律终究要解决社会问题，而对社会问题进行归因分析，将"需求定律、行为的外部性、科斯定理"等工具运用其中，有助于法律更加兼顾成本和实效，而非只是满足"心理上高尚尊崇的虚荣"。该书将经济学知识融入法律和现实，以通俗易懂的语言对一些社会现象进行深入浅出的分析，给读者展示了一种全新的思维方式，对于当代法学学生的学习和实践，实在是大有裨益。

一、界定正义——以经济学思维界定法律问题

法律是正义的体现，这是为法学各理论所认同的真理。而进一步追问"什么是正义"这一事关法律根本的问题，则众说纷纭，各种法学领域都给予了某种答案。菲尼斯将正义定义为"通过实践理性活动最终确证的基本价值之一"[1][2]，而瑞特纳帕拉对菲尼斯的理论进行分析后，指出其正义观念是试图通过实践理性活动推导出各种具体的道德原则，从而使人类生活更加趋于完满；黑格尔认为正义是基于自由意志的外部定在而实现的主观自由和客观自由的统一[3]，而马克思对这一理论进行分析后，强调应将"自我现实"

---

〔1〕 [英] 约翰·菲尼斯：《自然法理论》，吴彦编译，商务印书馆 2016 年版，第 209~210, 223 页。

〔2〕 Suri Ratnapala, *Jurisprudence*, 3rd ed., Cambridge University Press, 2017, p. 203.

〔3〕 白刚、郄爽：《正义的转向：从亚里士多德、黑格尔到马克思》，载《理论探索》2019 年第 6 期。

的正义置于更为广阔的经济—社会的结构之中，强调正义的实现必须以社会生产方式的发展和性质为最终依据[1]。这些答案在某种程度上揭示了正义的本质，同时也表明，在历史的不同阶段，正义本身被赋予各种内涵。一方面，这些内涵存在主体认知的差异性；另一方面，从历史纵向发展来看，这些内涵之间本就包含了诸多联系与冲突。综上，正义会根据当时的时代背景和环境，为社会问题提供有效的解决方案，从而推动社会的公平和更高价值的实现，同时随着历史发展不断演进，继而满足社会发展的需求。因此推论，正义是一个阶段性的概念，近似于一种固定不变的框架，人们为其填充的概念是其在特定时段的内涵，并借此发挥阶段性的功能。

基于阶段性这一论断，对于"什么是正义"的讨论，就转变为"赋予正义什么内涵"这一问题。对此，熊秉元别出心裁地用效率解读正义，在指出经济活动已经成为主导社会的力量这一大背景下，点明经济活动产生的纠纷，以及经济活动所隐含的思维，会不断雕塑这一时期的正义。为此，熊秉元进行深入分析，并提出以下三个论断：

第一，抽象考虑涉及正义的具体问题在整个时代的意义，便超越了正义原始的含义。社会经济的发展、社会习俗的演变、科学技术的发展等因素助推社会发展的日新月异，自然会不断填充"正义"本身。熊秉元以艾普斯坦以越界侵占为例对科斯定理的质疑为引，抛出在具体事务处理中，短期利益与长期利益的抉择问题，进而将短期利益与长期利益进行比较，指出长期利益与"正义"概念的连接较为模糊。长期利益，也即某一问题在时空上的意义。有学者在分析正义理论处理现实世界长远利益后，指出虽然平等高于应得，但其基于纯粹逻辑假设的理想化推论以及建立在"合法期望"之上的意向性诉求，又使所谓的平等原则显得抽象且缺乏现实的品格。[2]为此，需要引入新的要素以解决问题。熊秉元将效率融入其中，以此规避诸如"是否需要考虑平衡双方""是否需要考虑矫正"等问题，将思考角度简化为针对事件本身进行考虑，进而紧密连接长期利益与"正义"概念。至此，思考的重点已经从单纯的斟酌损益上升到涉及正义的具体问题在时空的意义，从短期利益上升至长期利益，这显然超越了正义原始的含义。

---

[1] 《马克思恩格斯文集》（第 7 卷），人民出版社 2009 年版，第 379 页。

[2] 杨国荣：《重思正义——正义的内涵及其扩展》，载《中国社会科学》2021 年第 5 期。

第二，无论何种时代，具体定义正义概念时，效率的考虑都十分重要。第一个论断出于对"正义"概念的应然层面考量，已尝试将"效率"要素纳入"正义"考虑之中，而针对"正义"的实然层面，"效率"对于"正义"的实践同样重要。有学者指出，法律体系内含一套公认的基本价值，例如正义，这些价值体现了社会成员的共同追求和认同[1]。也有学者认为正义是法学的核心价值之一，但在实践中，不同正义观念之间的冲突时有发生[2]。以传统的帕拉丁和简的租地纠纷为例，在案件中，针对第三者的介入，简没有设置排外条款，地主也没有违反契约，契约应该成为法庭审判的重点。此时，法律在本案的作用就是确保这一合法契约的执行。因此，在解决这一具体问题的条件下，契约成为裁判明确的基准点。回到艾普斯坦的越界侵占，解决这一问题存在两种方法——恢复原状和就地合法。以此为基准点，如果单从正义角度来看，短期利益的实现与长期利益的实现都实现了某种正义，而正义本身不具备可比性，因而此时无法明显区别两种做法。而将效率纳入正义之中，综合考量两者，便引出了新的标准——长远利益，此时，恢复原状相较于就地合法的益处便生动地展现出来。

第三，由效率填充正义的内涵，可使正义更为明晰。熊秉元基于长远利益的视角分析正义，指出正义的两大功能是诱发好的因素以及创造更多资源。而人类从实践中萃取智慧，不断改变、丰富、充实正义的内涵，使之符合不同时代的价值取向。法律原则具有开放性，这意味着人们会不断追求对法律原则内涵的更佳理解。[3]如果单凭朴素的道德和价值观思考，在面对上述问题时，很容易陷入模棱两可的境地。同时正义作为一个阶段性概念，需要人们基于当前时代现状为其填充内涵。而在当今的工商业社会中，经济活动成为人类社会的重心，市场规模的扩大也促进了效率提高，这是社会所追求的。因此，用现实的效率来定义抽象的正义，不仅可以使正义的概念落到实处，同时又以这一时期的社会现状作为基础，为正义增添了足够的现实可行性。

---

〔1〕 王利明：《试论法学的科学性》，载《法治研究》2022 年第 3 期。

〔2〕 曲晟：《论刑事司法领域下的法律正义与社会正义》，载《江淮论坛》2012 年第 2 期。

〔3〕 王琳：《论法律原则的性质及其适用——权衡说之批判与诠释说之辩护》，载《法制与社会发展》2017 年第 2 期。

二、成本的衡量——正义并非没有代价

在经济学领域，"成本"几乎无处不在。无论是交易成本经济学中外部性、机会主义等与成本之间的关联[1]，还是诸如机会成本与代理成本的连接[2]、不确定性与契约成本的正相关关系[3]等相关领域讨论，都彰显着"成本"概念在经济学领域举足轻重的地位。但是，关于"成本"是否能够在以公平正义为核心的法学中得到认可，还需要进一步探讨。

"成本"与"公平正义"在各自的领域都具有重要意义，但二者的关系相当复杂。"公平正义"强调的是一种规范性的价值，而这种价值为特定时代的人们在观念上所赋予。相比之下，成本并非抽象的思维，而是见诸社会行为，若从不同面向着手，能发现成本不同的样貌。在我国司法领域，中国法院的财政保障是关乎司法成本的主要问题，需要相应的资源作为财政支撑以维持日常运转和保证司法功能的正常发挥。[4]在行政领域，政府同样存在行政成本，其结构、效益、预算绩效管理机制、财政透明度等都关乎现实政治的正常运行。[5]上述无疑是现实的成本，但问题在于，许多法律，以刑事诉讼为例，其理念之一，是"当公正与效率发生冲突时，公正优先，兼顾效率"。这一理念确实合情合理，但在现实中能否经得起考验，需要加以考虑。

以书中"排富条款"为例，"幼吾幼以及人之幼"确实是一个懿行，同时从公平正义的角度看，这种方案的确符合民意，对不同的人差别对待，也是公正平等的生动体现。但将角度转换到成本时，便会发现，要将排富条款实行下去需要额外做大量的工作，为此的各种付出都将转化为成本，进而变为额外的税收和成本，最终将由人民承受。同时，考虑到资源有限的现实，排

---

[1] 王瑞：《论交易成本经济学的基本假设》，载《东岳论丛》2014年第10期。

[2] E. G. Furubotn & S. Pejovich, "Property Rights and Economic Theory: A Survey of Recent Literature," *Journal of Economic Literature*, Vol. 10, No. 4, 1972.

[3] A. Shleifer & Robert W. Vishny, "A Survey of Corporate Governance," *NBER Working Paper*, No. w5554, 1996, p. 7.

[4] 王亚新：《司法成本与司法效率——中国法院的财政保障与法官激励》，载《法学家》2010年第4期。

[5] 张曾莲、王莹：《预算绩效管理改革对政府行政成本的影响：控规模、调结构与提效益》，载《经济体制改革》2021年第2期。

富条款的产生及后续必然会消耗投入其他具有积极意义的事业的资金，例如公益事业、乡村振兴等。此类事业的发展如果用法律角度的"公平正义"来看，是合情合理且应当得到大力提倡的，而排富条款的实行可能会消耗部分投入此类事业的资金，那又能否认为，"排富条款"的存在是违背法律上的"公平正义"呢？至此，本意是减轻人民负担的措施却在事实上加重了人民的负担，这种看似正义凛然的做法，却经不起实践的检验。

综上，不难发现，解决任何事情都需重视两个要素：一是过程，二是结果，而两者又是相互关联的，越是追求完美的结果，越是会消耗更多的资源。因此，在追求公平正义的过程中，我们不仅要关注最终的结果，还要关注所付出的代价，也就是成本，对此，波斯纳法官进行了最好的诠释："对公平正义的追求，不能无视代价。"

三、"向前看"和"往后看"——成本思维应用于司法正义

在探讨司法裁判中成本思维的重要性时，不妨深入分析法律判决如何平衡个案的公平性与社会资源的合理分配。传统司法实践追求的是对双方责任的等同考量，以实现一种表面上的公平。然而，这种方法往往忽略了法律制度的根本目的——通过兴利除弊来促进社会的整体福祉。因此，引入成本效益分析的司法裁判模式，能为司法决策提供一种量化的手段，有助于法官在考量法律效果与经济效率时找到平衡点[1]，从而产生更深远的积极社会效应和法律效力。

在民法典的框架下，针对"主人家树上的水果掉到隔壁家"的归属权问题，直接裁决归属主人似乎是遵循法律条文的公正做法。但是，这种做法可能会导致为了保护这一物权而产生巨额成本和资源消耗。这不仅涉及解决双方争论的仲裁机制，还包括避免对方提前消费水果的预警和保障措施。而在司法裁判中，资源分配的合理性直接关系法律制度能否有效响应社会需求，实现公正与效率的双重目标。[2]在这一背景下，法官的判决可以被视为指引社会行为的指示牌，其指明的是未来判决的方向，同时也回顾了先前的判例。

此时，不妨想象出一条道路，法官的判决是这条路上的指示牌。路的前

---

[1] Richard A. Posner, *Economic Analysis of Law*, 7th ed., Wolters Kluwer Law & Business, 2014.

[2] Robert Cooter & Thomas Ulen, *Law and Economics*, 6th ed., Addison Wesley, 2012.

方，是这类案件的未来判决；路的后方，是这类案件的先前判例。此时，当法官"向后看"时，司法裁定水果归主人所有固然合乎传统的司法正义，但却忽视了成本因素，可能导致司法及行政系统的负荷和成本增加；相反，将"目光放在前方"时，未来意义则是超越了先前的法律规定和判例，从而实现了一种更为高效的资源分配。回到这一问题，假如认定归邻居所有，不仅能降低现实成本，还能激励主人采取行动修剪树枝，避免未来的类似争议，从而有助于减轻司法及行政系统的负担。

同时，如果将这一水果掉落案例与土地侵占案例进行比较分析，则不难看出，土地侵占涉及非法行为的产生，而水果掉落则是一个无主观恶意的自然事件。在土地侵占案例中，法律的目的是惩罚恶意行为，保护经济秩序。而在水果掉落案例中，法官的判决则需要考虑社会影响和经济信用的维护。综合考虑上述因素，判决水果归邻居所有，不仅避免了对经济秩序的不必要冲击，而且通过适当的司法裁量，实现了财富的最大化和社会资源的合理分配。

而延续这一观点，如果未来发生类似事件的可能性极低，"向前看"的论述就毫无意义。因此，"往后看"的重点应该放在现实案件以及先前判例的处理上。如此，即使类似事件发生，也可以根据具体情况采取适当的措施，而不必受到未来的限制。此时，未来的重要性已经被忽略，现实的重要性会被认可，也便不再纠结于对未来社会发展的影响，将这类事件的正义裁定，完全归于法律之中，可以不再受到现实的桎梏。

基于上述分析，不难发现，在司法裁判中引入成本思维，不仅有助于实现法律的长远目的，而且能够在保护个体权益的同时，促进社会资源的高效利用。进一步讲，这种以成本效益为导向的司法裁判模式，有期为现实司法裁判提供一种新的视角，以重新审视和构建更加公正、高效的法律制度。

四、结语

《正义的成本：当法律遇上经济学》是一部将经济学原理与法律相结合的著作，它通过"个人理性""效率"和"成本—效率"最大化方法这三部分的研究工具，深入探讨法律经济学的内涵，并且为读者提供一个全新的视角，让他们能够更好地理解法律经济学的魅力。具体而言，"正义"是法学的核心，它不仅能够得到有力的经济分析论证，还能够将经济分析纳入法学体系，从中提炼出最优秀的部分，抛弃最糟糕的部分。因此，法学不再局限于单纯的道德哲学，而是基于经过实践检验的强大行为理论，这些理论本质上来自人类的实践总结。由此，在面对日益涌现的新生事物中，法律不会再捉襟见肘，以抽象的思考分析和书籍中的规范性概念来应对，而能通过将过去的行为进行分类归纳，从而对新生事物做出适当的延伸。而以"成本"和"效率"解读"正义"，不仅可以深入挖掘"正义"的深层含义，更可以为"正义"的发展提供有力的支撑，从而使"正义"的内容更加完整，进而更加全面、更加深刻地体现出"效率""成本最低，财富最大化"的思想，如此能为"正义"的发展提供有力的理论支撑，拓展法学的理论基础，并为法学的发展提供新的思路。

（张正　西南政法大学行政法学院）

程序正义：让正义以看得见的方式出现
——读陈瑞华《看得见的正义》

　　正义一直是古今中外法律所着重追求的价值，现代正义理念起源于古老的自然法中的"自然公正"（Nature justice）观念。亚里士多德提出的两种法治要素、戴雪所诠释的三个法治内涵、韦德所提出的四项法治含义、罗尔斯界定的四项法治准则、富勒所提出的八项法治原则以及《德里宣言》涵盖的四项法治原则都可以被视为对正义标准所做出的概括与发展〔1〕。主流观点认为，正义包含程序正义和实体正义。实体正义主要体现在实体法中，并体现于司法裁判的最终结论中，构成了对法官的实体性道德限制。〔2〕罗尔斯在《正义论》中将程序正义分为三种类型并进行剖析，包括完善的程序正义、纯粹的程序正义以及不完善的程序正义。〔3〕《看得见的正义》一书由北京大学法学院刑事诉讼法学者陈瑞华教授所著，该书由作者的若干篇学术随笔构成，不仅从刑事诉讼的角度阐述了程序正义的意义、内涵以及范围，同时也对程序正义在中国的具体适用进行了剖析，引发了读者对于程序正义的思考。

一、传统中国程序正义理念之缺失

　　"正义不仅要行使，还要以看得见的方式行使。"这句法谚对应着传统证据理念中实体正义与程序正义两大核心内涵。而由于中国与西方的法律文化

---

　　〔1〕　参见孙笑侠：《法的形式正义与实质正义》，载《浙江大学学报（人文社会科学版）》1999年第5期。
　　〔2〕　参见陈瑞华：《看得见的正义》（第3版），法律出版社2019年版。
　　〔3〕　参见［美］约翰·罗尔斯：《正义论》，何怀宏、何包钢、廖申白译，中国社会科学出版社1988年版。

和法律环境不同，主流观点认为，中国社会更加重视实体正义，西方社会更加重视程序正义。[1]具体而言，在传统中国社会，程序正义理念在法律的供给侧与法律的需求侧两方面都稍显薄弱。

从法律的供给侧来看，传统中国法律的程序性规范始终落后于实体法规范。以李悝所制定的《法经》为例，其中包含的六篇《盗法》《贼法》《囚法》《捕法》《杂法》《具法》虽已趋于完善，但仅规定了义务性规范（特别是刑法上的义务性规范）和程序性规范，并无专门针对刑事诉讼中被告人权利保障的条文，而被告人权利保障往往被视为现代刑事诉讼法中的重要内容。此外，中国历史上的刑事诉讼法律都肯定了刑讯逼供作为获取口供手段的合法性，这与现代程序正义理念中"任何人都不得强迫自证其罪"以及西方法律中的沉默权制度的基本理念大相径庭。至于近代，西方法律文化逐渐传入我国，程序正义的理念映射于法律之上。新中国成立后，刑事诉讼法和民事诉讼法等程序法直到 20 世纪 80 年代才逐步颁布，这一定程度上反映出我国古代法律中"重实体，轻程序"的法律思维对现行法律仍然产生了一定的影响。西方法律对程序相对较为关注：程序正义最早出现于 1215 年的《英国大宪章》，其第 39 条规定："凡自由民，如未经其同级贵族之依法裁判，或经国法判决，皆不得被逮捕，监禁，没收财产，剥夺法律保护权，流放，或加以任何其他损害。"后来的美国联邦立法也同样吸收了这种思想：《美国宪法》第 5 条确立了"正当法律程序"条款，规定"……未经正当法律手续不得剥夺任何人生命、自由和财产"。比较之下不难窥见，在我国的传统法律的供给中，程序法的立法供给往往落后于实体法。

从法律的需求侧来看，传统中国民众对法律的需求更加侧重实体正义。要使裁判结论得到公众的认可，法官不仅要保证符合实体法的规定和精神，符合道德和理性，还要保证判决过程符合公平正义的要求。[2]如就回避制度来说，中国古代早在汉朝就创建了"三互法"制度，并对官员的任职回避作出了规定。在我国古代文化中，"铁面无私""大义灭亲"被视为一种政治美

---

[1] 参见季卫东：《法律程序的意义——对中国法制建设的另一种思考》，载《中国社会科学》1993 年第 1 期。

[2] 参见陈瑞华：《看得见的正义》（第 3 版），法律出版社 2019 年版。

德。[1]而在西方社会，美国著名法学家博登海默认为，自然正义包含三个标准：没有违法行为的人不得被认定有罪，双方当事人都应当有机会陈述自身意见以及任何人都不得当自己案件的法官，[2]可见他将回避制度作为自然正义的内涵之一。但在我国古代，"大义灭亲"是对官员秉公执法、不偏不倚的褒奖，其根源来自"以德治国"的政治理想，政治家们希望凭借道德来约束公权者。但西方的政治家却并不相信个人的自制力，他们更加倾向于使用制度对公权者予以约束，而若制度被很好地遵守，则正义即得到了实现。罗尔斯认为，在程序正义之一的纯粹程序正义中，无法寻找判断结果正当性的独立标准，但却存在着一种正确的或公平的程序，这种程序如被人们恰当地遵守，则因其所导致的结果必将是正确或公平的。[3]这昭示了西方社会对于程序正义独立价值的肯定。因此，较西方社会而言，传统中国社会更加关注实体正义而非程序正义。

二、程序正义的功能发挥

虽然传统中国法律中有关程序正义的保障条款较少，但在全面推进民主和法治建设的历史进程中，我们仍不可否认程序正义在保护公民基本权利、保证国家机关依法行使公权力和保障法律的可预测性方面所发挥的积极作用。以下笔者将对上述三个方面择其要者论之。

（一）程序正义的人权保障价值

程序正义是人权保障的重要基础。坚持程序正义对于保障当事人基本权益具有重要作用。"从美国经验看，既然对行政主体在现代社会的扩张性只能认同，剩下的也就是加强程序正义了。"[4]由此可见程序正义在现代社会中的人权保障价值。陈瑞华老师在《看得见的正义》一书中对程序正义的人权保障功能进行了论述。

第一，禁止刑讯逼供。刑讯逼供不管以何种形式存在，都容易引发冤假

---

〔1〕 参见陈瑞华：《看得见的正义》（第 3 版），法律出版社 2019 年版。

〔2〕 参见 ［美］博登海默：《博登海默法理学》，潘汉典译，法律出版社 2015 年版。

〔3〕 参见 ［美］约翰·罗尔斯：《正义论》，何怀宏、何包钢、廖申白译，中国社会科学出版社 1988 年版。

〔4〕 参见陈端洪：《中国行政法》，法律出版社 1998 年版。

错案。有学者曾进行过统计，大多冤假错案都是由刑讯逼供引发的，[1]在全国轰动的呼格案、杜培武案、张玉环案中，无不存在着刑讯逼供的犯罪行为。"棰楚之下，何求而不得？"[2]这显然违背了程序正义的基本价值。由刑讯逼供得来的证据被西方法学界称为"毒树之果"，[3]需要予以绝对排除。随着我国民主法治建设的完善，刑讯逼供被法律所明令禁止，并被规定为一种司法工作人员的刑事犯罪行为。同时，《刑事诉讼法》[4]规定，通过刑讯逼供所取得的证据一律为非法证据，予以绝对排除，不得通过补正的方式继续适用。

第二，未经审判任何人不得被认定有罪。这最早规定于《英国大宪章》中，是世界上最早出现的程序正义法律条款。在中世纪的欧洲，有关平民百姓的生杀予夺之权全部集中于教皇一人，教权高于皇权，许多人未经国家机关的审判程序，就被冠以"异教徒"的身份而遭到杀戮，民众的基本权利无法得到保证。启蒙运动时期，这种未经审判就直接认定有罪的法律程序遭到了启蒙思想家们的质疑。而经过数百年的法治发展，"未经审判任何人不得被认定有罪"目前已基本落实到世界各国的刑事诉讼法律中，并被奉为检验一国法治化水平的试金石。我国开展的"以审判为中心"的司法改革要求审判结果必须形成于法庭之上，充分发挥人民法院在裁判结果作出中的决定性作用，充分保障当事人的合法权益。

（二）程序正义的规范用权价值

程序正义对于国家公权力机关依法用权具有规范作用。阿克顿勋爵曾言："权力导致腐败，绝对的权力导致绝对的腐败。"[5]程序正义这一概念产生于《英国大宪章》时期，最早被用来限制英国国王的权力，后来被启蒙思想家们

---

[1] 陈永生：《我国刑事误判问题透视——以20起震惊全国的刑事冤案为样本的分析》，载《中国法学》2007年第3期。

[2] 参见《汉书·贾邹枚路传》。

[3] 汪海燕：《论美国毒树之果原则——兼论对我国刑事证据立法的启示》，载《比较法研究》2002年第1期。

[4] 《刑事诉讼法》，即《中华人民共和国刑事诉讼法》。为表述方便，本书中涉及我国法律文件，直接使用简称，省去"中华人民共和国"字样，全书统一，后不赘述。

[5] 参见［英］约翰·埃默里克·爱德华·达尔伯格-阿克顿：《自由与权力》，侯健、范亚峰译，译林出版社2011年版。

用来保障国家公权力机关依法用权。具体而言，程序正义保障国家公权力机关依法用权的功能主要体现在"任何人都不得做自己的法官"以及"不告不理原则"。

第一，任何人都不得做自己的法官。在任何现代法律程序中，几乎都存在官员的回避规范，程序正义中的"任何人都不得做自己的法官"这一内涵在制度上尽量保障法官形成公正的自由心证，从而保障法院的公正裁判，维护司法的公正权威。司法工作人员"大义灭亲"的行为在我国传统法律文化中享有盛誉。但国家公权力的规范行使并不能仅依靠道德规范，程序正义作为一种法律上的正义，发挥着规范公权力行使的作用：程序正义在制度上划定了公权力机关权力行使的边界，通过对当事人是否与法官存在利害关系进行审查，保证法官在司法裁判中不会被法律以外的心证左右。此外，不仅在司法程序中，而且在行政程序中，程序正义也要求行政人员严格执行回避制度。行政人员行使的行政权虽并非居中的司法裁判权，但依然属于国家公权力，具有不可处分与不可放弃性，且不得因个人的偏私或者恩仇而违背法律规定以及公平正义原则。因此，程序正义通过从根源上铲除国家工作人员徇私枉法的土壤，防止国家公权力异化为以权谋私的工具。

第二，不告不理原则。司法的谦抑性在于"没有原告就没有法官"[1]。托克维尔认为，司法权本身并不主动，只有向其主动告发才能使其发生作用，[2]这对法官肆意用权形成了有效的限缩。司法机关并非行政机关，若法院可依职权启动司法程序，那么作为司法权的法官裁判权就难以受到限制，任何人都有可能会被不加告知地给予不利对待。此外，一般而言，法官的权限远大于行政人员，法官有权剥夺当事人的自由乃至生命权。因此，不告不理原则能保证司法权的谦抑性，有效地限制法官的权力，使法官在法治的轨道上规范前行。

（三）程序正义保障法律的预测功能

法律的内在道德要求法律不应被频繁更改。[3]由于立法的安定性，人们常根据立法的规定对未来的社会生活进行预判，为或者不为一定的行为，并

---

[1] 陈瑞华：《看得见的正义》（第 3 版），法律出版社 2019 年版，第 177 页。

[2] ［法］托克维尔：《论美国的民主》（上卷），董果良译，商务印书馆 1989 年版，第 110 页。

[3] 参见 ［美］富勒：《法律的道德性》，郑戈译，商务印书馆 2005 年版。

由之构成法律的预测功能。而程序正义大大增强了他人行为的这种可预测性，这主要体现在"任何人在被给予不利对待之前都享有陈述与申辩的权利"以及"程序公开"原则。

第一，任何人在被给予不利对待之前都享有陈述与申辩的权利。这一原则被规定为美国的宪法性权利。在这一原则之下，任何人不可被不具告知地施加处罚。对于行政机关而言，任何人在被给予不利对待之前都享有陈述与申辩的权利，这就要求行政机关在作出行政处罚之前必须告知被处罚人事实与理由，使其充分行使复议与诉讼的权利，从而能使被处罚人在遭受可能的处罚之前具有充分的心理预期。对于司法机关而言，几乎任何国家的刑事审判程序在宣告判决之前都需经过"被告人陈述"环节，并且不得通过自愿的形式进行放弃。这保障了当事人充分的辩护权与知情权，并给予其对被给予不利对待的充分预期。

第二，程序公开原则。现代各国立法普遍对法律程序的公开性作出了特别要求，并逐渐将其上升为程序法中的一项原则。程序公开原则要求在法律程序中，除国家秘密、个人隐私等事项外，各方当事人应当公开作出程序行为。这为法律程序中的各方当事人合理安排己方程序行为提供了心理预期。在行政程序中，程序正义通过明确强制要求行政机关公开其行政行为的各个环节，包括行政行为的作出、送达，使行政相对人能够对行政主体的行为作出预判，以便更好地开展活动。在司法程序中，程序正义要求法院的司法行为以及其他当事人的行为予以公开，使得双方当事人能对自己所处的权利义务地位具有较为清晰的认知，并及时作出相应的诉讼行为。比如，在民事或者行政诉讼程序中，法院开展诉讼活动需要以传票的形式提前通知相关方参与，并留有一定的准备时间，这就为当事人安排自己的诉讼活动提供了较强的心理预期。因此，实现程序公开有利于维护法律的安定性，构建和谐稳定的程序法律秩序。

三、结语

《看得见的正义》一书对程序正义作出了极为细致的阐释，点面结合、力透纸背，揭示了作为舶来品的程序正义的基本内涵以及在当代中国的适用与发展。在人类法治文明发展的过程中，程序正义发挥着人权保障、规范用权以及增强法律的预测功能等重要作用。改革开放以来，随着我国民主法治建设的不断推进，程序正义理念在立法、执法、司法中不断得到贯彻，程序正义的基本精神也不断融入公众的法治意识。为此，在建设社会主义法治国家的背景之下，应当不断将程序正义贯彻于我国的法治实践中，为中国特色社会主义法治体系添砖加瓦。

（彭天翼　西南政法大学行政法学院）

新闻自由与隐私权冲突本质分析

——读苏力《制度是如何形成的》

从世界新闻史的角度来看，在民主政治、工业革命、城市化等契机的作用下，以报纸为主的新闻媒介在 19 世纪 30 年代首次实现产业化。[1]隐私权诞生于新闻对个人隐私的冲击之下，引发大众与新闻业深刻反思的同时，给美国 19 世纪下半叶野蛮生长的新闻业一剂镇静剂。自媒体的崛起带来信息流通方式的迭代，新闻自由的普遍实现带来了隐私风险的同步提高，引起人们重视。新闻自由与隐私权作为权利冲突的典型，得到了众多学者的关注与探讨。苏力的《制度是如何形成的》（增订版）集法学论文、学术随笔和读书笔记于一体，其中《我和你深深嵌在这个世界之中》一文便是聚焦上述问题。苏力以英国王妃戴安娜之死为引，揭露一追一逃中的权利博弈，挖掘埋藏行为之下的社会现实基础，通过对人性与社会规则的解读，展示事件的冰山全貌，止于对社会与法律的反思。

一、新闻自由与隐私权冲突原因

权利冲突是指两个或多个同样具有法律上之依据的权利，因法律未对它们之间的关系作出明确的界定所导致的权利边界的不确定性、模糊性，而引起的它们之间的不和谐状态、矛盾状态。[2]权利是一种主客观相结合的产物，主客观对应在内容上，便是价值观念与利益，因而权利冲突的本质是价值观念冲突和利益冲突。循此路径，把握新闻自由与隐私权冲突的本质，在于分析权利冲突的原因，探究两者的利益冲突和价值冲突。

---

[1] 张昆：《从世界新闻史的视野看中国报业的集团化》，载《新闻记者》2000 年第 7 期。

[2] 王克金：《权利冲突论——一个法律实证主义的分析》，载《法制与社会发展》2004 年第 2 期。

在规范维度，权利边界的模糊性源于法律语言的模糊性。法律语言的模糊性，在渊源上包括语言自身的模糊性、人的有限性和法律规范的抽象性。其一，语言自身具有模糊性。模糊性是语言所具有的重要属性，产生于语言使用者主观上想要积极确定某一词语的含义、范围但客观上不能的情况。[1]英国哲学家休谟说："法的世界肇始于语言。"语言是法的载体与表达工具，法与法律制度不能脱离语言而独立存在。法作为一种纯粹的语言形式，天然地具有模糊性。其二，人的有限性。马克思主义哲学认为，人的认知能力是有限的，人无法对世界进行全面的认知与评价，在面对如"电车难题"等哲学问题时更是会陷入两难境地。庞德将法描述为一种控制社会的手段，认为其功能之一在于指导社会运转、定分止争。法由人定，基于人的有限性，一部事无巨细、尽善尽美的法律仅存在于代代立法者的理想之中。其三，法律规范的抽象性。"法律必须被信仰，否则将形同虚设"，[2]法的权威性根植于它的稳定性，但社会的发展是不间断且难以预测的，这就使得法的权威性与功能性产生了冲突。为避免产生秩序的真空，造成评价的缺位，一部合格的法律为保证适用的弹性，需要包含如原则、宣言和定义等一系列概括性规范，这些规范本身是抽象的，在实践时需要加以解释才能适用。

在权利属性维度，权利的相互性解释了新闻自由与隐私权冲突的原因。英国经济学家、诺贝尔经济学奖得主科斯在《社会成本问题》一书中，通过对"公害"等侵权案件的分析，指出在权利的冲突中，对于任何一方的偏袒都会伤害到另一方权利的实现，这便是权利的相互性。[3]进一步说，权利的相互性是权利涉他性与扩张性的具体体现。一方面，权利无法依靠自己实现自己，权利的实现需要他者协助抑或至少不受他者阻碍，这便是权利的涉他性。例如，记者在行使采访自由时，可能会需要被采访者在肖像权、隐私权方面的协助，反之亦然；又如，国家在行使土地征用权时，也会影响到农民集体的集体土地所有权和农户的土地承包经营权。另一方面，"法无禁止即可为"，权利在实现自己的过程中，往往会最大可能地实现自己，以求权利的最

---

〔1〕 郭海苹：《论法律语言模糊性之渊源、表现及后果》，烟台大学 2013 年硕士学位论文。

〔2〕 ［美］伯尔曼：《法律与宗教》，梁治平译，中国政法大学出版社 2003 年版，导言第 3 页。

〔3〕 ［美］罗纳德·哈里·科斯：《企业、市场与法律》，盛洪、陈郁译校，格致出版社、上海三联书店、上海人民出版社 2009 年版，第 97 页。

大化，这便是权利的扩张性。从优胜劣汰的角度看，权利的扩张客观象征着权利的发展与成功，但从协调的角度看，无序的扩张会造成权利的滥用，且在损害他人、集体和社会利益的同时，带来权利秩序的失衡。

在现实维度，社会、科技的发展正不断诱发新的权利冲突。苏力认为："随着社会生活的发展，人们的交往日益频繁，这种权利的相互碰撞的可能性日益增加，我们事实上总是处于一种权利相互性的境地。"[1] 一则，社会、科技的发展提高了人的素质，唤醒了人们的规则与权利意识。人们更加重视权利的行使与维护，更可能产生权利的碰撞；二则，社会与科技的发展推动人们不断探索未知的领域，产生新事物与新权利。如大数据技术与被遗忘权，人工智能与其创作作品的知识产权等。新生权利的加入会给现有的权利体系带来一系列影响，对新生权利的保障也有可能与传统权利产生冲突，进而引发新的权利协调问题。

新闻自由与隐私权的冲突可以在以上三个维度得到解释。社会的进步提高了人们的权利意识，摄影技术的出现与不加节制的商用催生了隐私权的需要，两者共同揭开了隐私权对抗新闻自由的序幕。同时，新闻自由和隐私权自身概念的模糊导致权利边界的模糊，结合权利的相互性，法学家目前尚未在宏观上划出一条既明确又公平的界限实现对问题的根治，造成问题与冲突的遗留。

二、价值之维的冲突本质：自由价值与人格尊严价值

新闻自由与隐私权的冲突本质上是价值层面的冲突，主要表现为自由价值与人格尊严价值的冲突。新闻媒体对隐私权的侵犯损害了后者代表的人格尊严价值，隐私权的存在限制了新闻自由蕴含的自由价值。

新闻自由的自由价值受到隐私权及其代表的人格尊严价值的制约。首先，新闻自由作为一种自由权，同言论自由和婚姻自由一样，自然地拥有自由的基因，流淌着自由的血液。新闻自由所蕴含的自由价值，具体而言，体现在历史演进、理论基础、权利内容三方面。其一，自由价值体现在历史演进中。新闻自由的概念随着历史的发展而发展，根据目的的不同，在内涵上形成

---

[1] 苏力：《〈秋菊打官司〉案、邱氏鼠药案和言论自由》，载《法学研究》1996年第3期。

"出版自由—表达自由—信息自由"的纵向发展路径,〔1〕在不断斗争中寻求更高层次的自由。其二,自由价值体现在人权理论基础中。英国思想家、近代自由主义哲学鼻祖洛克在《政府论》中写道:"人们既生来就享有完全自由的权利,并和世界上其他任何人或许多人相等,不受控制地享有自然法的一切权利和利益。"〔2〕没有新闻自由,个人就不能在新闻媒体上自由地说话。堵住了人的嘴巴,就等于"割除"了人的舌头,进而使得个人失去了获得自由权利主体的资格。〔3〕其三,自由价值体现在权利内容中。首先,新闻自由的内容包括采访、写作、报道、发布及接收新闻,创办媒体,出版、发行媒介产品等自由。〔4〕核心是通过保障信息的发出与接收自由,达到信息自由这一终极目的。其次,新闻自由具有克减性,隐私权对新闻自由的制约存在于后者的整个行权过程中。新闻自由是"法律下的自由",我国现行《宪法》第51条规定:"中华人民共和国公民在行使自由和权利的时候,不得损害国家的、社会的、集体的利益和其他公民的合法的自由和权利。"法律为隐私拉上了保护的帘幕,在新闻自由的道路上设下一道道关卡,规制着新闻自由的行使。

隐私体现了个人的人格尊严,个人隐私不受侵犯是人格尊严的重要体现。〔5〕在现实层面,隐私权有着抵制新闻侵犯、维护人格尊严的初衷。对隐私的窥探成为隐私权的助产剂。19世纪下半叶是美国报业井喷式发展的黄金时代,新闻记者为博人眼球开始无节制地大肆窥探和散播个人信息与私事,引发了以上层阶级为主的被报道者的不满。〔6〕1890年,两位美国律师沃伦和布兰代斯在《哈佛法学评论》上发表《隐私权》一文,标志着隐私权问题被正式赋予法律性。他们将隐私权界定为"不受打扰的权利",认为"个人有权决定是否将属于自己的东西公之于众",并从个人人格的角度论证了侵犯隐私权行为的违法性。〔7〕在法哲学层面,对隐私权的保护回应了康德"把人当作目的"

---

〔1〕 章敬平:《论新闻自由》,苏州大学2007年博士学位论文。

〔2〕 [英]洛克:《政府论》(下篇),叶启芳、瞿菊农译,商务印书馆1964年版,第53页。

〔3〕 章敬平:《论新闻自由》,苏州大学2007年博士学位论文。

〔4〕 童兵、陈绚主编:《新闻传播学大辞典》,中国大百科全书出版社2014年版,第5页。

〔5〕 王利明:《人格权法中的人格尊严价值及其实现》,载《清华法学》2013年第5期。

〔6〕 徐亮:《论隐私权》,武汉大学2005年博士学位论文。

〔7〕 [美]路易斯·D.布兰代斯等:《隐私权》,宦胜奎译,北京大学出版社2014年版,第3~27页。

的法哲学思想。康德的尊严学说无疑是哲学史上的一座高峰,其认为:"不论是谁,在任何时候都不应把自己和他人仅仅当作工具,而应该永远视自身就是目的。"[1]人不能被当作客体或手段,当人类服从于自身的理性时,人便超出于自然之上获得尊严。基于社会道德对尊严价值的普遍认同,当传媒违背他人意愿、将他人视为可以随意侵犯隐私以谋取利益的手段时,传媒便侵犯了隐私主体的人格尊严。

三、利益之维的冲突本质:公共利益与个人利益

新闻自由与隐私权的冲突本质上是利益层面的冲突,主要表现为公共利益与个人利益的冲突。当新闻自由为保障公共利益对个人隐私进行侵犯时,无疑损害了权利主体的个人利益;隐私权在限制新闻自由的同时也限制了公共利益的实现。

新闻自由在公共利益层面有着发现真理、文化传播、环境监视等功能。[2]就像对真理的讨论不必然涉及个人隐私一样,新闻自由与隐私权在利益范围的冲突是有限的。隐私权对新闻自由的限制,间接限制了公共利益的信息流通、监督社会两方面。其一,信息流通方面。信息自由是新闻自由的核心要求与最终目的,新闻自由通过促进信息的流通,实现公民的知情权,保障人民管理国家、当家作主的权利。周海燕在《由公共利益而产生的道德正当性才是新闻记者的保护伞——从南都刘伟事件引起的学术对话》中提到:"记者的采访权和知情权来自新闻业和公众的一项古老契约——或者说是共识可能更为准确——即无法亲临现场的公众,委托记者通过采访获得信息,以报道的形式告知公众。"[3]隐私是新闻的潜在内容,对隐私进行保护会提高新闻主体的法律道德要求,增加信息流通成本,降低社会信息流通效率。其二,监督社会方面。在"全民监察员""全民记者"的自媒体崛起下,新闻媒体的信息传播能力、渗透能力、影响力得到了质的提升,监督社会的能力更是上了一层楼。从制度的角度看,新闻自由的宪法基础在于其具有监督司法的

---

〔1〕 [德]伊曼努尔·康德:《道德形而上学原理》,苗力田译,上海人民出版社2005年版,第53页。

〔2〕 胡兴荣:《新闻哲学》,新华出版社2004年版,第234~236页。

〔3〕 彭增军、周海燕:《由公共利益而产生的道德正当性才是新闻记者的保护伞——从南都刘伟事件引起的学术对话》,载《新闻记者》2015年第12期。

功能。学者景汉朝认为："在一定意义上，传媒监督就是群众监督。"[1]马克思指出："报刊按其使命来说，是社会的捍卫者，是针对当权者孜孜不倦的揭露者，是无处不在的耳目。"[2]腐败滋生于暗处，隐私权的存在限制了新闻自由的渗透能力，导致在光照不到的角落留下了社会隐患。

隐私权的个人利益本质在于满足独处欲望与情感，这种带有个人性质的感情利益在与新闻自由发生冲突时，受到公共利益的制约。首先，隐私权关联个人利益。学者徐亮在《论隐私权》中，以隐私权的独立起点为切入点，揭示人性中有欲求独处不被打扰的感情利益，并借助欧文·奥尔特曼书中的图示对"欲求的隐私状态"（desired privacy）与"实现的隐私状态"（achieved privacy）在现实中差异情形的分析，论证了隐私权所追求的两种状态相一致的最佳化结果。[3]其次，公共利益具有优先性。从卢梭的社会契约理论出发，社会建立于人与人之间的契约关系，个人在加入社会时默认接受一定的限制和约束，这些限制和约束被解释为公共利益；[4]从罗尔斯的公平正义原则出发，社会的公平和正义要求给予社会最不利群体最大利益，这意味着个人利益需要为他人利益作出让步，以实现社会整体层面的公共利益。[5]恩格斯进而指出，当个人私事甚至隐私与最重要的公共利益——政治生活发生联系的时候，它不受隐私权的保护，应成为历史记载和新闻报道不可回避的内容。[6]最后，公共利益的实现应以道德为准绳。道德是公共利益得到支持的前提，失去道德的公共利益也将失去它的正当性。在新闻自由与隐私权的冲突中，并非所有的新闻侵权都涉及公共利益，以满足下流的公众兴趣为目的的新闻自由不应得到支持。

四、结语

本文以苏力《制度是如何形成的》（增订版）中的一文为起点，分析了

---

[1] 景汉朝：《传媒监督与司法独立的冲突与契合》，载《现代法学》2002年第1期。

[2] 《马克思恩格斯全集》（第6卷），人民出版社1961年版，第275页。

[3] 徐亮：《论隐私权》，武汉大学2005年博士学位论文。

[4] 参见［法］卢梭：《社会契约论》（第3版），何兆武译，商务印书馆2003年版。

[5] 参见［美］约翰·罗尔斯：《正义论》，何怀宏、何包钢、廖申白译，中国社会科学出版社1988年版。

[6] 《马克思恩格斯全集》（第18卷），人民出版社1964年版，第591页。

新闻自由与隐私权冲突的原因与本质。在原因层面,语言自身的模糊性、人的有限性和法律规范的抽象性共同造就了权利在规范层面的模糊性,与科斯提出的权利的相互性、社会科技发展一同作为新闻自由与隐私权冲突的原因;在内容层面,新闻自由的自由价值体现在权利自身的演进、内容和天赋人权的理论基础上,隐私权的人格尊严价值体现在提出权利的初衷和康德"把人当作目的"的法哲学思想中,两者在价值层面主要表现为自由价值与人格尊严价值的冲突;新闻自由促进信息流通、监督社会的公共利益功能受到隐私权的限制,隐私权满足独处欲望与情感的个人感情利益受到新闻自由的打扰,两者在利益层面主要表现为公共利益与个人利益的冲突。

最后,需要补充的是:第一,新闻自由与隐私权的冲突并非非此即彼的博弈,而是对立统一、此消彼长的共存。第二,无论是价值还是利益维度,两者的冲突也仅仅是自由与尊严、公共与个人之间的一个触点,是大冲突的一个侧面。第三,基于权利价值与利益的多元性,冲突本质的复杂性远不止于此:当人们按自身意愿合理行使新闻自由时,展现的是新闻自由的尊严价值与个人利益;同理,在对隐私权本质的解释中,部分学者认为隐私权是一项自由权,[1]当社会成员的个人隐私利益普遍得到满足时,公共利益也就得到了实现。

(王浩宇　西南政法大学民商法学院)

---

〔1〕 张莉:《论隐私权》,载徐显明主编:《人权研究》(第3卷),山东人民出版社2003年版,第388页。

正当防卫的法律原则与司法适用
——读陈兴良《正当防卫论》

罪刑法定，是刑法的出发点，也是刑法的归宿。[1]从 1954 年制定的《刑法指导原则草案（初稿）》[2]到 1979 年正式颁布的《刑法》，正当防卫制度在几经修改后仍被作为刑事立法的重要制度，其维护社会公平正义的意义不言而喻。

一、正当防卫的司法异化与偏轨

正当防卫发展至今已百岁春秋，人们对它却还停留在"能知其名，但未闻其详"的阶段。虽然正当防卫出现在许多案例之中，但对于正当防卫的评判标准，至今仍然没有清晰畛域。限制过严，动辄被认定为防卫过当，甚至否定防卫性质的现象，在我国司法实务中仍然存在。[3]人民群众对实行正当防卫得不到法律保护，反而容易因防卫过当或互殴定性被追究刑事责任的疑虑与谨慎，也在一定程度上掣肘着正当防卫的理论研究。[4]

司法实践中的一些正当防卫案件，有时也存在着认定偏差、认定失衡的现象。陈兴良老师在书中结合中国的时代背景对此作出了解释，涉及 1983 年开始的"严打"行动。"严打"是依法从重从快严厉打击严重刑事犯罪活动"

---

[1] 陈兴良：《正当防卫论》（第 3 版），中国人民大学出版社 2017 年版，第 9 页。

[2] 《刑法指导原则草案（初稿）》第 5 条对正当防卫制度作了这样的规定：为了防卫公共利益或者个人的人身和权利免受正在进行中的犯罪侵害，不得已对犯罪人实行的正当防卫行为，不认为是犯罪。但是防卫行为显然超过必要限度，应当认为是犯罪，根据具体情况可以减轻或者免除处罚。

[3] 劳东燕：《正当防卫的异化与刑法系统的功能》，载《法学家》2018 年第 5 期。

[4] 赵秉志、肖中华：《正当防卫立法的进展与缺憾——建国以来法学界重大事件研究（十九）》，载《法学》1998 年第 12 期。

的简称，是一种镇压犯罪的刑事举措，表明国家对犯罪严惩不贷的高压态势及严正立场。[1]

尽管司法机关在"严打"行动结束后竭力纠偏，但由于过去的理论没有弄清防卫的起因、限度和构成要件之间的关系，忽视了理论与实际情况之间存在的偏颇，实际处理中仍存在不少认识上的偏差；忖度正当防卫的限度，宣告无罪判决永远如同达摩克利斯之剑高悬于司法人员的头顶。一些司法人员在认定是否成立正当防卫时，倾向于从防卫结果考虑问题，会考虑"节约司法成本"的经济学原则：认为只要有防卫结果，对防卫对象造成了损害，就属于防卫过当或不成立正当防卫。对于大量防卫手段具有必要性，但防卫结果造成重大损害的情形，一些司法人员在认定正当防卫时有所顾虑，审判时朝着否定的方向先入为主地判断，导致赘生防卫过当之范畴、限缩正当防卫适用周界的情况发生，人为压缩了正当防卫的成立空间。这与立法上设立正当防卫制度的初衷背道而驰，使得正义屈服于非正义，以及这一制度具有的刑法惩罚和预防不法侵害的社会治理功能不能有效实现。[2]

在讨论正当防卫问题时，我们有必要思考，"正当防卫"为什么会沦为"沉睡条款"？一部法律或是某一条款的设立，应有其背后的价值，正当防卫的"休眠"有时代因素的影响，但也不得不承认它的虚置所折射出的是制定法规范的效力缺失与适用漏洞。

二、正当防卫的司法激活与"使用手册"

对正当防卫进行准确判断，是陈兴良老师通过《正当防卫论》一书最想表达的态度，这不仅是对司法人员的要求，更是对普通群众的希冀。正当防卫权作为公民的一项权利，应被合理使用。书中所展现的观点与立场明晰，作者对正当防卫进行了正面的肯定性评价，即认为正当防卫是一种极富正义感的行为，不能单纯将正当防卫当作条件反射和本能活动，亦不能抹杀正当防卫的社会政治和道德法律方面的意义。法不能向不法让步，作者借此书将正当防卫司法化与适用范围扩大过程中的存疑点进行了拆分与重构。

（一）界定不法侵害及其持续性、迫切性

有人不免担心将不法行为与正当防卫混同会使犯罪分子难以被追责。一

---

〔1〕　陈兴良：《严打利弊之议》，载《河南省政法管理干部学院学报》2004年第5期。

〔2〕　周光权：《正当防卫的司法异化与纠偏思路》，载《法学评论》2017年第5期。

味扩大正当防卫的范围而不对其成立条件加以严格限制，必定会使有心之人钻法律的缺口，并以此为由减轻或免除自己的责任，其中就包括互殴，防卫挑拨这类性质恶劣的危害社会的行为。

根据《刑法》第 20 条第 1 款的规定，为了使国家、公共利益、本人或者他人的人身、财产和其他权利免受正在进行的不法侵害，而采取的制止不法侵害的行为，对不法侵害人造成损害的，属于正当防卫，不负刑事责任。那么，正当防卫是否保护非法利益呢？答案是否定的。这里所提到的"利益"显然应指合法利益，法律是为维护正义而设立的，因此，在任何情况下非法利益都不属于法律的保护对象，这是刑法的立法精神所明确的。书中通过假设法推导出了一个结论：假使非法利益可作为保护对象，那么在互殴中双方行为都可被视为因保护自身利益而进行的"正当防卫"。正当防卫并非"白马非马"的命题，其设立初衷是以正当防卫之正来对抗不法侵害之不正，若不法对不法的关系堂而皇之地存在，不仅理论与结论自相矛盾，正当防卫的应然逻辑也无法自洽，更无法在实际适用时站住脚。

"于欢案"曾引起学界讨论的热潮，作为判定正当防卫的典型案例，陈兴良老师也将此案置于附录进行探讨，此案亦可作为对不法侵害与侵害紧迫性的阐释案例。正当防卫是对不法侵害的反击行为，因此，不法侵害是正当防卫的起因。[1]我们在讨论本案被告人是否存在正当防卫情形时，首先要考虑是否存在不法侵害情节。根据案情细节描述，讨债人杜某浩实施侮辱行为（包括言语侮辱和暴露生殖器官）时于欢并未进行当场防卫，因此侮辱情节并不能作为防卫起因。真正促使于欢产生防卫行为的应该是明显的非法拘禁行为（hypothesis）。但本案中，对于讨债人被强制扣押的行为，法院并未仅以定性限制人身自由来认定该行为属于非法拘禁。[2]作者在书中提到，对人身自由是"剥夺"还是"限制"，直接关系案件的走向。我国《刑法》第 238 条

---

〔1〕 陈兴良：《正当防卫论》（第 3 版），中国人民大学出版社 2017 年版，第 334 页。

〔2〕《刑法》第 238 条规定："非法拘禁他人或者以其他方法非法剥夺他人人身自由的，处三年以下有期徒刑、拘役、管制或者剥夺政治权利。具有殴打、侮辱情节的，从重处罚。犯前款罪，致人重伤的，处三年以上十年以下有期徒刑；致人死亡的，处十年以上有期徒刑。使用暴力致人伤残、死亡的，依照本法第二百三十四条、第二百三十二条的规定定罪处罚。为索取债务非法扣押、拘禁他人的，依照前两款的规定处罚。国家机关工作人员利用职权犯前三款罪的，依照前三款的规定从重处罚。"

第 3 款专门规定了索债型非法拘禁罪，本案中的证据充分证明，讨债人的行为已经构成了非法拘禁罪，属于明显的违法侵害。[1]

由此，又产生了一个值得商榷的争议点：非法拘禁这一不法侵害是否具有侵害的紧迫性。在司法实践中，一些司法人员将非法拘禁的侵害认定为不具有紧迫性的现实行为，且为催债而进行的非法拘禁即使存在轻微的踢打行为，也难以达到较强的威胁性。因此，尽管"疑似"的不法侵害尚未结束，但被告人的人身权益并没有处于现实、紧迫的威胁之中，在该过程中进行正当防卫是不合适的。[2]对于非法拘禁的问题，我们在此处不应作狭义解释。作者在书中谈道，以上观点是对不法侵害的性质的错误理解。长达六个小时的非法拘禁不仅是双方的博弈，更是对被告人的精神折磨、对被告人人身自由的严重侵害。非法拘禁作为持续行为，在警方到达现场被告人提出"我要出去"的要求后，危害程度达到峰值。在极度紧绷的心理状态下，被告人通过防卫手段解禁，应当认定为对不法侵害的回击。

书中虽未正面提及，但是通过阅读不难发现"侵害紧迫性"背后的价值涵摄。鉴于现场情况，只有当不法侵害行为正在发生且具有现实迫切性的情况，于欢才有可能实施正当防卫。但在司法实践中，由于过于割裂地理解"不法侵害正在进行"与"现实紧迫性"之间的关系（即将紧迫性独立于"正在进行"之外），往往会机械化、片面化地无视攻击行为的持续性（即持续侵害），甚至将紧迫性作为独立要件，即"但凡公民对即将到来的侵害有所准备或有所预见，便被我国实务归为无权行使防卫权的情形"。[3]

"于欢案"[4]中，法院判决认定的案件事实忽略了某些对于将被告人于欢的行为认定为正当防卫的有利细节（杜某浩等人对于欢的殴打行为，将于欢使用的"水果刀"描述为"尖刀"，对于欢行动前的警告与被害人听到警告后仍然冲向于欢的描述），以及在对非法拘禁本质定性时各个条款之间的牵连关系的混同，这不仅仅是单个规范的缺失，更体现出整个法律体系存在的

---

〔1〕 陈兴良：《正当防卫如何才能避免沦为僵尸条款——以于欢故意伤害案一审判决为例的刑法教义学分析》，载《法学家》2017 年第 5 期。

〔2〕 参见黄伯青：《是否具备紧迫性是构成正当防卫的关键》，载《人民法院报》2009 年 11 月 11 日。

〔3〕 劳东燕：《正当防卫的异化与刑法系统的功能》，载《法学家》2018 年第 5 期。

〔4〕 山东省聊城市中级人民法院［2016］鲁 15 刑初 33 号刑事附带民事判决书。

问题，从社会法角度来看，必然有着更为复杂的结构性原因。[1]

法律因人而生，不能强人所难，其与执法者不能要求防卫人在不法侵害结果已经发生且该行为被认定为犯罪时才能实施正当防卫。在陈兴良老师看来，基于对不法侵害的深入剖析，正当防卫的可实施范围便被应然扩大。

（二）对不法侵害人状态的关注

过分关注不法侵害人的状态是否会影响正当防卫权的行使，这个问题涉及正当防卫的防卫对象中的特殊一类——完全无刑事责任能力的人群。我国司法领域对完全无刑事责任能力人的刑事责任认定、刑事归罪都存在着不小的争议。有些学者认为，对完全无刑事责任能力人进行正当防卫有违人道主义，且根据行为无价值论来讲主张事前判断，由于行为人缺乏故意与过失不具备违法性，因此不得对其进行防卫。[2]在《正当防卫论》中，作者认为防卫对象不以主观有责为必要，因此在一般情况下，只要符合实施正当防卫的条件，即使防卫对象未达到刑事责任年龄或患有精神疾病，仍可行使正当防卫权。如果否认对无刑事责任能力行为人具有防卫权，那么无异于纵容这类群体危害社会。[3]此处我们应该作好区分，刑罚的实施有遏制犯罪的作用（以严苛的责任承担方式震慑犯罪行为人，使其在行为实施前衡量犯罪成本），无刑事责任能力人认识能力的缺乏，使得刑罚的实施无法达到其预期目的，惩罚也便失去了其执行的必要性。因此，基于司法成本的考量，在司法审判时，我国刑法及刑事诉讼法对于特殊人群往往采用强制医疗等程序替代原有的刑罚。正当防卫不同于刑罚惩罚，我们应该明确正当防卫的本质，正当防卫的作用并不在于遏制再犯，而是保护合法利益不受不法侵犯。综上所述，侵害人作为正当防卫对象，不以主观上有责为必要条件，正当防卫的成立也不受以防卫人对防卫客体状态的"明知"干扰。但是在具体实行中还是应将无刑事责任能力行为人的"法律弱势性"作为参考因素，在防卫强度方面应该有所控制。

---

[1] 泮伟江：《当代中国法治的分析与建构》（修订版），中国法制出版社 2017 年版，第 119 页。

[2] 张明楷：《行为无价值论的疑问 ——兼与周光权教授商榷》，载《中国社会科学》2009 年第 1 期。

[3] 陈兴良：《正当防卫论》（第 3 版），中国人民大学出版社 2017 年版，第 80 页。

在正当防卫案件中，过分关注不法侵害人的状态，无疑是将受害人与不法侵害人置于"权利与责任的非对称风险"中。在书中作者还提到了将醉酒人、国家工作人员、亲属等作为对象的正当防卫适用，虽然需要结合具体情况进行判断[1]，但仍不离"为保护国家、公共利益和其他合法权益，都可以实施正当防卫"的宗旨。

（三）正当防卫限度的动态平衡

正当防卫在中国历史中，经历了从"赋魅"到"祛魅"的过程。正如马克思所言："人的本质，不是单个人所固有的抽象物，在其现实性上，它是一切社会关系的总和。"[2]古代中国形成了以血缘关系为纽带的氏族社会，并由此衍生出"宗族保护每一位成员即保护宗族本身，每一位宗族成员维护宗族群体即保护自己"的观念，使血亲复仇成为氏族之间的默认准则，而复仇也被人们信奉为一种原始的正当防御形式。[3]氏族瓦解后国家出现，刑罚作为一种更加文明的形态代替了野蛮落后的风俗，但仍允许"杀人而义"这样的私刑存在。后经历史演变与法律制度的完善，正当防卫逐渐被人们所认可，并从私刑中"解放"出来，成为一项独立的法律制度，适用也从眚灾肆赦的宽泛阶段走向理性的阶段。

西方的正当防卫在演变中同样也经历了从无限防卫权到有限防卫权的历史过程。启蒙运动的思想家们主张权利本位的正当防卫理论，把正当防卫视作一种人权。洛克把自卫解释为一种正当的权利和自由，即为保护公民利益而制定的法律无法救济时，便允许私力直接诉诸暴力，这是合乎正义的。[4]孟德斯鸠同样将正当防卫视为紧急情况下的自力救济。[5]20世纪以后，以个人权利为中心的法律理论无法支撑社会的正常运转，由前人构想的乌托邦也由此瓦解，法律进入"社会化"阶段，对社会利益的保护便天然限缩了防卫权的范围。

---

〔1〕 陈兴良：《正当防卫论》（第3版），中国人民大学出版社2017年版，第86页"由于刑讯逼供是司法工作人员在审讯的合法形式下进行的不法侵害，在这种情况下，被害人如果实行正当防卫，实际上根本不可能制止不法侵害以保护本人的人身权利。"

〔2〕《马克思恩格斯选集》（第1卷·第2版），人民出版社1995年版，第60页。

〔3〕 贺建平：《氏族社会与"血亲复仇"》，载《贵州社会科学》1995年第4期。

〔4〕 参见〔英〕洛克：《政府论》（下篇），叶启芳、瞿菊农译，商务印书馆1964年版。

〔5〕 参见〔法〕孟德斯鸠：《论法的精神》（上册），张雁深译，商务印书馆1961年版。

法既赋予公民防卫的权利，也必然明确与之对应的义务，"没有无义务之权利，亦没有无权利之义务"。[1]在必要限度内实施且不造成不应有的损害即公民应履行的义务，所以有限防卫权的观点是符合现代法律逻辑的。我国在对必要限度的确定方面兼容客观需要说与基本适应说，但司法实践中仍应根据实际情况和其他相关因素进行综合判断。

《刑法》第 20 条第 2 款将"明显超过必要限度""造成重大损害"的防卫行为认定为防卫过当，结合立法原意，从 1979 年《刑法》的严格依法适用到 1997 年《刑法》对正当防卫条款的"松绑"，目的是鼓励公民同违法犯罪作斗争，防卫权因此在立法上占据了优先场域。由此来看，无论是从立法精神还是从人道主义的角度，正当防卫限度的扩张与放宽始终应着眼于社会的需要，处在动态平衡之中。

三、结语

一切司法判决的作出都应是有理有据的，但是在刻板遵守我国现有的正当防卫要件的基础上得出的结论，对于改善司法现状并没有显著帮助。[2]正如陈兴良老师所言："正当防卫的理论发展，可以说是与正当防卫制度的演变同步的。正当防卫制度在司法中的激活，同时也促进了正当防卫理论的发展。"理论停留在纸面上就永远只能是理论，一味重复书上既存的事实，司法将无法取得进步。研究正当防卫要以我国的相关规定为依据，但也不能囿于条条框框，而应在"对正当防卫的司法实践进行抽象和概括的基础上，从刑法理论的高度阐述正当防卫的本质，以此来指导司法实践，并反馈于刑事立法，使我国刑法关于正当防卫的规定更趋完善"。

正当防卫是法律赋予公民的权利，而正当防卫制度和理论的不断完善是打破其沉默的关键因素。陈兴良老师的《正当防卫论》自 1987 年出版以来，历经时代变迁，也见证了正当防卫制度的改革，成为正当防卫制度研究的重要参考资料。陈兴良老师对于正当防卫的积极态度印证了法律人的信条"法律若不能作为人民维护权益，伸张正义的武器，它的存在将失去意义"。

---

〔1〕《马克思恩格斯选集》（第 2 卷·第 2 版），人民出版社 1995 年版，第 137 页。

〔2〕陈飞、杨冬：《家暴案中受虐妇女"以暴制暴"行为的正当防卫适用》，载《云南大学学报（法学版）》2016 年第 5 期。

正当防卫制度的变迁史是我国法律制度建构的缩影，法律法规的更新与完善一直走在路上，但始终不离"法不能向不法让步，正义不能向邪恶低头"的宗旨。

（王天祎　西南政法大学行政法学院）

契约自由视角下亲邻优先权的制度思考

——读刘云生《中国古代契约思想史》

　　《说文解字》："契，约也。"从功能性解释看，契即双方订立约定的文书，是人们参与各种社会交往活动时达成合意的载体和证明，诸如买卖契、雇佣契、借贷契、租佃契等。中国契约文化源远流长：中国在整个世界范围内最早使用契约规范经济交易，也是最早开始发展契约关系的国家之一，[1]契约之文献考证最早可追溯到西周。刘云生教授在《中国古代契约思想史》一书中，从内和外两个角度研究中国古代独特契约精神的形成。既要研究契约精神，契约自由便是难以避免的话题。本文将以亲邻优先权为着眼点，探讨中国古代契约自由相关问题。

一、亲邻优先权的起源与历史演进

　　亲邻优先权是指田宅所有人在出卖自己的不动产物权时，亲邻在同等条件下能够优先于外人购买。亲邻优先最初作为习惯在民间市场交易实践中通行，受史料限制，该民间习惯的具体起源年限不得而知，学界对此也莫衷一是。有学者根据《宋刑统》"典卖指当论竞物业"这一内容，认为唐宪宗元和六年（811 年）就有关于亲邻优先的官方规定，所以推断先问亲邻的规定在中唐就已出现。[2]但由于《宋刑统》中的相关记载过于笼统，故该说法的准确性有待进一步考证。也有学者认为亲邻优先至晚起源于汉代王莽时期，早在汉代便

---

〔1〕　李洪涛、陈国灿：《"和合而同"——论中国古代契约的"贵和"思想》，载《中国经济史研究》2018 年第 4 期。

〔2〕　吕志兴：《中国古代不动产优先购买权制度研究》，载《现代法学》2000 年第 1 期。

有田土买卖先问亲邻的做法。[1]如《汉书·食货志》记载"分余田与九族乡党"。还有部分学者根据《魏书·食货志》的记载,认为当时优先购买权已生根发芽,推断亲族优先权至晚在北魏前就已登上历史舞台。[2]也有学者在唐和五代的古书中找到了证明亲邻不动产优先权的相关记载。另有研究者通过研究出土的契约文书推论唐朝中后期民间田土交易才出现先问亲邻现象。[3]总之,关于亲邻优先民间习惯的起源,学界目前尚未形成完全统一的观点。但我们可以肯定的是,亲邻优先作为民间习惯长久地存续于古代中国。从唐朝晚期到五代,田宅买卖优先征求亲邻意见的做法渐渐被国家法律吸收,从习惯法走向成文法,最终在宋元发展成熟。[4]正如宋人郑克所说:"卖田问邻,成券会邻,古法也。"[5]

到五代时期,亲邻优先规则得到官方认可,由习惯上升为习惯法,踏入成文法行列。《五代会要》有记:

"如有典卖庄宅,准例房亲、邻人合得承当。若是亲人不要及著价不及,方得别处商量,不得虚抬价例,蒙昧公私。有发觉,一任亲人论理,勘责不虚,业主牙保人并行重断,仍改正物业。或亲邻人不收买,妄有遮吝阻滞交易者,亦当深罪。"[6]

据此条款,典卖庄宅时,亲邻将获得优先购买的机会。除非房亲明确表示不愿购买,或其报价不满足同等出售条件,业主才能考虑卖给外人,并特别强调"不得虚抬价例,蒙昧公私",防止业主与外人串通损害亲邻优先权益。当然,官府也并非一味维护亲邻,若亲邻不收买却借先买权阻碍业主交易同样要受重罚。

在商品经济发达的宋代,该权利得到进一步发展逐渐成熟并最终定型,

---

〔1〕 郭建:《中国财产法史稿》,中国政法大学出版社 2005 年版,第 62 页。

〔2〕 许尚豪、单明:《优先购买权制度研究》,中国法制出版社 2006 年版,第 78 页。

〔3〕 柴荣:《中国古代物权法研究——以土地关系为研究视角》,中国检察出版社 2007 年版,第 297 页。

〔4〕 韩伟:《习惯法视野下中国古代"亲邻之法"的源起》,载《法制与社会发展》2011 年第 3 期。

〔5〕 (宋)郑克编撰:《折狱龟鉴译注》,刘俊文译注点校,上海古籍出版社 1988 年版,第 334 页。

〔6〕 (宋)王溥撰:《五代会要》,中华书局 1998 年版,卷二十六《市》。

成为古代田产交易的重要制度。《宋刑统》规定：

> "应典、买、倚当物业，先问房亲；房亲不要，次问四邻；四邻不要，他人并得交易。房亲着价不尽，亦任就得价高处交易。如业主牙人等欺罔邻亲，契帖内虚抬价钱，及邻亲妄有遮名者，并据所欺钱数，与情状轻重，酌量科断。"[1]

五代后周时期，有关亲邻优先权的内容规定得相对完备，到了宋初，法律相关条文基本沿袭了后周，例如区分亲邻行权优先顺序"先亲后邻"、业主交易田产时不得虚抬价格等。此外，宋朝对该制度进行了细致的调整与改进，更明确地定义了亲邻的内涵，同时限制了其在实践中的适用边界。开宝二年（969 年）规定："凡典卖物业，先问房亲；不买，次问四邻。其邻以东、南为上，西、北次之。上邻不买，递问次邻；四邻俱不售，乃外召钱主或一邻至著两家。已上东西二邻则以南为上，南北二邻则以东为上。"[2]到了绍圣元年（1094 年），甚至规定田宅交易"应问邻者，止问本宗有服亲，及墓田相去百户内与所断田宅接者"。[3]元代亦沿袭宋朝规定，且发展得更为完善，规定"立账批问"制度，明确亲邻批退和批价的时限。至此，亲邻优先权最终成熟并定型。

至于亲邻优先权制度为何在古代中国孕育并成长起来，在日本学者内田智雄和天野元之助看来，亲邻优先源于以共有为重要特征的古代宗族制度；而岸本美绪的观点是，亲邻优先是普通百姓抵御土地自由流通所带来的风险的盾牌。[4]联系的普遍性原理告诉我们，世界上的万事万物都有着或多或少的联系，因此很难说亲邻优先权仅仅源于单一社会现象。亲邻优先权的诞生受到多重因素的影响。

以血缘关系为核心的宗族是中国古代社会的重要生存单位，是中国传统

---

〔1〕（宋）窦仪等撰：《宋刑统》，吴翊如点校，中华书局 1984 年版，卷十三《户婚律》，"典卖指当论竞物业"条。

〔2〕刘琳等校点：《宋会要辑稿》（第 2 册），上海古籍出版社 2014 年版，第 6805 页。

〔3〕参见《文献通考》卷五《田赋考五》。

〔4〕［日］岸本美绪：《明清契约文书》，载［日］滋贺秀三等：《明清时期的民事审判与民间契约》，王亚新、范愉、陈少峰译，法律出版社 1998 年版，第 301 页。

社会的组成细胞。有了血缘才有宗族，有了宗族才论财产归属，宗族共同体同时也是利益相关的共同体。[1]这就使得民间物权关系尤其是田宅交易充满了家族主义色彩，宗族关系与财产关系紧密交织，共同组成一张维系基层社会秩序的网。[2]亲邻优先权制度将土地流转限制在家族内，是为了较大限度保存"祖宗之产"，防止家族共产的过度流失。如宋朝范仲淹等所设的范氏义庄在处分族产时就有严格规定："不许子孙分割典卖"族产。[3]"肥水不流外人田""尽内不尽外"，中国古代社会经济尤其是田产交易蒙上了浓浓的血缘色彩，具有很强的身份属性。

此外，经济基础决定上层建筑，社会规则的诞生离不开它所依赖的社会经济基础。古代中国社会以小农经济为传统经济模式，以小家庭为单位组织劳动生产。在生产力与生产工具都较为落后的传统农业社会，人口也即劳动力资源显得尤为珍贵。丰富的人力资源意味着经济的兴旺，为了维持生存整个家族必须紧紧地联结起来，需要亲邻之间的合作与相互扶持。而土地恰是支撑农业生产活动的核心资源，其交易必然慎之又慎。

另外，宗法观念和儒家思想浸润中国历代王朝近千年，中国古代社会推崇以"孝""和"等为先的传统伦理道德，维护家族内的稳定与和谐十分重要。加之古代往往聚族而居，左右邻居通常是亲族，通过亲属关系限制土地交易，有助于保障家族关系的和谐稳定，进而能保障生产力，维护家族中每一个人的利益。

二、亲邻优先权对契约自由的负面影响

前文提到，亲邻优先权制度本意是将田宅交易尽量限制在家族内部进行，保存"祖宗之产"，维护宗族生存和发展利益。同时通过亲邻之间的关系的复杂性压抑争讼之心，减少交易纠纷，进而达到稳定交易秩序的目的。然而，该制度的实行效果不尽如人意，还在某些方面限制了契约自由。

（一）卖方不利——增加了出卖者的时间成本

北宋雍熙三年（986年）诏，出卖产业应"据全业所至之邻，皆须一一

---

〔1〕 宋宇宁：《宋代"亲邻优先权"制度的古今价值及调整》，载《商丘师范学院学报》2018年第10期。

〔2〕 陈志英：《宋代民间物权关系的家族主义特征》，载《河北法学》2006年第3期。

〔3〕 陈志英：《宋代民间物权关系的家族主义特征》，载《河北法学》2006年第3期。

遍问。候四邻不要，方得与外人交易"。[1]古代没有如现代社会这般便捷的即时通信技术，交通条件也较差，无法在短时间内与亲邻取得联系。而出卖田产者却需问遍所有亲邻，这一要求未免过于苛刻。毕竟遍问过程中稍有差池，比如不小心漏掉某一家某一户，就可能给交易埋下风险隐患。此外，如若多位亲邻欲买，优先次序如何确定又是一个问题。前述征求购买意愿的过程难免会耗费大量时间，此时难以希求外姓买家有等待的耐心，长久的等待很有可能会消耗外姓买家的购买意愿，从而使卖家丧失交易机会。若亲邻皆不愿购买，业主到最后只能得个"两头落空"的尴尬结局。

另外，待遍问亲邻都没有购买意愿，还要"一一批退"，即请求亲邻在契书上签字画押，表示放弃亲邻优先权。这一程序为强制必经程序，只有经历了批退和签押的契约交易才能得到国家的承认和保护。完成批退之后，买卖两方要去官府进行"过割"，把交易田地的赋税从卖方处割除，录到收买方名下，并在二者买卖契上盖官印表明土地所有权的正式转移。这样严格的产权变更程序亦会耗费许多时间，降低交易效率，客观上阻碍了交易自由。

（二）买方不利——增加了购买者的经济成本

有学者认为亲邻优先权制度既兼顾了宗族财产利益，又不违背等价交易的市场规则。[2]事实上并非如此，实践中该制度的施行反而带来相反效果，增加购买者经济成本。如南宋初期的袁采在所著《袁氏世范》中告诫家人在购买田产时，不要害怕对方有亲邻便不敢交易，应敢于"稍增其价"，出比市场交易一般价格较高的价格购买，通过价格上的"威慑力"阻止有竞购意愿的亲邻，等到无人敢买时，再"扼损其价"，通过此手段阻止亲邻行使优先权，达到买地目的。

出高价购买的行为虽能促进交易的顺利达成，但也存在着诸多风险。法令规定，"不得虚抬价例，蒙昧公私。有发觉，一任亲人论理，勘责不虚，业主牙保人并行重断，仍改正物业"。[3]交易双方以不合理高价成交，也有"虚抬价例，蒙昧公私"的嫌疑，享有亲邻优先权的买方可能借此瑕疵状告官

---

〔1〕 刘琳等校点：《宋会要辑稿》（第11、12册），食货61之"民产杂录"、食货37之"市易"，上海古籍出版社2014年版，第7463页。

〔2〕 吕志兴：《中国古代不动产优先购买权制度研究》，载《现代法学》2000年第1期。

〔3〕 （宋）王溥撰：《五代会要》，中华书局1985年版，第319页卷二十六《市》。

府以谋取不正当利益，卖者也可利用该规定推翻已达成的交易。也就是说，不管从哪一方面来说，外姓买家的交易自由都会受到不同程度的限制，交易安全与公平难以得到充分保障。

（三）交易不利——不利于契约自由风气的形成

亲邻优先权制度的重要功能之一是促进家族四邻的和睦与稳定，但聚居时间久了亲邻难免产生矛盾。尤其是亲邻优先权涉及财产，极容易引发亲邻之间的利益纠纷。有学者一针见血地指出，亲邻优先权本意在于借助法律的力量巩固和加强熟人社会的联系网，实际上其反而无意中引发了更激烈的紧张态势，加剧了熟人社群的紧张气氛，从而导致了与初衷相悖的社会矛盾。[1]在汇集南宋时期诉讼判决和官府文书的《名公书判清明集》一书中，仅亲邻纠纷案例就占财产纠纷案件的10%。[2]由于中国传统社会的人情性以及儒家推崇的"和为贵"思想，地方官很难完全脱离争讼者之间的亲情羁绊作出公正判决，其裁断可能罔顾法律和公理，基于息讼目的和稀泥，无法真正解决问题和维护社会公平正义。长此以往，必然加剧亲邻之间的矛盾，打击人们的交易意愿，进而破坏市场自由交易风气，不利于自由市场秩序的形成。

三、官方对契约自由的救济

从各个朝代的立法中均能看出对亲邻优先权的强力保护。亲邻优先权虽能起到稳定家族与社会秩序的作用，但对其身份属性的过度强调与保护也必然带来负面影响。历朝官府当然意识到了这一点，由此对该权利进行了严格的界定与限制。

（一）限缩主体

宋代对亲邻优先权的适用主体作了限制。开宝二年（969年）规定"先问房亲，不买，次问四邻"，如此宽泛模糊的亲邻关系必然会掣肘交易秩序与效率。商品经济十分发达的宋朝不可能对该问题视而不见。到绍圣元年（1094

---

〔1〕 张锦鹏：《交易费用视角下南宋"亲邻权"的演变及调适》，载《厦门大学学报（哲学社会科学版）》2017年第1期。

〔2〕 张锦鹏：《交易费用视角下南宋"亲邻权"的演变及调适》，载《厦门大学学报（哲学社会科学版）》2017年第1期。

年），国家关注到"遍问四邻，乃于贫而急售者有害"的情况，对亲邻优先权主体作出限定："应问邻者，止问本宗有服亲，及墓田相去百户内与所断田宅接者，仍限日以节其迟。"有无亲缘关系成为"邻"是否能享有亲邻优先权的判断标准。由此，无亲之邻便被排出这一权利人范围。南宋时，优先主体范围进一步缩小，宋宁宗时规定："所谓应问所亲邻者，止是问本宗有服纪亲之有邻至者。如有亲而无邻，与有邻而无亲，皆不在问限。"[1]

南宋理宗年间，一位名叫谭亨的人欲援引亲邻取赎之法，赎回堂弟出典之田。该案审理者胡石壁指出百姓不了解亲邻优先权制度的具体内涵，错误地以为只要有亲属关系或邻居关系就能享有该权利。但实际上该权利的适用主体只能是有服纪之亲且有邻至者。古代以丧服区分亲疏关系远近，即斩衰、齐衰、大功、小功、缌麻。要享受亲邻优先权，一是需与出卖田产者有至少为缌麻的服纪之亲，二是需与出卖者比邻而居，即同时满足既亲且邻。本案中，谭亨与堂弟为同宗服内之亲，但无相邻关系，无权取赎堂弟出典之田。

从前案可以看出，对亲邻优先权制度的适用主体进行严格限缩，缓解了亲邻优先权的滥用问题，防止了亲邻肆意干扰已有田宅交易，一定程度上促进了交易稳定，提升了交易效率。当家族主义对亲邻优先权的缠绕与桎梏减少，原来的田宅出卖人便能更自由地处分自己的财产，[2]契约自由的生存空间得以扩大。

（二）时效限制

"诸典卖田宅满三年，而诉以应问邻而不问者，不得受理。"买卖田宅的一般诉讼时效是三年，自出卖之日起期满三年才以未问亲邻提起诉讼的，官府不再受理。另外，据《名公书判清明集》吴肃吴荣吴桧互争田产案中所记载："准法：诸理诉田宅，而契要不明，过二十年，钱主或业主死者，官司不得受理。"对于立契不明而业主或买主已经死亡的情形，以二十年为诉讼时效，过后亦不再受理。除规定纠纷提起的诉讼时效外，官方还确定了立账取问的时限。"若不愿者，限三日批退，愿者限五日批价。若酬价不平并违限

---

〔1〕 中国社会科学院历史研究所宋辽金元史研究室点校：《名公书判清明集》，中华书局 1987 年版，第 309 页。

〔2〕 陈志英：《宋代民间物权关系的家族主义特征》，载《河北法学》2006 年第 3 期。

者，任便交易；限批不满，故有遮占者，仍不得典卖。"出卖田产的业主立账取问时，亲邻应当及时在法定期间内作出买或不买的答复，超时未作意思表示者，其行使亲邻优先权的主张也将不再受到保护。这一规定一方面督促优先权利人积极行使权利，另一方面提高了田宅买卖的交易效率，减少了出卖者的时间成本和风险负担，有利于契约自由的发展。

四、结语

总之，亲邻优先权植根于中国古代社会土壤，经历了由习惯到习惯法的转变。其产生与发展既与传统宗法观念和经济模式密切相关，又离不开官府将其作为社会稳定器的推行。亲邻优先权制度一方面减少了交易诉讼纠纷，另一方面也体现了国家对民间交易自由的限制，增加了各方交易成本，不利于契约自由的发展。当然，历朝官府都意识到了这一点并相应地出台了相关法律予以救济，以尽可能降低文化与政治因素给交易自由带来的不利影响。

实际上，当代中国部分地区仍然奉行传统熟人社会的运行方式与规则，熟人与熟人之间的联系与牵绊并未随着改革开放带来的巨大经济发展而减少。亲邻优先权源自中国古代紧密人际网络的社会土壤，以促进亲邻和谐共处推动彼此之间的交流互通和争端平息，很适合基层社会强调熟人圈的交往模式。[1]这启示我们，中国有着丰富的法律文化，我们需要站在时代的角度回望过去，从优秀传统法律文化中汲取养分。

（邱水一　西南政法大学行政法学院）

---

〔1〕 宋宇宁：《宋代"亲邻优先权"制度的古今价值及调整》，载《商丘师范学院学报》2018年第10期。

政治制度演化视角下原始政治性法律的发展路径

——读张晋藩《中国古代监察法制史》

早期政治制度及决定国家权力结构与关系的政治性法律[1]是如何形成的?《中国古代监察法制史》从简单直接民主—复杂政治制度的角度对相关问题从侧面作出了解答。从书中可以看到,早期政治制度是随着直接民主的复杂化、阶层化而形成的,而在氏族社会的独特社会环境中,习惯法与早期简单制定法在社会发展的不同阶段发挥着不同的作用,两者相互间呈现着对立又交融的关系。

一、早期政治制度复杂化进程

张晋藩教授在《中国古代监察法制史》中提出,在原始社会形成之前,食物采集者相互间常常呈现一个较为松散的关系。随着社会生产力的发展,社会关系的相对复杂化,社会中的管理者才逐渐出现,由受到众人信任、被赋予权威的人担任。早期的管理者仅是作为承担管理协调职责的人,由于生产力限制以及社会关系相对简单,此时管理者往往职责简单且需要同时从事生产活动,社会阶层呈现生产者—管理者的两层性的简单结构,而政治决策以集体意志的方式由全体成员在商议中集体作出,权力分化程度较低,权力的所有者与执行者高度集中,管理者作为生产者的一员参与政治权力运作。由习惯演化而来的直接民主制在其中发挥着重要的作用。

而在原始社会晚期,随着社会生产力提高、人口增多以及实际控制土地的增加,社会阶层逐渐增多。相应地,社会事务逐渐增多,管理人员分工逐渐

---

[1] 本文中所有法律、社会规范均指广义上,具有相对稳定标准的社会关系调整方法。

细化，不同的管理机构产生，逐渐形成了"酋邦"社会[1]。而随着酋邦的形成，管理机构不断扩充，逐渐与氏族民众脱离，形成金字塔形的权力结构，权力的所有者与执行者逐渐分离，管理组织逐渐取得了执行权。普通劳动者与基层管理者尚呈现相对民主化的制约形式关系；然而由于繁杂的社会事务不能全部划归高层管理者统一处理，因此普通劳动者的意愿难以直接反映给高层管理者，这就导致普通劳动者与高层管理者之间形成"政治距离"，难以直接产生影响。此时相对于高层管理者，普通生产者只能以间接的形式进行影响；而高层管理者则因为较多的管理层级与复杂的事务划分而难以直接了解普通生产者。同时由于更多的管理事务占用了大部分上层管理者的时间，使其兼顾生产活动变得愈发艰难，在此情况下，管理阶层为了供养自己，与普通生产者之间也由最初的利益指向一致转化为利益争夺关系[2]。权力结构也由仅有民众一层转化为民众（权力来源者）—管理机构（权力执行者）。值得注意的是，在此阶段，尽管财产私有制的趋势已经逐渐显现，氏族管理机构逐渐脱离民众，专断性权力增强，但由于原始民主制尚未完全消失，部落首领也不具有后世君主一般的专制性权力，权力仍然有相当部分被控制在民主性质的议事会手中，部落首领只能通过找到双方利益契合点的方式实现权威管理[3]。此时，在民主与专制交融的社会背景下，来自民主的习惯法与来自管理机构的制定法出现了交融、并行的现象，这为之后管理机构权力加强，制定法系统压倒习惯法传统作了铺垫。

二、原始法律形态规范化进程

从政治制度出发，可以对搭建、规范相关政治制度的相关法律规则，即"政治性法律"进行一定的辨别剖析。在原始的社会政治形态演进中，可以看到在原始社会初期，政治性法律更多地以习惯法的方式表现并发挥作用；而

---

[1] 参见戴向明：《中原地区早期复杂社会的形成和初步发展》，载北京大学考古文博学院、北京大学中国考古学研究中心编：《考古学研究（九）：庆祝严文明先生八十寿辰论文集》，文物出版社2012年版。

[2] 参见苏家寅：《史前社会复杂化理论与陶寺文化研究》，中国社会科学院2014年博士学位论文。

[3] See Elman R. Service, *Origins of the State and Civilization*, New York：W. W. Norton & Company, Inc.，1975, pp. 98~99.

在原始社会晚期，制定法则作为主要的法律规范对政治制度进行规制。两种规范随着政治制度发展而演化、替换，呈现同出一源、相互影响的关系。

（一）演化：从习惯法到制定法

通过总结，不难发现，在该书的视角下，原始的政治性法律的形成起源于民主制下的习惯法传统，在管理机构逐渐发展的过程中，制定法出现，与习惯法传统形成博弈格局，并在形成阶级和国家时成为主流的社会规范。

书中阐释道，在原始社会早期，出于生存的需要，人们选择结成集体"以群的联合力量和集体行动弥补个体自卫能力的不足"。在此阶段，由于个人作为生产者的主体性较强，社会分工程度较低，因而人与集体之间呈现的更多是"合作"形式的关系，氏族首领也不能脱离生产，从某种程度上讲，其更像是政治活动的组织者而非领导者。因而，集体内部进行决断与内部管理时，每个人的意见都需要得到充分的尊重。在这种背景下，不需要制定的规范，直接民主作为形成一个集体必需的要素，以习惯法的形式存在于原始氏族社会中。

而当氏族社会演化至原始社会晚期时，氏族演化成了部落联盟，手工业专业化程度提高，社会需求增加，社会分工愈发突出。在此情况下，个人、家庭对社会集体的依赖性增强，社会集体对个人的束缚力增加，部落集体在主观上逐渐形成对所属群体的政治认同[1]，民众作为独立劳动生产者而获得的政治选择权一定程度上被削弱。同时由于社会事务的增多，在总体政治结构中，管理机构逐渐复杂化，人员增多，逐渐形成了专有的管理阶层。在此情形下，作为统领管理机构的部落首领，便足以获得足够的资源以形成亲信势力，并发展成可以左右部落联盟的重要社会势力[2]。在亲信势力的影响下，决策与管理机构便逐渐与普通民众相脱离。原始的氏族民主制度开始逐渐被削弱、瓦解。而在此阶段，为维护日趋复杂的社会结构，仅靠习惯法必然是难以完成的；同时，为维护"非民主"制度下带有强迫性质的命令，仅靠习惯法的弱强制力也难以实现，需要借助亲信势力对制定规则进行强制执行以实现带有专制色彩的强制性命令，因而制定法逐渐出现于社会之中。另

---

〔1〕 参见［美］罗森邦：《政治文化》，陈鸿瑜译，桂冠图书股份有限公司1984年版。

〔2〕 参见戴向明：《中国史前社会的阶段性变化及早期国家的形成》，载《考古学报》2020年第3期。

外，随着原始民主制的瓦解，原始的习惯法也在一定程度上失去了天然的权威性与至高性，维护社会稳定的规范出现了缺失，而制定法的出现则承前启后，弥补了此时原始习惯法的不足。

自近代以来，人们在分析制度时普遍将社会与国家二分，将作为市民社会与政治国家的私人领域与公共领域切分，以多元主义法律观对不同的社会规范进行分析。[1]但从上述对原始法律形成路径的分析可以得出，作为上层建筑的政治性法律却是从习惯法演化而来的似乎与现已形成通说的国家社会二分式的法律制度划分法存在理论间隙。首先应当注意的是，政治性法律调控的虽然是政治国家的相关制度，但并不意味着此类法律产生于政治国家形成之后，是由国家根据制度需要直接制定的，其依旧形成于日常生活习惯的演化过程中。其次，埃利希曾指出，法律规则大致可被分为裁判规则与行为规则，裁判规则为被法院所适用、为他人行为进行裁判的规则；而行为规则则是为人们日常生活交往提供规范指引的规则。[2]以此为框架进行分析，可以将政治性法律归入行为规则的范畴中，主要指示人们在从事政治活动，进行集体治理、决议时如何行动。有学者提出，在大陆法系，裁判规则建立于行为规则之上；而在英美法系，行为规则建立在裁判规则之上。[3]但值得注意的是，英美法系一般被认为于1066年诺曼征服后形成于英国大陆，在更早的原始氏族及酋邦社会阶段，尚未形成制度化的法院，纠纷解决仍依赖于传统行为习惯下形成的惯例。可以说，在此阶段，甚至裁判规则本身也属于行为规则的一部分。因而可以得出原始法律大都以行为规则的方式呈现。通过前述论证，不难看出，原始政治制度本质上起源于社会专门管理，而社会专门管理则是对社会生活逐渐复杂、社会分工逐渐增强的呼应，其脱胎于作为日常交往的兼职管理活动，因而原始政治制度也起源于日常生活交往活动形成的行为习惯。并在民主议事与权威专制的竞争中，由于权威专制更大的强制力逐渐形成对管理者的行为习惯的接纳，进而从习惯上升为习惯法，并最终以成文法的形式将与其相抵触的民主习惯法架空。

---

〔1〕 参见谢晖：《论习惯法的国家立场与社会立场》，载《政治与法律》2023年第8期。

〔2〕 参见［奥］欧根·埃利希：《法社会学原理》，舒国滢译，中国大百科全书出版社2009年版。

〔3〕 See Adam B. Cox & Emma Kaufman, "The Adjudicative State", *132 Yale Law Journal*, 1769, 1809~1820 (2023).

同时，除了习惯法到制定法的变迁，还值得注意的是在社会的变迁中逐渐形成了原始的具有监察色彩的法律规范。在原始社会初期，管理者不具有独立的政治地位，管理机构结构单一，权力结构单一。因而实质上并未形成监察权的概念，监察仅作为社会舆论的结果对管理机构形成约束，并作为民众参与政治活动的一种形式维护着社会的稳定发展。而到了原始社会晚期，管理机构日趋复杂，权力分离与分化逐渐明显，首领、基层管理者与普通民众之间逐渐出现利益指向与政治价值的分歧。为保证社会稳定，监察权通过上级对下级进行纠察与下级对上级进行民主监督的方式发挥作用。首先，对于下级对上级的民主监督，经张晋藩教授的考证，主要通过民主议事会与舆论监督的方式进行。其中，由于社会结构简单、社会成员人数相对较少，社会扁平化程度较高，公共领域中社会成员相互交流、传递价值认同更为容易，公共舆论监督作为执政者的权力和权威的合法性基础发挥着重要的作用，一方面是被统治者对统治的自觉承认的必要条件，另一方面则充当其公共决策与管理的参考与依据，是公共政策合法性的源泉与基础〔1〕，起到平衡公权力、监督制约公权力的作用，〔2〕对于执政者有着直接而强有力的作用。区别于原始社会早期的舆论监督，此阶段的舆论监督不只是社会舆论形成的习惯法意义上的监督，在制度上也形成了以制定法为保障、以言谏制度为载体的监督。而民主议事会则作为民主精神的残余，参与着民主监督的过程。民主议事会在程序上限制着部落首领的产生，保障着管理机构为氏族共同利益服务的目标与任务。但无疑，由于民主议事会缺少与制定法相当的来源于暴力统治行为的实质保障，仅是作为习惯的残留发挥着作用，因而其也将随着习惯法地位的降低逐渐消失原有作用。区别于自下而上的监督，自上而下的纠察监督在此阶段第一次形成，主要由部落首领及专门监察组织实行。毫无疑问，作为原始社会制定法法源的部落首领实施的监察有着最为直接与权威的效力，主要通过巡守方式发挥效用，在巡守中直接对下级管理机构实行监督和控制。但是，由于其消耗时间过多、首领个人精力也有限，因而难以常态

---

〔1〕 参见马长山：《当下中国的公共领域重建与治理法治化变革》，载《法制与社会发展》2015年第3期。

〔2〕 参见［英］约瑟夫·拉兹：《公共领域中的伦理学》，葛四友主译，江苏人民出版社2013年版，第427页。

化。因此，部落首领选择建立专职监察机构，如黄帝设"左右大监"，高辛设专职大臣[1]等。同时，制定法也为其提供了法律依据与处罚措施，如《尚书·舜典》中记载的"鞭作官刑"和"三载考绩，三考，黜陟幽明"等相关的成文法律为其提供了强力的正当性与执行力基础。

（二）关系：习惯法与制定法

在上文论述中，不难发现，随着早期政治制度的发展，法律逐渐从习惯法的形态变为了制定法的形态。其间，在相当程度上，习惯法代表着自然形成的原始直接民主的政治取向，而制定法则代表着在社会发展中形成的权威专制的政治取向。两者在社会发展中相互博弈，抢占着作为政治社会一般规范的地位。但由于习惯是人们思想惰性的延续，在习惯没有法律制度作为支撑时，即使比某些法律更容易被接纳，也并无法律效力[2]。最终，有更大强制力的制定法取代了习惯法成为政治领域的一般法，但这并不意味着，政治领域摆脱了习惯法的影响。

从上述习惯法到制定法发展路径的论述中可以看出，在微观上，制定法的一些制度来源于习惯法的内容[3]，故应在习惯法的基础上对其予以认定，并通过赋予其固定的体系使其进入制定法的领域，由实质上的国家强制力进行保障。而在宏观上，首先在正当性来源方面，制定法与习惯法有着相同的正当性来源。二者均需要民众的共同承认，在民众的自发拥护下获得权威与执政的正当性。此论断也可以从民主舆论监督方面获得支持，区别于后世统治阶级更多利用"君权神授"方式获得强力的执政合法性，在制定法尚未完全摆脱习惯法的影响时，执政者均需要通过获得社会成员对其执政能力、经验、品行和威望的支持以获得强力的正当性。其次，除了两种法律下统治者执政的正当性来源相同，习惯法更在一定程度上上升为自然法的一部分，以形成原则的方式规范着制定法的正当性。将原始习惯法抽象为法律原则，可以发现其中蕴含着集体承认的底层原则，在此原则之上，又形成了原始习惯法的直接民主制，集体中的个人对管理机构与集体事务有着肯定或否定的权利，决策与管理需要经过集体的承认才可以作出。而在制定法的发展中，似

---

〔1〕 参见《史记·五帝本纪》。

〔2〕 参见［日］穗积陈重：《法律进化论：习惯与法律》，曾玉婷译，中国法制出版社 2023 年版。

〔3〕 参见刘桂丽：《论习惯法的概念与作用》，载《温州大学学报（社会科学版）》2015 年第 4 期。

乎对源自直接集体承认的强制力对集体承认的规则有一定的违背。但是需要注意的是，在社会结构日趋复杂的情况下，直接民主决策的方式由于效率低下而难以高效运转。而解决这个问题的两种方法——君主制与间接民主制，实际上均依仗上述原则运行。间接民主制自不必说，而从历史发展角度来看，君主制在实际上也是通过约定俗成，以形成接纳统治的底线与方式的形式，在此框架内对统治者执政形成集体承认的方式实现法律原则至现实的转换。因而为社会稳定运转所制定的制定法当然也不能违反习惯法原则的约束。当然，从这一视角看，制定法难以完全摆脱习惯法的影响，因此不论执政者统治的正当性从何而来，必有一部分来源于社会成员的支持，区别仅是程度的强弱。

三、结语

综上，从历史发展的视角看，可以发现在原始社会发展的不同阶段，随着制度的演化，政治性法律也逐渐从习惯法演化成了具有现实强制力的制定法。其中在原始社会早期，政治性法律以习惯法的形式存在；在原始社会晚期，制定法与习惯法并行、对立；进入国家阶段后形成了以制定法为主，习惯法为辅的法律体系。其间制定法与习惯法在发展中呈现对立的关系，但在规范方面则起着共同作用，并在社会发展中效力逐渐分化、形成了具有层次性的法律体系。

（单一鸣　西南政法大学行政法学院）

关于司法制度只能寻求有限正义的思考
——读罗翔《法治的细节》

理想之正义具有完美无缺的特点，其兼具过程正义与结果正义。但在司法实践中，正义之实现受到各种因素的影响，难以实现完美之正义，所以实际实现之正义为有限正义。有限正义是指依据法定程序保障部分合法权益之实现的正义。其核心内容主要包括程序正义、经验判断之正义与复杂人性之有限正义等。程序正义是实现经验判断之正义与复杂人性之有限正义的基础；经验判断之正义是指根据符合当下社会需求的司法案例与事实经验对具体案件进行灵活处理；复杂人性之有限正义之实现是人与人之间利益纠纷、所追求价值不同的结果。后两者以程序正义为基础，相互交融与促进。本文将从以下三方面原因对司法制度下只能实现有限正义进行具体论述。

一、程序正义相较实体正义下的有限正义

在《正义论》中，美国学者罗尔斯系统性地对程序正义进行了分析，他认为不存在任何有关结果正当性的独立判断标准，只存在有关形成结果的过程，也即程序正当性的独立判断标准，法律程序是为保障参与性、公平性以及人格尊严等独立于判决结果的程序价值而设立的。[1]基于主观认知偏差与客观证据不足等因素，案件判决结果无法准确使犯罪之人受到刑罚或者使无罪之人实现不被定罪等理想状态。因为现实中各种复杂的因素，程序正义可以保证的仅仅是"看得见的正义"，而过程决定的实体正义之实现是有限的。所以，程序正义相较之下只能被称为有限正义，这是导致司法制度只能追求

---

[1] [美]约翰·罗尔斯：《正义论》，何怀宏、何包钢、廖申白译，中国社会科学出版社 1988 年版。

有限正义的原因之一。对于程序正义导致的有限正义应如何理解之问题，下面将详细地进行阐述。

完善的程序正义在罗尔斯的观点中，被表述为："在具有重大实践利害关系的情形中，完善的程序正义如果不是不可能，也是很罕见的。"[1]程序正义体现司法实践过程之合法性，合法过程并不意味着司法过程是完美的，其无法完全保障完美正义之实现，就正义结果的不确定性而言，其实现的是有限正义。罗尔斯在《正义论》中很明确地说道："我们不能因为一种特殊结果是遵循一种公平的程序便可以达到就说它是正义的。"[2]程序正义在司法运用中的基本概念是指在司法活动中的每一个裁判环节都应依照法定秩序与规则进行，并且符合司法精神所体现出的正义。其侧重的是过程正义，因而实现的是有限正义。而实体正义注重审判结果的正确性，并认为法院的裁判应当使每个人获得应然的正义结果，使得"善有善报，恶有恶报"，每个人所享有的权利与所负有的义务成正比。[3]罗翔在《法治的细节》一书中提到实体正义就如同一个完美的圆圈，它无法企及，而程序正义就像通过仪器所画出的圆圈，必定是一个有缺陷的正义，即有限正义。相较于实体正义，程序正义偏重过程正义，具有间接性，因而其实现之正义难以保障各方权利，即实现之正义具有有限性。在过程发生之时，主客观因素的介入会直接或者间接影响判定结果，因而实现之正义是部分之正义，即有限正义。在程序正义中"没有任何独立的、参照它即可知道一个确定的结果是否正义的标准"，[4]无法保证结果是否符合实体正义。结合上述分析可知，过程正义之实现确保司法过程之合法性即可，但合法性无法保障过程完美，也不能达到结果完美之效果，其与理想之正义有现实差距，即其实现的是有限正义。

选择程序正义导致司法实践中只能追求有限正义之结果主要存在客观层

---

〔1〕 ［美］约翰·罗尔斯：《正义论》（修订版），何怀宏、何包钢、廖申白译，中国社会科学出版社 2009 年版，第 67 页。

〔2〕 ［美］约翰·罗尔斯：《正义论》（修订版），何怀宏、何包钢、廖申白译，中国社会科学出版社 2009 年版，第 67 页。

〔3〕 参见朱纯烨：《证券特别代表人诉讼制度的完善——以程序正义与实体正义的平衡为视角》，华东政法大学 2022 年硕士学位论文。

〔4〕 ［美］约翰·罗尔斯：《正义论》（修订版），何怀宏、何包钢、廖申白译，中国社会科学出版社 2009 年版，第 67 页。

面的原因，即事实掌握条件难以支撑实体正义，因而其实现结果为有限正义。例如在侦查过程中，由于行为人具有反侦查能力，可能破坏能够推定其罪责的相关证据，或者由于自然天气、时间、无关人员无意识的破坏行为等因素，侦查人员只能收集到有限的证据，从而导致司法结果之有限。而司法机关的裁判是依据证据进行的，当证据有缺陷或者不足时，其无法推定嫌疑人就是实施犯罪的行为人。缺少事实证据，无法使用完整的证据链指控犯罪行为人之罪责，也就无法达到实体正义之实现，只能实现部分正义，即有限正义。若是强行将这段差距消除将会导致程序正义的分崩离析，此时程序正义将不复存在，而离开程序正义的"实体正义"极大概率会与事实相偏离。没有程序正义，实体正义有可能会被扭曲。[1]程序正义之实现，能够使实体正义之实现具有可能性，司法的目的在于使实体正义之实现的可能性最大化，因此程序正义之实现应高于直接实现实体正义。而程序正义具有有限性，所以在司法实践之中最终实现的是有限正义。

即使只能依据程序正义实现有限正义，也不能忽视实体正义对于有限正义有一定的价值导向。马克思主义唯物辩证法认为，矛盾在世界上是普遍存在的。事物之间及事物内部既统一又对立是矛盾的两个方面的内容，既相互排斥、相互对抗，又相互作用、相互依存。相互排斥体现的是对抗的一方面内容，相互依存体现的是统一的另一方面内容。人类所追求的完美正义与有限正义既相互对立，又相互统一。罗尔斯在《政治自由主义》中认为，程序正义是一种总是依赖（除赌博这种特殊情况之外）于其结果的可能性正义，或者依赖于实质正义。由此可知，程序正义和实质正义是相互关联而不是相互独立的。[2]两者之间的统一体现在，在确定人类所追求的正义有限的情况下，完美无缺的实体正义依然具有其特定意义。丹麦法学家斯蒂格·乔根森认为："在大多数国家立法中，我们发现'合理''合法'之类的称谓，它们都是实质正义的一般原理的表示。实质正义是作为一般价值隐藏在法律体系背后，并作为在任何具体案件中进行法律推论的出发点，它决定着人们评论

---

〔1〕 参见朱纯烨：《证券特别代表人诉讼制度的完善——以程序正义与实体正义的平衡为视角》，华东政法大学 2022 年硕士学位论文。

〔2〕 ［美］约翰·罗尔斯：《政治自由主义》，万俊人译，译林出版社 2000 年版，第 449 页。

社会和政治事务的方向。"[1]虽然无法直接实现实体正义，但可以通过实现程序正义从而去追求实体正义，将实体正义作为价值目标，不断完善司法制度，使得有限正义向实体正义无限接近。

程序正义实现有限正义之结果在具体案件中具有指导意义。罗翔在《法治的细节》一书中提到的辛普森案件就是一个体现程序正义之有限性的典型案例。在该案件中，法官依据程序正义，没有采用正当形式收集证据，致使证据无法产生效力，辛普森因此被无罪释放。依据程序正义的要求，在判决过程中的每一步都应该符合法律规定的正当程序。不采用非法形式收集来的证据，即根据法律规定排除非法性证据，满足了正当程序依法性的要求。法官排除非法性证据的行为保障了辛普森的基本权利，维护了能确定的"看得见的正义"，此为部分合法权益，而受害人以及受害人家属的合法权益却没有得到完全的保障，此为有限正义。尽管在实体正义的对比之下，程序正义无法完美缉拿罪犯以及保障被害人家属及其利害关系人的权利，但从法律以及道德的层面出发，根据程序正义所得出的判决确保了判决结果的合法性，不会使无罪之人被判处有罪从而导致不可挽救之结果。相反，违背程序正义会增加冤案发生的可能性。一个冤案轻则浪费无辜之人可为社会作贡献的几十年；重则导致清白无辜的人失去生命，或者一代人精神和身体上的双重毁灭。罗尔斯认为"纯粹程序正义的巨大实践优点就是：我们不再有必要详细地了解无数的特殊环境和个人在不断改变着的相对地位，我们也不再有必要确定一些原则来处理若这些细节与正义有关便会出现的一些极其复杂的问题"。[2]因此，司法实践选择依靠程序正义实现部分有限正义具有合理性。

二、经验相较"完美"逻辑下的有限正义

在司法实践中，法律逻辑发挥着至关重要的作用。法律逻辑与法律思维密不可分。德国学者德尔夫·布赫瓦尔德认为法律思维的研究对象主要有三个："法律的获取、判决的证成、概念和体系的建立。"[3]

---

[1] 张文显主编：《法理学》（第3版），高等教育出版社、北京大学出版社2007年版，第82页。

[2] [美] 约翰·罗尔斯：《正义论》（修订版），何怀宏、何包钢、廖申白译，中国社会科学出版社2009年版，第67页。

[3] 王洪：《法律逻辑学》，中国政法大学出版社2008年版，第6页。

法律的形成、实践及发展需要以法律思维作为支撑。王泽鉴先生认为法律思维的内涵是："依循法律逻辑，以价值取向的思考、合理的论证，解释适用法律。"[1]由此可见法律逻辑的指导价值。但由于法律对于现实中产生的新问题具有明显的滞后性，现有的法律逻辑技术不足以解决特殊的案件，需要法律经验灵活处理具体问题。

运用法律经验时，现有法律通常无法解释法律经验的运用逻辑，强行运用现有技术对法律经验进行逻辑分析将会导致前后矛盾等问题。书中指出追求过于完美的逻辑将使人陷入逻辑的怪圈。这种怪圈研究的问题不具有现实意义。法律经验弥补了现有法律技术的缺口。法律经验的研究现已成为我国当代法学研究的重要内容。从本土经验出发，构建符合中国实际的法学理论体系，成为中国法律经验研究的核心与目标。传统法学研究以规范为研究主题，与其不同的是，经验研究的重点转移到了"实际如何"，而不是"应当如何"。尽管法律经验研究的必要性从来没有被传统的法律规范研究所否认，法律经验研究却不可超出法律规范作出自己独立的论断，现实中法律争论大多发生在两者产生知识误解与隔阂的情况之下。[2]由于法律经验没有形成系统化的法律技术，在司法实践中运用其通常只能保证当事人的部分合法权益，只能实现有限正义。

当法律逻辑注重应当如何处理事实情况时，法律经验注重实际如何处理问题，此时对于运用法律经验的合理解释会加入一定的主观因素，体现出法的人性化。基于人类认知的局限性，是否实现当事人之合法利益应当对具体情况予以具体分析。所以，就能否保障当事人合法权益的不确定性而言，法律经验的运用体现出了有限正义。

完美的逻辑判定可以保障各方当事人的合法权益，但司法实践中通常不存在完美的逻辑，进而很难实现完美的正义。相较于追求过于严谨的逻辑，根据经验所作的分析在逻辑上存在一定的漏洞，无法完全确定行为人的行为性质，以及有无按照计划实施犯罪，因而无法实现完美逻辑的全部正义。经

---

〔1〕 王泽鉴：《法律思维与民法实例：请求权基础理论体系》，中国政法大学出版社 2001 年版，第 1 页。

〔2〕 何慧、邓经超：《法律经验研究的知识论困境与范式再造》，载《江西社会科学》2022 年第 9 期。

验相较于"完美"逻辑而言，确保"实际如何"而不是所谓的"应当如何"，即其实现的是有限正义。

三、复杂人性下的有限正义

人性的多面性及立体性决定了在不同场景下人的表现不尽相同。人性就其自身来说是不变的、必然的、普遍的。但是，不变的、必然的、普遍的人性并不能独立存在，而只能存在于人们那些变化的、特殊的、偶然的属性之中，并通过这些属性表现出来。人们的这些变化的、特殊的、偶然的属性，就是人性的"用"，就是人性的表现形式；而它们所表现出来的不变的、必然的、普遍的人性，则是人性的"体"，是人性的内容。[1]属性的具体体现方式也不尽相同，即人性表现具有复杂性。

复杂人性在社会生活中所产生的纠纷会导致错综复杂的问题，其意味着当各种利益相冲突时，不同情况下有限正义选择的内容不尽相同。纠纷双方之间既存在相互对立的权益，又存在相互统一的利益。实现一方权益可能会导致另一方权益的丧失，这体现出追求正义之有限性。明文记载的法律条文是固定化的，而人性导致的事实纠纷则是千变万化的。因此，法律会采用抽象概括的方式处理现实中的具体问题。不可否认的是，部分法律条文的语义有着相对精准的优良特质，但也可以采用在法律体系中合理增加概括条款的方式增强法律适用的灵活性。人类自然语言的两种固有特征是精确性和概括性，虽然这两个性质从表面看存在矛盾，但是在法治化的进程之中，精确性的作用可以确保司法实践中法律适用的准确性，而概括性的存在使得法律规范对于复杂事实的认定更加周延、完善，并且能够解决法律规范面对复杂社会情形经常难以找到精准法律条文适用的情况。[2]抽象概括的好处是能够将绝大多数情况约束在法律条文范围之内，不足之处是对于事实情况的规定不够具体，让事实判定处于模棱两可的状态，进而导致不同法官对于同一案件的判决结果大相径庭的情况出现。即站在不同的角度来分析问题，所得出的对正义的追求很有可能是相互矛盾的。

判决结果不同意味着保护的合法权益也不同，即其实现有限正义之内容

---

〔1〕 王海明：《人性是什么》，载《上海师范大学学报（哲学社会科学版）》2003年第5期。

〔2〕 商瀑：《我国法律文本中的侦查概括条款研究》，中南财经政法大学2019年博士学位论文。

不同。如果保障了双方之间的合法权益，判决结果将会相近。反之，只有保障的合法权益是部分的、有限的，才会存在判决结果相差较大的情况。在司法实践中，不同司法工作人员针对同一案件所得出的判决结果相差较大并不罕见，这表明所实现的是有限正义。因此，仅用明文记载的法律条文约束人的行为具有一定的局限性，应当掌握法律的精神及其基本原则，结合道德与生活经验对法律作出合理的解释，从而去处理由于复杂人性引发的各种纠纷，实现符合社会价值观与追求的有限正义。

实现各方合法权益就好比兼具鱼和熊掌一样的难度。尽管在真实案件中，各方利益冲突层出不穷，但司法工作人员可以坚持法治的内在精神，根据法律的基本原则灵活处理案件，保证实现最大限度的有限正义。法律原则不仅可以填补法律漏洞，还可为法律规则的适用提供一般的法律思想，对法律规则进行解释，确定法律规则的适用范围，并且对法律规则的效力及正当性进行评价，[1]对于有限正义之实现起着至关重要的作用。

四、结语

在司法实践中，为了达到有限正义最大化之效果，司法工作人员应当以坚守程序正义为基础，结合过往司法经验灵活处理案件，对于没有司法案例可供参考的情况，应当遵循法律的基本原则与精神，结合司法解释审理案件。在法律规定不明确之时，司法机关应当出台相关司法解释，使得具体案件能够依据司法解释进行审理，从而实现最大限度的有限正义。此外，有限正义之实现还依赖于司法制度的完善程度。由于当代社会正处于迅速发展的时期，许多新兴事物逐渐出现，各方利益之争也在不断向新兴领域延伸，现有法律规章制度尚不能完全解决这些冲突，此时就需要立法机关结合事实情况，针对新兴领域纠纷制定或完善相应法律法规，或者通过司法机关出台司法解释，使得新兴领域有法律规制，保障有限正义之实现。

对于司法制度只能实现有限正义之问题，结合现实分析时会发现存在多种不可抗力之因素阻止司法结果实现理想之正义。理想状态下的完美正义尽管不能直接实现，但在司法实践中可以通过保障程序正义之实现，结合过往法律经验灵活处理事实纠纷，坚持司法精神与基本原则等方式尽可能向理想

---

〔1〕 王慧娟：《法律原则填补法律漏洞研究》，辽宁大学 2022 年硕士学位论文。

之正义靠近，保障实现最大限度之正义。尽管司法实践中能实现的是有限正义，但通过实现有限正义不断向实质正义靠近是司法的追求目标。而有限正义之实现程度影响着实质正义之实现效果。在司法程序中要遵循法定程序，确保程序正义之实现，结合司法经验与法律基本原则处理事实案件，使理想之正义的实现程度尽可能达到最优的状态。

（谢淑蓉　西南政法大学行政法学院）

程序正义与实体正义之辨

——读陈瑞华《刑事诉讼的前沿问题》

康德曾指出:"永远把人类——无论你亲自所为还是代表他人——当作目的,而绝不仅仅当作手段来对待。"[1]这句话同样适用刑事诉讼领域。如果将刑事诉讼程序仅仅视作实现实体正义的路径,那么充分参与诉讼程序并为一定程序保护的当事人就同样可能成为实现这一目的的"手段"。此时人类的尊严和权利之损害难以避免。可见,康德提出的从人类的需求出发,把人作为目的,引导着我们深入思考程序正义与实体正义的关系。

一、程序正义理念的起源与发展

一般认为,古希腊与古罗马时代关于正义的讨论主要集中在实体正义层面,实际上,通过对这段历史时期相关文献的考究,不难发现彼时人们亦有对程序公正的追求。例如,柏拉图在《法篇》中,曾针对刑事案件的诉讼程序提出:"作为立法者必须规定投票方式,投票应当公开进行,在举行投票之前,法官们要按照他们的资历依次出场就座,面对检察官和被告,有闲暇的所有公民都将出席并聆听整个审判过程。"[2]"检察官将陈述案情,被告要对指控作出回应,每人只有一次讲话机会。"[3]即审判程序是先定的而非随便的、审判是公开的而非秘密的、被告是可辩解而非仅可接受的,这在一定程度上体现出柏拉图对于程序正当性与合理性的要求。而古罗马著名的法学家

---

〔1〕 See E. Pincoffs due Process Frat ernit y and a Kantian Injunction in Due Process Pennock and Chapman (eds.), pp. 172~181.

〔2〕 〔古希腊〕柏拉图:《柏拉图全集》(第3卷),王晓朝译,人民出版社2003年版,第614页。

〔3〕 〔古希腊〕柏拉图:《柏拉图全集》(第3卷),王晓朝译,人民出版社2003年版,第614、615页。

们亦对程序公正问题多有论辩，并予以书面记载，最终于古罗马后期形成"一个人不得做自己案件的法官"和"应听取当事人陈述"的自然正义原则。

在古希腊和古罗马时代，程序公正虽然客观上或多或少地体现在理论与实践中，但更多的是为人们无意识地遵循。此后历史延续，公元476年，罗马城被日耳曼人攻陷，西罗马帝国分崩离析，但罗马法中的法律思想却借由此入侵日耳曼人文化体系，并对英国的法律观念产生持久而深远的影响。13世纪，程序正义被表述为"自然主义"最早在英国出现，作为英国法治的核心概念，它有两个基本要求："任何人均不得担任自己案件的法官"与"法官在制作裁判时应听取双方的陈述"，[1]这实为对古罗马的两项自然正义原则一定程度上的继承。之后，程序正义理念又以"正当法律程序"的表述在美国得到继承和发展，要求解决利益争端的法律程序必须是公正的、合理的。

这一时期，程序正义理念在英美的起源与发展极大程度上受到其法律传统的影响。作者借助学者的理论解释道：第一，陪审裁判以及作为其前提的当事人诉讼结构，使得陪审团对于诉讼仅提供结果而不提供裁判理由，即通过运行正当的程序来间接保证结果的公正。可见，实现程序正义，其实就是在实现结果公正不能时而采取的退让之举。在这一法律传统产生的背景下，程序正义的理念虽然出现，但仍然没有摆脱人们"公正程序的存在旨在实现结果公正"的直觉认知。第二，先例拘束原则，法官在判决案件时，受到过去判决同类案件所适用的法律原则的约束。在这种情况下，当事人通过律师的协助，能够寻找到有利于自己的先例并说服法庭采纳，其积极充分地参与自身利益的争取，而非完全被动接受国家公权力的处置。为实现这一目的，无疑需要有公正合理的程序保证当事人有充分表达意见的权利，且其合理的意见能被法官不偏不倚地采纳。第三，衡平法的发展。当事人无法找到适当的法律根据而提出请求救济时，法官可根据长时间实践中形成的程序规则，运用自由裁量权对实践中新的法律问题作出决定。显然，在裁量过程中，法官对于裁判结果的公正与否并不能准确预测，但可以根据长期经验所形成的正当程序，推动或保障正当结果的出现。在以上三方面的影响下，尽管实体正义没有客观的评价标准，或者由于其出现的延迟性不能被人们所适时窥见，但结果仍然能够通过程序正义获得普遍的认同。

---

〔1〕 陈瑞华：《刑事诉讼的前沿问题》（第5版），中国人民大学出版社2016年版，第209页。

20 世纪 60 年代，出于对人类权利的关注，有关程序独立性价值的研究兴起。作者选取了一个典型的理论进行论述——罗尔斯的纯粹的程序正义理论，该理论指出："存在着有关形成结果的过程或者程序正当性和合理性的独立标准，因此只要这种正当的程序得到人们恰当的遵守和实际的执行，由它产生的结果就应该被视为正确的和正当的。"[1] 从这里，我们似乎能隐隐感觉到程序正义和实体正义的脱钩，程序正义存在的理由不再仅仅是推动正确结果的形成，理论的重心转移到程序正义的独立存在上。进一步看，某些学者在研究罗尔斯程序正义思想得出的结论，认为实体正义是一种评价结果的"结果价值"，程序正义则是评价程序本身正当性与合理性的"过程价值"。[2] 换言之，在价值层面上，程序正义和实质正义相分离，暗示程序正义独立性价值的存在。

尽管罗尔斯这一偏向绝对的表述不禁让人怀疑：纯粹的程序正义理论是否正确，是否具有实践的可能性？但它的确为程序正义价值摆脱工具性的枷锁作出了杰出贡献，促使人们在关注正当程序对于形成正当结果的有利性的同时，重视程序本身的正当性与合理性。

那么，程序本身的这种正当性与合理性的意义何在呢？罗尔斯的上述理论出现后一段时期，有关程序正义的思潮涌起，作者将它们的共性总结为"法律程序是为保障一些独立于判决结果的程序价值而设计的"，[3] 而针对其具体内涵，学者们见仁见智，有的学者认为是"正义"是一种平衡，所以程序正义的这种价值在于维持各方利益的均衡；有的学者认为其价值在于正当程序对所谓"人应该作为目的而非手段"的道德价值的保护；作者也曾针对马修的"尊严价值理论"进行研究。该理论认为评价法律程序的主要标准是它使人的尊严获得维护的程度，[4] 也就是说，程序正义旨在保护人格尊严权、自由权、平等权等一系列权利。

---

〔1〕 陈瑞华：《刑事诉讼的前沿问题》（第 5 版），中国人民大学出版社 2016 年版，第 212 页。

〔2〕 韩强：《罗尔斯程序正义思想及其启示》，载《国家行政学院学报》2001 年第 6 期。

〔3〕 陈瑞华：《刑事诉讼的前沿问题》（第 5 版），中国人民大学出版社 2016 年版，第 215 页。

〔4〕 陈瑞华：《程序正义的理论基础——评马修的"尊严价值理论"》，载《中国法学》2000 年第 3 期。

二、程序正义独立性价值研究

作者类比法律制度的正当性，提出法律程序正当性的评价标准，即"程序在实现实体法所承载的价值目标方面的有用性和有效性"的功利性标准和"程序本身所具有的内在品质"的正义性标准。[1]两者分别对应历史上程序正义价值解释的两种理论——程序工具主义和程序本位主义。

程序工具主义立足"人是完全追求物质利益而活动的主体"的认识，其代表人物边沁认为，在法的实体方面，程序的唯一目的在于实现实体法的效用，即发现事实真相、正确适用实体法、罚当其罪，以"实现社会最大多数成员的最大幸福"。[2]这种理论无疑符合人们的直觉，但是却忽视了实体正义必然要通过一定程序实现的客观事实。况且不少学者认为，程序法先于实体法存在，甚至有"实体法从程序法中孕育"的相关论断。如果全盘承认程序工具主义的观点，无疑是武断孕育和实现实体价值的程序无任何内在价值，一切程序旨在为结果的正义服务。那么这种对结果的极致追求，必然会导致为了实现实体正义而不择手段、为了"实现社会最大多数成员的最大幸福"而果断牺牲少数人利益和幸福的非正义结果。

程序本位主义则在主张程序存在独立于实体正义的内在价值的同时，承认程序正义在推动实现实体正义方面存在一定的功用，只是相对而言，其独立价值居于首位。程序本位主义的出现破除了长久以来"程序虚无主义"的迷障，使得在司法实践中确保程序正义拥有了更多理论和实践上的价值。然而程序本位主义和程序工具主义在某种程度上是对立的，这使得程序本位主义者必须找到程序正义的独立价值所在，以回应程序工具主义者的诘难。

作者的解决办法是找到结果正当但程序缺乏正当性导致人们无法接受案件裁判的例子进行分析，也就是要证明存在某种不能为实体正义而能为程序正义实现的价值。最典型的例子就是法官在与自己利益相关的乃至自己是当事人的案子中充当裁判。为什么在确信该法官不会偏私、所作裁判结果完全符合案件事实和法律规定的情况下，人们的不正义之感还会油然而生呢？因

---

〔1〕　陈瑞华：《刑事诉讼的前沿问题》（第 5 版），中国人民大学出版社 2016 年版，第 208 页。

〔2〕　Gerald J. Postema, "The Principle of Uility and the Law of Procedure：Bentham's Theory of Adjudi-cation", *Gorgia Law Review*, Vol. 11：1393（1977）.

为这种前提本身就是充满矛盾的：当法官是案件的当事人或者利益方时，他将竭力顺应自己的意愿争取己方利益；而当案件裁判结果有违当事人的意愿时，法官又由于身份的特殊性需要保持不偏不倚，而违背自己的意愿进行判决。一个人怎么能既顺应自己的意愿又违背自己的意愿呢？基于此，人们对于司法公正性的怀疑便是在所难免的了。信任是法律的生命，这种对司法发自内心的信任和遵循，并没有因结果的正确性被维护，却因回避制度的缺失被破坏了，由此不难窥见程序正义的独立性价值。

类似的例子还有很多，例如当事人虽然在官司中获得了有利判决，但是仍然会因为诉讼过程中没有得到充分尊重和人权保障而深感不公；法庭采纳刑讯逼供得到的证据与其他证据，最终依法判处罪犯相应的罪名。作者在这部分进行了深入详细的论述，限于学科研究范围，主要从法哲学的视角进行学理分析，其结论缺乏足够的客观证据支撑。随着科学技术的发展，发展心理学和认知神经科学得以通过实证证据，一定程度上论证程序本位主义的合理性。

发展心理学发现：当人类处于婴幼儿阶段，利弊权衡能力尚不完善时，就对程序正义本身产生了本能的向往。[1] 人类对程序正义具有先天趋向性，说明程序正义并非一时的风尚，而是由于社会交往或与生俱来等各种原因深植于人类本性。况且随着年龄和认知水平的增长，这种先天趋向性会发生演变并逐渐成熟。[2] 人类成长的外部影响因素并未消除人类对于程序正义的向往与倾向，也就是说，人类并非完全追求物质利益的主体。功能性核磁共振的研究发现，人脑表征程序独立价值和工具价值的脑区不尽相同。[3] 即人脑在处理程序独立价值时有单独的活跃区域，据此可对"'正当程序独立价值'实为追求短期或者长期利益的'工具价值'"的观点予以批驳。

程序正义问题经过历史上长期的法哲学、传统哲学和心理学等多领域探讨，终于在理论层面显现出其独特价值性。但是，这并不意味着程序正义和

---

〔1〕 王思敏、张沛：《程序正义独立价值的先天性及其认知神经基础》，载《华侨大学学报（哲学社会科学版）》2023 年第 5 期。

〔2〕 王思敏、张沛：《程序正义独立价值的先天性及其认知神经基础》，载《华侨大学学报（哲学社会科学版）》2023 年第 5 期。

〔3〕 王思敏、张沛：《程序正义独立价值的先天性及其认知神经基础》，载《华侨大学学报（哲学社会科学版）》2023 年第 5 期。

实体正义彻底割裂，否则将无法解释"为何在部分情况下，刑事诉讼的当事人能够通过正当程序充分参与案件，最终取得公正的结果"。而针对这个问题，作者在其他研究中提出"实质的程序正义"的理论假设，在程序本位主义的基础上充分研究程序对结果的塑造作用。该假设认为，"抽象的实体正义"可以被拆分为多种相互竞争的价值标准，并且在刑事审判中能被确定为"最低限度的实体正义要求"，即"确保被告人受到公正的裁判"。那么法院通过公正的审判程序，就可能对那种事先未知的裁判结果，作出一定程度上的价值选择和塑造，从而推动公正结果的产生。即使法院在判决中作出显然不公、违背事实真相和实体法的裁判结果，其后果仍然可以通过再次上诉予以修正。[1]作者在书中对法律程序正当性的两种评价标准进行综合性论述，弥补了程序本位主义和程序工具主义存在的部分缺陷，极大程度避免了"重实体、轻程序"和"重程序、轻实体"的理论偏向。

（李心妍　西南政法大学人工智能法学院）

---

[1]　陈瑞华：《论程序正义的自主性价值——程序正义对裁判结果的塑造作用》，载《江淮论坛》2022 年第 1 期。

无罪推定原则的突破与限缩
——读熊秉元《正义的效益》

贝卡里亚于其著作《论犯罪与刑罚》中首次阐述了现代无罪推定原则的理论基础："在法官判决之前，一个人是不能被称为罪犯的。只要还不能断定他已经侵犯了给予他公共保护的契约，社会就不能取消对他的公共保护。"[1]我国《刑事诉讼法》虽未直接明文规定无罪推定原则，但其第 12 条"未经人民法院依法判决，对任何人都不得确定有罪"，实质上与无罪推定原则的核心理念相契合。进一步地，结合第 51 条关于证明责任分配的规定，以及第 200 条疑罪从无的处理原则，应当说我国《刑事诉讼法》已经基本体现了无罪推定原则的精神实质。

在《正义的效益》一书中，熊秉元从经济学视角对无罪推定原则这一现代刑事法律的基石进行了鞭辟入里的分析。他以放大镜般的角度，从水平方向与垂直方向两个角度检验无罪推定原则的适用程度、影响因素以及与证据法则的关联，于搜捕、侦讯、审判、执行等阶段窥探无罪推定的容颜。在现实语境下，无罪推定原则在刑事诉讼各阶段中的影响"深浅不一"，且并非始终"岿然不动"，其精神和实质有时不得不为其他法律考量和实践需求让步。在实践层面，无罪推定原则集中体现在侦讯阶段对犯罪嫌疑人的羁押以及审判阶段举证责任倒置的例外性规定；在理论层面，无罪推定原则的突破与限缩是一般性规定与例外性规定的博弈，探寻其衡平之道为落实该原则永恒的题中之义。

---

〔1〕 ［意］贝卡里亚：《论犯罪与刑罚》，黄风译，中国大百科全书出版社 1993 年版，第 31 页。

一、侦讯阶段：羁押

在刑事诉讼的诸多强制措施中，"羁押"对人身自由权形成最严重的干预。[1]侦讯阶段，只要符合某些条件，办案人员就可以对犯罪嫌疑人适用拘留、逮捕等强制措施，造成羁押的法定结果。未经法庭审判而直接剥夺一个人的人身自由，这种做法显然有悖无罪推定原则的核心精神，因为其主要是依据法律上还未确定的事实来推论被告人未来的危险性。基于尚未经审判确认的事实推断被告人潜在的危险性，若以此作为羁押监禁被追诉人的理由，实则是对人权的严重侵犯。在审判定罪之前，羁押不应基于对被告人可能而非已然犯罪的预设担忧。因而，预防性羁押不得成为刑事司法的常规做法；唯有在极端必要情形下，才可对公民的人身自由施加限制，以维护刑事司法体系的合法性与正当性。[2]

比例原则为调和无罪推定原则与羁押之间的矛盾确定了比照尺度，其下三项子原则——适当性原则、必要性原则和均衡性原则为这一调和过程锚定经纬，共同构筑起一个多维度的分析模型。根据适当性原则，审前羁押制度的设计和实施应当与侦讯阶段核实证据、查清犯罪事实的目的相称，并且羁押的相关措施要限缩在确保刑事诉讼程序能够有效进行以及保障侦查机关能够合法、有效地进行犯罪事实侦查的必要范围内。根据必要性原则，审前应当优先使用羁押替代性措施，将羁押作为最后且不得已的手段。[3]在该原则的指导下，为维护刑事诉讼程序的完整性与有效性，防止犯罪嫌疑人规避司法审查、妨碍诉讼进程或引发社会风险，对于重罪嫌疑人的羁押条件可以适当放宽。比例原则要求行为者挑选有助于正当目的实现的必要手段，并且该手段造成的损害同其所促进的利益应当成比例。[4]换言之，在刑事诉讼中对于嫌疑人可以适用逮捕、拘留等强制措施，但是在决定是否适用羁押措施以及如何具体实施时，要综合衡量多种因素之间的比例，以达到羁押时间的合

---

[1] 施鹏鹏：《对羁押及类似措施的法教义学解读及反思——以人身自由权保护为视角》，载《政治与法律》2023年第11期。

[2] 陈光中、路旸：《我国逮捕与羁押制度改革若干问题探讨》，载《中国法学》2023年第5期。

[3] 陈禹橦：《比例原则在羁押必要性条件中的适用》，载《中国社会科学院大学学报》2023年第3期。

[4] 刘权：《比例原则适用的争议与反思》，载《比较法研究》2021年第5期。

理限制、羁押方式的选择等因素与所涉嫌犯罪的严重性之间的衡平。

无罪推定原则的相对退让并不意味其在羁押过程中的完全消泯，它仍应当持续渗透于羁押的各个环节。首先，作为羁押措施的法理准绳，罪刑法定原则要求在羁押的理由、必要性、期限、场所、授权、审查、救济及辩护等关键环节，均需有法律的明晰规定，以将羁押的适用严格限定于法律所允许的范畴之内。[1] 其次，在适用比例原则对羁押之必要性进行审查时，需要特别注意重罪羁押的宽限条件。若仅在适用羁押的"开口"处设立罪行轻重这一道"闸门"，毫无疑问与无罪推定原则背道而驰。即便被告涉嫌重大犯罪，若无逃逸或妨碍证据之虞，以致诉讼、审判或执行程序显然无法进行，则羁押的必要性尚未充分确立。换言之，仅以犯罪严重性作为羁押的依据，可能偏离羁押旨在保障诉讼审判程序完整性、有效性的初衷。[2] 另外，在现有司法资源的基础上对审前羁押进行司法审查，是保障无罪推定原则的"金城汤池"。若对可能严重侵犯公民权益的强制侦查行为缺乏相应的司法审查，而将这些行为的决策权完全委托给侦诉机关，不仅违背了现代刑事诉讼程序中法治原则的基本要求，也削弱了司法机关应有的监督和制衡作用。因而，在我国确立对强制侦查行为的司法审查机制，乃是不可或缺之举。此举旨在应对强制侦查措施实施过程中所面临的现实挑战，从更深层意义上来说，则在于优化侦查权与审判权的制衡关系，以及构筑宪法权利的程序性保障，体现了法治战略层面的深远考量。[3] 最后，在审前羁押期间，犯罪嫌疑人应当获得人道的对待，并且其基本权利应得到充分保障。一方面，要赋予其羁押必要性审查的申请权、抗辩权、程序参与权、上诉救济权等程序性权利；另一方面，应当使整个刑事诉讼制度体系体现出基本权的客观价值属性，并在此基础上形成与各项主观性程序性权利的铆合。[4]

---

〔1〕 林志毅：《关于捕后羁押必要性审查的几个理论问题》，载《烟台大学学报（哲学社会科学版）》2012 年第 4 期。

〔2〕 林钰雄：《刑事诉讼法》，自版发行 2020 年版，第 383~385 页。

〔3〕 孙长永：《强制侦查的法律控制与司法审查》，载《现代法学》2005 年第 5 期。

〔4〕 何邦武：《羁押必要性审查：问题与出路——基于〈人民检察院办理羁押必要性审查案件规定（试行）〉的分析》，载《甘肃政法大学学报》2021 年第 2 期。

二、审判阶段：证据规则

作为一项可反驳的推定，无罪推定是一种最稳固的推定，构成司法证明活动的逻辑前提，也构成被告人抵御国家追诉的法律屏障。若为促使法院作出有罪判决，公诉方必须克服法律上的预设障碍，即通过提供确凿的证据来确立被告人的犯罪事实，以此驳倒无罪推定原则下的初始立场。[1]这层屏障之下的被告人被套上了无罪的外壳，因而他们无须"自证清白"，即承担证明自己无罪的义务，并且，在被告人无法证明自己无罪的情况下，法庭不能够推定他们有罪。由此，无罪推定原则就确立了现代刑事诉讼中司法证明的基本框架，这一框架是由三个要素构成的：首先，公诉方必须履行其自身的举证责任，承担不可回避的法律职责。其次，被告人并无自证清白的义务，却拥有积极行使无罪辩护的权利。被告人是否提供无罪证据并证明其效力，均不减轻公诉方的举证负担。最终，若公诉方未能提供确凿的有罪证据，或未能满足刑事诉讼中所要求的最高证明标准，法庭在对被告人罪行存在合理疑点时，应依循有利于被告人的解释原则。[2]

然而，在现行司法理论与实践中，这道屏障并非总是坚不可摧，在某些特定情况下，由于"特殊的立法目的（如对某类犯罪因其危害性和追究的困难性需要采用特别诉讼手段），或案件中某些嫌疑人行为引起的责任"[3]，这一屏障不得不被刺穿，从而迫使屏障之后的被告人主动提供证据以证明自己无罪——举证责任倒置。囿于人类认知能力的局限，特别是被告人提出除本人出示证据则极难证明的事实主张时，公诉方往往难以在法律规定的时限内搜集到足以证明这些主张成立与否的证据，这时如果坚持要求控方完全承担查证这些事实的责任，则有陷入查证的僵局、违背人类认知客观世界规律之虞。因此，无罪推定原则并不表示完全排除刑事被告人在特定情况下对与案件相关的事实承担一定的证明责任。以巨额财产来源不明罪为例，举证责任初始由司法机关承担。当司法机关呈递证据，确证行为人的财产或支出与其合法收入存在巨大且不合理的差额时，举证责任转移至行为人，此时行为人要对

---

〔1〕 陈瑞华：《我国刑事证据法的基本原则》，载《兰州大学学报（社会科学版）》2012年第4期。

〔2〕 陈瑞华：《我国刑事证据法的基本原则》，载《兰州大学学报（社会科学版）》2012年第4期。

〔3〕 参见龙宗智：《相对合理主义》，中国政法大学出版社1999年版。

异常差额作出合理化解释。若行为人不能澄清，差额部分即被认定为非法收益。[1]

由此可见，举证责任倒置机制作为对无罪推定原则适用下认知局限的补充，有效提升了诉讼效率，防止了因事实查明困难而导致案件悬而未决，乃至犯罪分子逍遥法外的局面，从而确保了国家刑罚追诉权的有效性与威慑力度。[2]同时，在实行无罪推定原则成本过高的情形下，审慎地对其进行突破与限缩，可以从分配端促使更充裕的司法资源向公平正义的终极目标倾斜，避免局限于恪守原则的框架而踟蹰不前。

举证责任倒置意味着对于公诉方提出的主张，若被告方未能提出充分证据予以反驳，则其可能面临不利的法律后果。在诉讼地位的视角下，这可能会加剧刑事诉讼中控辩双方，即国家公权力机关与公民之间地位的失衡。因此，建立举证责任倒置的监督、实践措施，使其在法治化轨道上运行不悖，为合理突破无罪推定原则的题中之义。责任倒置时，对被告人的举证责任应当予以适度调整，以适应其在诉讼中的特殊地位。在一些案件中，犯罪嫌疑人或被告人常常缺乏辩护律师的辅助，这容易造成控辩双方在诉讼中的力量对比及地位显著失衡。故而对被告人的举证责任不宜苛求达到"证据确实、充分"的高标准。证明标准的差异化设定，既反映了对被告人诉讼地位不利的考量，也意在防止被告人举证责任的承担对公诉方举证责任的有效性构成实质性削弱。[3]同时，适用举证责任倒置也并不意味着对公诉机关证明责任的减轻，其仍需恪守法律规范，不折不扣地完成查证举证任务。

三、经济分析下的一般性规定与例外性规定

法律的制定与实施旨在实现公平与正义是法学理论的共识。然而此目标并非不费吹灰之力即可实现。若将所追求的公平与正义视作收益，则投入的时间、金钱和人力资源等社会资源即为成本。本质上，这反映了经济学中成本—收益分析的基本原理：任何追求公平正义的举措都伴随着资源的消耗和

---

[1] 张建：《刑事诉讼中举证责任倒置的正确适用》，载《政治与法律》2000 年第 5 期。

[2] 赵红仕：《论"未经著作权人许可"的司法认定——兼评"无罪推定极端化"》，载《科技与出版》2012 年第 1 期。

[3] 梁静：《论刑事诉讼中举证责任的倒置》，载《河南社会科学》2004 年第 1 期。

成本的承担。因而，立法者与司法者的重要任务之一便是在有限司法资源与多元利益的矛盾中权衡公平正义的成本与收益，使效率与公正之天平处于持中状态。

任何一个国家在社会总资源有限的前提下，司法资源也是受限的。司法资源构成司法机关行使法定职权的物质前提，其丰裕程度与司法效能的实现休戚相关。鉴于资源的有限性，司法效能不可避免地受到一定水平的制约。在司法效能难以全面均衡地维护社会人权与个人人权之际，价值抉择的问题便显得尤为显著。[1]前文所述的羁押与举证责任倒置等例外性规定，适用的前提均为社会秩序、社会公共利益已经遭到侵犯，在此情况下，有限的侦查、起诉、审判资源优先配置于维护国家安全和社会公共利益，而允许对个人权利的适度侵犯，此举既符合法理原则，亦合乎情理考量。

刑事诉讼是各方利益冲突汇合的交点，而任何利益间的冲突都存在选择的一般性原则。在利益相互抵触及随之衍生的权衡与抉择问题浮现之时，为获得某种利益或者肯定某种事物、行为的价值，就要放弃或否定与之对立的另一些权益或价值。[2]从参与刑事诉讼的主体透视其背后的利益，可概括为三个核心维度：一是社会利益，这项利益要求国家对犯罪行为予以惩处，以保障社会公共安全和社会主义秩序；二是犯罪嫌疑人、被告人的利益，根据无罪推定原则，即使进入侦查、审判阶段也不得预设其有罪，且即便证据确凿，其基本人权亦应得到尊重保障；三是被害人的利益，作为直接受害方，被害人对犯罪者受到法律制裁的需求最为迫切。在利益的复合格局中，现代国家普遍将犯罪行为定性为对社会公共秩序的根本性侵害，而非单一地视为对个体被害人权益的侵犯。国家作为社会公共秩序的守护者，承担着保障其公民免遭犯罪侵害的义务。面对犯罪行为，国家负有依法及时介入、查明犯罪事实、并确保犯罪者受到法律制裁的责任，以此恢复法律秩序，预防犯罪行为对社会的重复侵害，并响应被害人及公众对正义实现的期待。[3]由此可见，有限司法资源与多元利益冲突下的刑事诉讼不得不在不同阶段对其所追

---

〔1〕 宋世杰、彭海青：《人权保障的价值选择——我国刑事诉讼法修改的应然之路》，载《河北法学》2005 年第 7 期。

〔2〕 宋英辉：《刑事诉讼原理导读》，法律出版社 2003 年版，第 118 页。

〔3〕 孙洪坤：《论刑事诉讼法再修改的价值取向》，载《安徽大学学报（哲学社会科学版）》2008 年第 2 期。

求的价值进行"优先级排序",在某些阶段,无罪推定作为一般性规定而非主导价值,或是追求无罪推定的成本过高时,则可能被例外性规定暂时地突破或限缩。

通常来讲,刑事证据规则中的一般性规定主要致力于维护个体权利与保障基本人权;相对地,其例外性规定则侧重抑制犯罪行为,以更有效地捍卫公共利益。因此,一旦刑事证据规则中例外性规定的比重上升,势必对犯罪嫌疑人、被告人权益的保障产生侵蚀。[1]防微杜渐,从立法的视角出发,关键在于掌控好一般性规定与例外性规定在数量上的"配比",确保两者在法律文本上的平衡,以此作为实践中资源权衡与各方利益的导向。同时,要严守例外性规定的法律底线。在司法资源与利益冲突的考量中均应以"必要性"为重心,严禁将其作为追求效率、打击犯罪的"挡箭牌"。把控打击犯罪与保障人权的动态平衡、实现一般性规定与例外性规定的对立统一,是无罪推定原则必要的妥协,同时也是其效益所在。

(王艺潼　西南政法大学行政法学院)

---

〔1〕 李富成:《刑事证据规则的一般性规定与例外性规定》,载《中国刑事法杂志》2016 年第 5 期。

"本土资源说"视角下的法治中国化道路
——读苏力《法治及其本土资源》

当代中国，法治现代化已经成为法治建设的重要命题。在实现法治现代化目标、建立法治社会的过程之中，我们不可避免地会面临传统法治与现代法治、本土法治与外来法治的矛盾与冲突，因此，如何平衡这些对立的因素成为当代法学人面临的重大问题。近代以来，法学研究界习惯以西方法治为借鉴对象来发展中国法治，但我们必须注意的是，法的产生与发展离不开它所根植的历史土壤和文化传统，而二者又具有鲜明的地域性、民族性和时代性。由此看来，建设中国法治必然要立足中国本土社会，脱离本土资源的法治必将走向空洞和虚无，亦无法满足人民群众对于良法善治、公平正义的期待与追求。苏力《法治及其本土资源》成书于20世纪90年代，尽管距今已有二十余年，这期间也存在着无数对此书内容的批判性评论，但书中对于法治本土性、法律移植、国家法与民间法之关系等问题的解读与思考，时至今日仍具有重要价值。

一、何为现代法治的根基——法律移植与本土资源之争

正如前文所言，近代以来，法学研究与法治建设的学习对象是西方国家，在这一过程当中，移自西方的现代法治在中国本土社会中"水土不服"的现象实际上并不少见。美国法学家吉尔兹曾提出："法律就是地方性知识;[1]地方在此处不只是指空间、时间、阶级和各种问题，而且也指特色（accent），即把对所发生的事件的本地认识与对可能发生的事件的本地想象联系在

---

〔1〕 〔美〕克利福德·吉尔兹：《地方性知识：事实与法律的比较透视》，邓正来译，载梁治平编：《法律的文化解释》，生活·读书·新知三联书店1994年版，第74~171页。

一起。"

当然，以上内容并不是什么新鲜的发现，长期以来我们缺少的实际上是对这一发现的合理性认识与判断，而这也决定了我们如何对待本土传统与外来因素。"常见的做法是把'现代法制'看作是一个有待于明天实现的理想，而把本土情境视为存在于今天的一种无可奈何的现实——从而我们面临的便是理想的不能实现和现实的不甘妥协之间的两难困境。"〔1〕人类文明的发展始终应当以历史为尺度，进行比较的对象也应当是当下与历史，即我们相较于过去而言产生了何种进步，又存在何种不足，而非将理想作为标尺来苛责现实。理想之所以成为理想，正是由于其与现实存在着鸿沟，理想可以作为人类发展的目标，却不应当作为衡量发展是否成功的标准。按照后者的做法，人类社会很容易在悲观中原地踏步，从而难以在原有的基础上形成新的发展。作者则在书中把这两种制度或观念的差别转化为两种知识的差别，在此层面上不再有优劣高低之分，〔2〕只有适用与否之别，这大大消除了传统观点中对于中国传统法律资源的刻板偏见，从而为建设现代法治拓展了更加丰富的理论渊源。

有必要强调的是，第一，作者并不否认法律移植的必要性，这意味着法的发展在作者看来并非封闭，并不是强调本土资源就等同于拒绝外来因素，就等同于法律发展的守旧主义、封闭主义；第二，书中所提及的"本土资源"，并不完全等同于对中国过去几千年法律传统的恢复，而是超越旧有的经验，结合当今社会实践，吸收各种非正式但具有合理性的制度，建立起一个与中国实际和中国现代化相适应的法治模式。

新时代下，我们更加强调走中国特色社会主义法治道路。习近平总书记指出："中国式现代化，是中国共产党领导的社会主义现代化，既有各国现代化的共同特征，更有基于自己国情的中国特色。"〔3〕同理，中国式法治现代化亦应做到"各美其美"，注重国家性、民族性，同时"美美与共"，与世界潮流相呼应。在此层面上，作者在书中对于法治现代化本土性的认识十分具有

---

〔1〕 参见苏力：《法治及其本土资源》（第 3 版），北京大学出版社 2015 年版。

〔2〕 参见苏力：《法治及其本土资源》（第 3 版），北京大学出版社 2015 年版。

〔3〕 习近平：《高举中国特色社会主义伟大旗帜 为全面建设社会主义现代化国家而团结奋斗——在中国共产党第二十次全国代表大会上的报告》，载 https://www. 12371. cn/2022/10/25/ARTI16667050 47474465. shtml，最后访问日期：2024 年 11 月 22 日。

前瞻性，这正是当代法律人应当加以学习和思考之处。

二、不可忽视的法律渊源——国家制定法与民间法的平衡性

该书着重讨论的第二个问题是国家制定法与民间法的关系，在书中，作者将人民群众特别是乡村人民在长期实践过程中形成的、具有当时当地普遍认同性的交往规则称为"民间法"，而与此相对应的，将由国家机关经过立法程序形成而为官方所广泛承认的法则称为"国家法"或"制定法"。在该书的《秋菊的困惑和山杠爷的悲剧》以及《法律规避和法律多元》两篇文章中，作者对于民间法主要持以下看法：其一，在本土资源中，所谓民间法占据相当重要乃至核心地位；其二，扩张的国家制定法与萎缩的民间法的关系问题值得重视，当下的中国，需要关注民间法、需要关注国家制定法对民间法的适当妥协。

"法的关系不能从它们本身来理解，也不能从所谓人类精神的一般发展来理解，它们根源于物质生活的关系。"[1]传统是活着的过去，是群众集体的记忆。无论时代发展多么迅速，文化始终保持稳定，历史始终保持延续，社会便不可能与过去完全割离，生活在社会中的人也同样无法避免受到传统的浸染。法治离不开具体的人，而具体的人又无法脱离传统，因此任何国家的法治建设都不可能离开所在的传统与文化，同理，任何意义上的法治现代化都不可能在缺失传统的意义上进行，正所谓"没有'没有传统的现代化'"。[2]而民间法从人民群众的长期历史实践中形成发展、脱胎而出，相较于具有普遍性的制定法而言具有更加浓厚的地方烙印与传统特色，因此在某些情况下，符合当地发展实际和历史习惯的民间法对于纠纷与冲突的调节或许更能符合当地群众对于公平正义的共同性认识。例如，在秋菊案中，女主角秋菊穷尽努力也要为村长伤害自己丈夫一事"讨说法"，而当加害人村长真正进了"局子"后，她却因此而感到迷茫，因为所谓"进局子"并不是她的本意，换言之，公权力对于加害人的约束与惩戒在此情况之下并不能满足当事人内心对于公平正义的追求，在对正义的理解上，当事人的认识与公权力的认识存在着偏

---

〔1〕[德]马克思：《〈政治经济学批判〉序言、导言》，中共中央马克思恩格斯列宁斯大林著作编译局译，人民出版社1971年版，第2页。

〔2〕金耀基：《从传统到现代（补篇）》，法律出版社2010年版，第156页。

差，而当事人产生这种认识的根源正是具有民间特色的群体性实践。无论是从村民的视角出发，还是从秋菊家人的角度审视，秋菊的所作所为都已破坏了传统乡土社会中的人情关系。既然她的行为违背了德克海姆所说的那种由"社会连带"（social solidarity）而产生的集体良知，她就会在无形中受到某种非正式的社会制裁。[1]这种所谓的"非正式的社会制裁"（人们与她交往的意愿减弱，在这个生活集体当中她和她的家人或许会因此遭受孤立）给当事人带来的紧张是正式法律的干预不能预见和保护的，故而在此后的类似纠纷中，我们很难期待当事人再次选择运用制定法来实现自己的诉求，也因此造就了法律规避现象。

当然，在某些情形下对国家制定法的规避并不意味着国家制定法被全然架空。过去的评论中，对作者重申民间法作用的观点进行批评多半站在以下立场上：相较于国家制定法，民间法在调整社会关系方面存在着不可避免的缺陷，一味地强调民间法的作用和国家制定法对民间法的妥协会破坏法律的确定性，走入片面实用主义的漩涡，从而无法建立一种严格意义上的法治秩序。此观点显然表达了多数人面对国家制定法与民间法关系问题时的担忧，而关于这一问题，作者也在《法律规避和法律多元》一文中进行了讨论。纵使民间法的"私了"特性是对国家制定法的规避，但正是依赖于国家制定法的隐性存在，那些民间的、习惯的"法律规则"才变得起作用[2]，即国家制定法已然成了民间"私了"的基点。在此基础之上，我们也就不能脱离国家制定法而空谈民间法在调整社会关系方面的作用，在实际的纠纷解决过程中，国家制定法仍然且应当发挥最主要、基础性的作用，而民间法只能在此基础上作为一种补充。

三、面向现代化的疑难解决——市场经济对法的新需求

该书的写作时间是20世纪90年代，彼时正是我国探索市场经济体制的关键时期。在中国从计划经济向市场经济转换、建立全国统一大市场的过程中，必定要求和引起法律及习惯的变化，最终要求形成与市场经济相适应

---

[1] 苏力：《法治及其本土资源》（第3版），北京大学出版社2015年版，第33页，原载 Emile Durkheim, *The Division of Labor in Society*, trans. by W. D. Halls, Free Press, 1984.

[2] 苏力：《法治及其本土资源》（第3版），北京大学出版社2015年版，第51页。

的法治。[1]在此前提下，产生了我们必须面对的命题：什么是市场经济需要的法治？从更深层次上来说，在新时代，中国市场经济发展到新的阶段，法治应当如何跟上市场经济的脚步、更好地为经济发展服务？

对此，作者借助韦伯对于现代资本主义市场经济和古代的市场经济以及相应的法律文化的比较分析进行思考，提出了以下观点：首先，现代市场经济并非由人们在商业活动中自然形成，而是需要借助相应的社会法律文化才能够形成和发展；其次，"市场经济就是法治经济"这一口号并不一定适应我国社会主义市场经济的发展需求；最后，作者提出"法律理论人在建设社会主义市场经济中的重大贡献，必然是长期平凡而琐碎的工作积累而成"。[2]相较于过去小范围的交易，现代市场经济具有以下特性：其一，交易常常跨地域、跨国界乃至跨文化，买卖双方难以迅速取得信任或依赖能获得一致认可的惯例；其二，基于文字与文化的差异，交易更容易产生误解，加之人员的高度流动性，使得误会一经发生便难以解决和追责；其三，现代交易的额度通常很大，并且伴随着连锁性的交易风险；其四，在如上三种前提之下，如果缺乏合理的社会法律制度，交易的成本将变得极其高昂。

因此，相较于单调地制定更多的法律和制度，现代化的市场经济更需要更多具有"形式理性"的法律制度以及社会文化。所谓具有"形式理性"的法律制度，按照韦伯的观点，是指重视原则和形式（法律的内在逻辑关系和整体关系），不专注个别案件直接的实质结果，而可以从形式上推出结果、预测结果的法律制度，只有在此类制度的辅助之下，市场参与者才能对市场交易动向形成更加精准的把控，从而促进市场有序发展、持续繁荣。在此基础之上，作者提出，虽然形式理性与实质理性无法抽象地比较优劣，但要建立社会主义市场经济，就必须不仅注重实质理性也要注重形式理性，不仅应注重制定法律而且要注重作为制度的法律文化的建设，与此同时，法学理论工作者要在关注现实的基础上更加注重对理论自身的分析和对个人自身的理论思维方式的反省和改造。

在《市场经济对立法的启示》一文中，作者则更加现实地探讨了市场经

---

[1] 苏力：《法治及其本土资源》（第 3 版），北京大学出版社 2015 年版，第 11 页。

[2] 苏力：《法治及其本土资源》（第 3 版），北京大学出版社 2015 年版，第 81 页。

济背景下进行法律工作的方法论。启示之一是立法效用的最大化，即立法行为本身，以及与此相关的司法和执法亦是一种经济活动，而经济活动应当寻求社会资源的最优化配置，[1]因此，在立法时考虑资源配置的同时，也一定要注重立法后的司法、执法的成本，确保其可行、便利、符合比例原则，不能只依照惯有的经验模式来进行安排；启示之二则是市场与法律的替代，在作者看来，根据他所研究的案例和理论可以得出一条经验：有时市场本身就可以更有效地解决一些我们习惯认为需要政府运用立法干预的问题。[2]

时至今日，社会主义市场经济已经逐渐从稚嫩走向成熟，建立以国内大循环为主、国内国际双循环相互促进的新发展格局已经成为我们新的目标，因此，现实呼唤建立一个完整、高效、富有秩序和逻辑的法律体系。纵使我国法治建设已经在过去的几十年间取得了长足进步，我们也仍不能忘记今后发展过程中所要努力的方向，仍不能忽视新情境下市场经济对理性法治的重大需求，现代化的法治，一定是市场经济的法治、与时俱进的法治。

四、结语

正如作者在《变法，法治及本土资源》一文的结尾所言："本文没有、不可能也不打算勾勒一条中国的法治之路。事实上不可能有先验确定的中国法治之路。尽管如此，本文还是隐含了一些对我们当前法治建设和法律实践或许有意义的命题或观点。"[3]法学作为一门以人类社会为基础进行研究的学科，在发展和探索的过程中所产生的阶段性成果不可避免地存在着历史的局限性和内容的不足，这注定我们对良法善治的追求不可能一劳永逸，但并不代表我们就该为此停下脚步。公平与正义是法治永恒的价值，人类的探索无非是对其持之以恒地接近，过程中也必将面临坎坷，而前人的经验与思考，便成为新一代法律人推动法治不断走向完善不可或缺的动力。《法治及其本土资源》一书所提出的现实性问题，以及相应的解决疑难困境的新思路，能

---

〔1〕 原文注［11］：这并不意味法律活动的结果必然是最经济的或者财富最大化的。苏力：《法治及其本土资源》（第3版），北京大学出版社2015年版，第103页。

〔2〕 苏力：《法治及其本土资源》（第3版），北京大学出版社2015年版，第107页。

〔3〕 苏力：《法治及其本土资源》（第3版），北京大学出版社2015年版，第22页。

让相关研究者沿着一条至少不会原地踏步的道路继续深入探究下去，为中国特色社会主义法治的建设探索新的方向，为人类法治文明的发展寻找新的可能。

（杨佳怡　西南政法大学民商法学院）

个人数据安全的治理逻辑与保护范式
——读郑文阳《数据安全法治化研究》

引　言

随着物联网、人工智能等创新科技的深入推进和广泛运用，人类社会逐渐步入了大数据时代。在数字化深度发展与全球经济一体化背景下，数据作为新型生产要素在世界范围内频繁流动，数据安全面临内外多重挑战。针对这一议题，《数据安全法治化研究》一书采取了融合法律规范、技术特性、社会维度等多元视角的综合性撰写策略，通过界定个人数据的法律属性，明确了个人数据与自然人之间的关联性，并阐述了个人数据在当前社会中的战略资源地位。在该著作中，作者通过深入剖析个人数据权益的根本特性，指出了个人数据安全面临的理论危机与实践困境，并据此探讨了个人数据安全风险保护方式，提出了情景化保护方法。

一、个人数据安全的界定与本质

针对数据安全，普通民众与法学领域对于这一概念的认知呈现较大的差异性。普通民众对于这一概念的理解，往往结合个人经验，运用自身的知识储备以及通过信息网络渠道了解的案例加以构建[1]，而人与人之间的人生经历、知识储备的差异性等会引发理解的差异性，加之在日常生活中信息不对称[2]、

---

〔1〕　Zhang, L., & Chen, Q., "The Impact of Media Coverage on Public Awareness of Data Security", *Journal of Media and Communication Studies*, 4 (3), (2018): 205~216.

〔2〕　Taddicken, M., "The 'Privacy Paradox' in the Social Web: The Impact of Privacy Concerns on Privacy Protection Behaviors", *Journal of Computer-Mediated Communication*, 19 (2), (2014): 249~273.

媒体的报道倾向与内容选择的影响[1]，人们对于数据安全的认知处于似是而非、模棱两可的境地。而在法学领域，我国《数据安全法》对"数据安全"的定义为："通过采取必要措施，确保数据处于有效保护和合法利用的状态，以及具备保障持续安全状态的能力。"而"个人数据安全"作为其下位概念，尚无统一的定义。至此体现出一个事实，即无论是普通民众对此认知的局限性，还是法学领域对于"个人数据安全"的概念缺位，都反映出"个人数据安全"这一概念的确立与阐释具备极强的现实意义。对此，作者从数据的基本概念界定出发，通过语义学层面与规范学层面两个维度解释数据的基本含义，前者基于历史的纵向与横向对比，通过阐述不同时期"数据"的概念所指来界定数据的含义与属性，后者基于域内外涉及数据保护法条的横向对比与法律的历史沿革，在阐述数据定义变化的基础上锁定数据的特性以及保护法益。进而，依据作者对于"数据"概念的详细论述与"信息""数字"两种相似概念的对比区分，得以将"数据"延伸至"个人数据安全"这一下位概念。根据作者指出的个人数据具有较强的人格价值与财产价值，以及在实际运行中显示出的高度流动性，[2]将其固定概念化的形式对个人数据安全进行封闭式界定恐有不妥，而应该基于动态开放的判断逻辑，从个人数据出发，结合其构建与发展的现实困难，个人数据安全的核心要素从其他方面进行理解，即保护对象、方式、目标以及成效。

从个人数据的本源出发，在技术层面，个人数据是指描述自然人的各种属性、行为状态和变化方式的数据，具有客观性的显著特点，包括自然属性特征、精神属性特征、个人行为特征，[3]涵盖原始机器数据、元数据与抽象性的个性特征表征数据，[4]同时根据安全等级，将个人信息分为普通个人信

---

〔1〕 Tsai, W.-T., "Media Coverage and Public Perceptions of Data Privacy: An Empirical Study", *Journal of Information Science*, 42 (2), (2016): 246~258.

〔2〕 夏志强、闫星宇：《作为漂流资源的个人数据权属分置设计》，载《中国社会科学》2023年第4期。

〔3〕 李卫东：《万物互联网中个人数据云传播的隐私安全》，载《人民论坛·学术前沿》2022年第14期。

〔4〕 Wiese, J., Das, S., Hong, J. I. et al., "Evolving the Ecosystem of Personal Behavioral Data", *Human-Computer Interaction*, 32 (5-6), (2017): 447~510.

息和敏感个人信息两类。[1]通过对个体数据的持续收集与整合，自然人的身份可以通过数字化的形式进行构建。因此，个人数据安全的保护对象为个人数据，即能够通过直接或间接的手段辨识出自然人身份的信息。

个人数据安全的实现，很大程度上依赖于法律框架的建立与执行。[2]而法律的一个主要目标和功能，是预防和管理社会风险。[3]因此，要平衡个人数据权益的保护与应用价值，需结合实际情境与理论，进而明确价值层级、解决相应冲突，这是证成个人数据保护合法性与必要性的必要途径。个人数据保护是一个包含方法、目标和成效等多个要素的系统。从方法层面上讲，个人数据保护包括立法规范、伦理准则和技术规范三个方面。从目标层面上讲，个人数据保护主要关注维护数据主体的隐私权益与自主性、推动数字经济健康成长以及满足社会公共利益等方面。从成效层面上讲，个人数据保护的效果体现在提高安全性、增强公众信任以及推动经济效益等方面。因此，个人数据的个人利益、财产利益以及公共利益使其在个人数据保护领域与自然人的人格权益保护、数字经济发展以及国家数据安全形成了异常紧密的联系。

二、个人数据权利的划分与出路

当前，个人数据安全保护的立法实践与困境呈现出深刻的理论危机，该书从理论、实务等多个角度对个人数据安全保护进行系统性分析，基于数据确权的理论预设，尝试对个人数据安全的立法保护进行学术化、专业化的批判与分析。

首先，个人数据权利的立法保护在我国的概念还比较模糊。传统民法学者基于民法传统中的人格权、财产权二分角度，将个人数据所附着的权益定性为人格权益或财产权益。[4]而有观点认为，权利的界定应当基于对客体本

---

[1] Li, Y. B., Dai, W. Y., Ming, Z. et al., "Privacy Protection for Preventing Data Over Collection in Smart City", *IEEE Transactions on Computers*, 65 (5), (2016): 1339~1350.

[2] Solove, D. J., "Conceptualizing Privacy", *California Law Review*, 90 (4), (2002): 1087~1156.

[3] 宋丁博男、吴德正：《新安全格局下个人数据跨境流动监管体系优化研究》，载《情报理论与实践》2024 年第 3 期。

[4] 丁晓东：《什么是数据权利？——从欧洲〈一般数据保护条例〉看数据隐私的保护》，载《华东政法大学学报》2018 年第 4 期；季卫东：《数据保护权的多维视角》，载《政治与法律》2021 年第 10 期。

质特征的深入理解。[1]借此作者指出，数据权利应当归属于权利主体，也即数据服务的用户，但借鉴马克思的论断，数据生产者也因参与数据的生产加工而获得拥有数据所有权的正当资格。[2]这便引发所有权排他性问题：[3]数据所有权归属谁？而进一步追问：数据所有权应当采取何种标准进行分配？对此，作者主张从立法出发，基于数据的特点与附着权益，将数据定性为新的财产类型，同时重新定位价值顺序，将权益的出发点由物变为人。实际上，此种做法意味着在数据权利的立法保护方面，需要超越传统民法的财产权或人格权范畴，发展出一种新型的权利类型，以适应市场交易中数据的特点和需求。这种新型权利类型的构建，需要借鉴权利构造理论，对数据权利的主体、内容、限制及其与既有权利体系的关系进行系统化的理论构建，同时明确数据权利的归属，解决所有权的排他性问题，以此促进个人数据权利立法保护，满足数据交易与流动的特定需求。

其次，个人数据权利保护的立法实践中存在着权利界定的本末倒置问题。基于既有研究，许多学者均指出数据要素的诸多特性，例如数据随主体行为附随产生、[4]数据利用关注场景[5]等，这些都应当成为数据产权规范的关注点。结合实务来说，市场竞争规则中的行为规制是实现数据财产权益保护最便捷、最高效的模式，[6]虽然目前可以通过完善优化数据市场竞争规则，解决市场主体滥用数据、不正当竞争等问题，但是此种基于市场竞争规则而间接保护数据权益的方法只是权宜之计，[7]为此需要构建体系化的产权体系。作者指出，在数据产权的界定中，立法者往往过分强调数据的经济价值和企业利益，而忽视了数据主体的基本权利和隐私保护。关于这一问题的解决，参考权利客体制度的体系价值，个人的基本权利应当受到优先保护，对经济

---

〔1〕 梅夏英：《民法权利客体制度的体系价值及当代反思》，载《法学家》2016年第6期。

〔2〕 《马克思恩格斯全集》（第31卷·第2版），人民出版社1998年版，第349页。

〔3〕 何松威：《〈民法典〉"民事权利"章的理论阐释》，载《法制与社会发展》2022年第6期。

〔4〕 崔晓静、赵洲：《数字经济背景下税收常设机构原则的适用问题》，载《法学》2016年第11期。

〔5〕 熊巧琴、汤珂：《数据要素的界权、交易和定价研究进展》，载《经济学动态》2021年第2期。

〔6〕 Josef Drexl, Reto M. Hilty, Luc Desaunettes, et al., "Data Ownership and Access to Data: Position Statement of the Max Planck Institute for Innovation and Competition of 16 August 2016 on the Current European Debate", *Max Planck Institute for Intellectual Property and Competition Law Research Paper*, No. 16-10, pp. 1~12.

〔7〕 刘鑫：《大数据时代数据知识产权立法的理据与进路》，载《知识产权》2023年第11期。

利益的考量应当在不侵犯个人基本权利的前提下进行,[1]由此也从侧面反映出立法中的利益失衡,立法者需要重新审视权利与利益之间的关系,进而确保数据主体的基本权利得到充分尊重与保护。

最后,法律文本与司法实践之间存在差异。诚然,理论与实践之间存在张力,[2]而根据现行法律条文,立法机构对个人数据、个人信息以及隐私进行了明确的区别,将这三个概念分为不同类别,使得相关法规能够依据不同领域的原则和具体应用场景来实现其功能。综上所述,通过此类区分,公众与法律专业人士能够明确自身诉讼请求的性质,从而选择出最适宜解决纠纷的方式。然而,从本质角度来看,数据与信息具有较高的相似性,并且在一定条件下能够互相转换。个人数据与个人信息作为下位概念在学术界有着较为严格的区分,但在实际应用中,仍然存在将个人数据与个人信息混淆使用的现象。[3]尽管法律界定个人数据与个人信息的方法在规范文本层面解决了两者之间的混淆问题,但在司法实践中,二者并没有明显区别。因而,纯粹的定义区分无法避免在实际应用中出现概念使用混淆的问题。但回到规范方面,现行的法律制度对数据使用设定了过高的技术要求,这一方面导致文件和司法实践不协调,文件难以运用,不仅无法发挥其固有作用,更难以维护相关主体的实际权益;另一方面,过高的标准对个人数据的开发利用设定了较高的技术门槛,这同样不利于个人数据应用的技术创新和实际运用。因此,在运用相关规定和参考技术标准时,必须辅以适当的司法解释,以缩小法律文本与司法实践之间的鸿沟,确保法律规范的有效实施,并促进个人数据的合理利用与技术创新。

三、个人数据安全的情景化保护

在数据时代,个人数据安全需要应对诸多挑战。一方面,数据立法在数据权属认定方面存在不足;[4]另一方面,个人数据本身所具备的多种价值与

---

〔1〕 柳建龙:《论基本权利放弃》,载《法学家》2023 年第 6 期。

〔2〕 王启梁:《法学研究的"田野"——兼对法律理论有效性与实践性的反思》,载《法制与社会发展》2017 年第 2 期。

〔3〕 申卫星:《论个人信息权的构建及其体系化》,载《比较法研究》2021 年第 5 期。

〔4〕 安柯颖:《个人数据安全的法律保护模式——从数据确权的视角切入》,载《法学论坛》2021 年第 2 期。

特性也是引发诸多问题的原因之一。随着数字化社会的不断演进，数据在实践应用中的作用和价值逐渐从私人领域扩展到公共领域，由个人信息保护上升至国家数据安全层面。鉴于此，作者指出，个人数据权益保护模式亟须进行规范性调整，通过对数据产权的类型化规制，完善不同场景下数据权利的保护措施，以平衡各方在数据上的多样化利益。由此，基于现实治理逻辑，构建个人数据安全保护范式成为迫切需求。

　　作者认为，针对不同场景下的个人信息，鉴于其所具备的数据权益差异，保护策略亦应相应调整。例如在商业领域，基于数据的财产属性，数据的搜集、储存、传播、运用过程通常伴随着经济利益，而数据本身也面临着被窃取、滥用等现实风险。因此，数据本身已具备构成商业秘密的要件，可以归入数据隐私的范畴；在网络交流场景中，个人信息在各类网络平台间传播的过程中被各个平台方搜集、加工，本质上不具备保密性，因此满足公共数据的定义标准。因此，在对数据进行分类后，有必要针对数据的实际存储环境制定相应的数据安全策略，通过将抽象数据转化为具体场景，实现在特定环境下的数据安全与流动。在研究个人数据安全管理策略时，该著作提出了一种具体的分析框架。该框架依托于细致的数据分类和层次化保护措施，旨在实现对个人数据更精确的防护，在大力保护数据权益的场景下，构建个人数据保护方案需要充分考虑不同利益的权衡，依据不同数据主体的权益特性，采取针对性的规制思路。权益分配原则的核心在于平衡个人数据的保护与开发，从而达到既维护数据主体的隐私权益，又充分挖掘数据的流通潜力的目的。在特定情境下，如需特别维护科技产业权益或公共利益，权益分配原则更显得尤为合理。从数据流动的分层保护视角出发，针对不同类型的个人信息，例如敏感信息、隐私信息、身份信息以及生物信息，应当采取相应程度的流动限制措施。与个人隐私权益密切相关的信息，如敏感数据、隐私信息等，原则上应当禁止流通。然而，在医疗、政府工作等特定场景下，个人生物数据可以考虑在满足一定条件下进行流动。身份数据等与财产权密切相关的信息，在遵循一定规范的前提下，可以实现流动。总体而言，场景化的个人数据分类分级保护机制的构建，关键在于强化数据管理者和数据处理者的合规责任，需要立足于个人数据具备的人身与财产的双重价值，[1]在个人数

---

　　〔1〕　陈敬根、朱昕苑：《论个人数据的法律保护》，载《学习与实践》2020 年第 6 期。

据生命周期内，从数据采集、开发、保管、储存等各个环节，到数据收集者、数据控制者、数据处理者三方主体的全方位实施，均确保数据遵循规范，以达到数据保护的最终目标。

四、结语

在大数据时代背景下，首先，构建个人数据安全治理机制成为法律、技术与社会治理领域的共同关注点。本文通过对《数据安全法治化研究》进行剖析，深入探讨了个人数据安全治理的法理基础、法律与实践的矛盾以及情境化保护策略。在明确了个人数据安全的法律属性后，从保护对象、方法、目标与成效四个维度进行全面把握，以应对信息技术迅猛发展所带来的挑战。其次，本文对法律文本与司法实践之间的偏离现象进行了全面探讨，揭示了数据权益界定的不确定性以及其对个人隐私安全的综合影响。总体而言，本文探讨了情境化分析与应用的保障策略，突出了在多样化应用环境中对个人数据进行层次化管理的必要性，以及提升数据主体与数据处理者遵守法规责任的重要性。综合而言，个人数据安全管理体系的优化构建是一项涉及法律、技术、伦理以及社会治理多个方面的综合性、动态性工作。这一过程要求各领域进行有效的协调与合作。通过持续的理论研究与实践创新，建立一个科学、高效、公正的个人数据安全治理体系，对于保护数据主体的合法权益、推动数字经济的稳健发展、维护国家数据安全具有深远且重要的意义。

（张永坤　西南政法大学新闻传播学院）

当代法学作为科学的价值性探讨

——读基尔希曼《作为科学的法学的无价值性》

法学在历史演进过程中，尤其是欧洲中世纪中晚期以来，不断遭到哲学、自然科学等学科的挑战、质疑和批判，甚至在很长的时期内并不被称为"科学"。[1]德国法学家基尔希曼在《作为科学的法学的无价值性》这篇演讲稿中提出了对法学科学性的怀疑。其质疑对于唤醒现今法律人批评性自我反思和遏制法律人书斋化倾向仍然有重要作用。然而，随着时代变迁和社会发展，后时代制定的法律和制定法律的过程已经对其演讲稿中所指出的问题有所回应。本文旨在重新审视基尔希曼提出的观点，并探讨当代法学作为科学的价值性。

一、简述基尔希曼否定法学作为科学的价值性观点

首先，题目"作为科学的法学的无价值性"的含义值得思考。基尔希曼在《作为科学的法学的无价值性》中提到，对于法学作为科学的无价值性，读者易有两种解释，其一是法学是科学，但与其他科学相比，其并不能以一种实体对人们的社会活动产生影响，对世作用难以显化，故而无价值；其二是法学是"科学"，但是没有价值，其不符合"科学"的真正定义，并不是"科学"。根据后文的相关内容可以确定基尔希曼并不否认法学的价值性，而只是质疑法学作为科学的价值性。

基尔希曼对于否定法学作为科学的价值性有着严密的论述和丰富的实证列举。基尔希曼以法学研究对象为着眼点，分析法学的研究对象与其他科学的研究对象是否一样，进而对法学是否为科学或者法学作为科学是否有价值一探究竟。"法律是法学的研究对象，一个民族的确可以没有法学，但是一天

---

[1] 舒国滢：《论法学的科学性问题》，载《社会科学文摘》2022 年第 4 期。

也不能没有法律，法律存在于法学之前。"〔1〕故而，基尔希曼从比较法学和其他学科的研究对象入手，以"法学研究对象阻碍了法学学科的发展"和"法学将其研究对象纳入自己的形式对研究对象造成了残害"的两层关系展开论述，其主要论点如下：

一方面，法学的研究对象具备其他学科的研究对象所不具备的特性，如自然法的多变性、研究对象具有主观性、实在法制定阻碍法律发展，这些特性成为阻碍法学这门学科发展的因素。

第一，法学有独立、自由存在着的研究对象——自然法，即自然法的多变性。基尔希曼在其演讲中提到，自培根时期以来，法学学科没有什么重大发展的根本原因是研究对象的"多变性"。自然法变化太快，实在法在人们生活中的运用又具有一定的惯性，导致法学难以摆脱顽固倾向，总是按照已过时的框架来构建现今制度。基尔希曼有力地指出了，当法学明晰其正确的概念和法则时，法学研究对象自身就已经发生了变化，法学这个学科在发展中总是落伍，永远追不上现实。〔2〕其还指出法学一味关注过去的实在法，对于变化后的新自然法视而不见，将现实的法律推脱给法律实务工作者。周永坤也指出法学以"过去"为对象，而"过去已经死亡"。〔3〕简言之，法学这门学科自身成了法律向前发展的绊脚石。

第二，法律作为研究对象本身就掺杂认识，即法学对象具有主观性，〔4〕也如基尔希曼所言，在法律探讨开始前，"情感就已经选择了答案"，〔5〕法律并非像自然科学的研究对象那样是客观事实。以生物学为例，其研究对象是生物的结构、功能和发展规律等，是发展着的客观实在，即认识"客观实在"。而法学研究的法律是一种感受，同时可能涵盖民众的情感、统治阶级意

---

〔1〕 ［德］尤利乌斯·冯·基尔希曼：《作为科学的法学的无价值性——在柏林法学会的演讲》，赵阳译，商务印书馆 2016 年版，第 11 页。

〔2〕 ［德］尤利乌斯·冯·基尔希曼：《作为科学的法学的无价值性——在柏林法学会的演讲》，赵阳译，商务印书馆 2016 年版，第 17 页。

〔3〕 周永坤：《法学是科学吗？——以中国法学界的论辩为中心的叙述》，载《苏州大学学报（法学版）》2024 年第 1 期。

〔4〕 周永坤：《法学是科学吗？——以中国法学界的论辩为中心的叙述》，载《苏州大学学报（法学版）》2024 年第 1 期。

〔5〕 ［德］尤利乌斯·冯·基尔希曼：《作为科学的法学的无价值性——在柏林法学会的演讲》，赵阳译，商务印书馆 2016 年版，第 22 页。

志等主观感受，故而法学就具有了区别于其他学科的特殊性，即认识"主观感受"。这将会导致法学领域派系的无端之争，也难以用"科学的态度自由地去发现真理"。

第三，实在法的制定阻碍法律发展和法学进步。实在法因被固定下来而僵化，故而是存在缺陷的，是"没有意志的"可任意作用的武器。当自然法发展与实在法规制有差距时，实在法就成了自然法的阻碍，使法学的境遇变得更糟。法学研究对象本应具有永恒性、绝对性，但现在却充满了偶然和缺陷。[1]

另一方面，法学将其研究对象纳入自己的研究框架之内，对研究对象施加了摧毁性力量，导致的后果是法学学科陷入了自相矛盾的境地。在启蒙时期，许多思想家坚信法学是一门科学，他们为了增进逻辑性和可验证性，多次尝试用自然科学的方法来解释法学，将人文主义和数学逻辑方法相结合。例如，莱布尼茨曾采用数学等逻辑学的方式建构法的体系，以穷尽对法的研究。[2]但是将法学研究对象纳入法学的研究体系之中，无疑是生硬的，容易产生摧毁研究对象的结果。再者，若是单单研究实在法中的问题，法学自然就少了自然法的根基，也就很容易走上邪路，沉溺于诡辩和不切实际的幻想之中。

基于以上论述，基尔希曼的结论是："既然法学只关注偶然，它自己也就变成了一种'偶然'，立法者的三个更正词就可以使所有的文献成为废纸。"[3]这样的知识，自然入不了科学的大门。[4]即基尔希曼对法学作为科学的价值性给予了否定性结论。

二、立足当代视角审视基尔希曼观点的偏颇

该文中基尔希曼指出法学作为科学的前提是自然科学失之偏颇，其对于实在法存在的观点十分中肯，除此之外，该文作为一篇演讲稿，更多侧重对

---

〔1〕 ［德］尤利乌斯·冯·基尔希曼：《作为科学的法学的无价值性——在柏林法学会的演讲》，赵阳译，商务印书馆 2016 年版，第 30 页。

〔2〕 王利明：《试论法学的科学性》，载《法治研究》2022 年第 3 期。

〔3〕 ［德］尤利乌斯·冯·基尔希曼：《作为科学的法学的无价值性——在柏林法学会的演讲》，赵阳译，商务印书馆 2016 年版，第 32 页。

〔4〕 周永坤：《法学是科学吗？——以中国法学界的论辩为中心的叙述》，载《苏州大学学报（法学版）》2024 年第 1 期。

听众的煽动，也为时代所拘束。故而本文将从以下几个角度审视基尔希曼的观点。

法学作为科学的讨论场域是传统的自然科学。该文为探讨法学科学属性的早期作品，基尔希曼质疑法学作为科学的无价值性是为时代科学背景所局限。以逻辑规律和经验观察为基础的自然科学获得了巨大成功，这使得当时形成了将"科学"约等于"自然科学"的偏见，即某一门学科具备自然科学所具备的关键特征，方可成为科学。传统的自然科学包含以下三个标准：其一，"求真"是科学的本质；其二，存在能够检验科学命题真假与否的可行性路径；其三，科学本身不包含主观价值判断，即具有中立性。[1]如果将法学与之对标，那必然能够得出"法学非科学"的结论。但是科学的使命绝非"改造世界"，而仅仅是"认识与解释世界"，提供关于客观世界的信息。[2]法学是一门以"出现问题—解决问题"为中心，以其已形成的实在法秩序为基础，采取诠释并评价的论证方式来解决法律问题的规范性诠释科学。[3]其有自己的真理标准，真理产生的过程是从意见上升为知识，再上升为真理的过程。在这个过程中，法学必须具备学科规范和条件，进而才可被确立为一门独立学科。

对于实在法，基尔希曼指出，随着文化向更高阶段发展、社会分工细化、社会关系日益复杂，人们对法的稳定性和确定性的要求变得更高，实在法的出现成为必然，"任何一部实在法都会受制于人们对自然法的认识程度"[4]。即使实在法本身内容是正确的，也难免存在形式上表述方面的缺陷，从而导致漏洞、矛盾、歧义。尽管人们努力地追求立法技术的进步，但还是难以实现从形式和内容上正确反映自然法。故而实在法本身的特性确确实实会对自然法带来损害，造成一定的僵化。基尔希曼在文中既指出了实在法存在的必要性，也指出了实在法存在的弊端，可以看出他对待实在法存在的态度是中肯的。

诚然基尔希曼指出法学存在的缺陷让人有所共鸣，但是其文明显局限于

---

〔1〕 赵静：《法学的科学性问题研究》，载《北方法学》2022 年第 6 期。

〔2〕 赵静：《法学的科学性问题研究》，载《北方法学》2022 年第 6 期。

〔3〕 舒国滢：《论法学的科学性问题》，载《政法论坛》2022 年第 1 期。

〔4〕 ［德］尤利乌斯·冯·基尔希曼：《作为科学的法学的无价值性——在柏林法学会的演讲》，赵阳译，商务印书馆 2016 年版，第 27 页。

时代背景且其演讲风格带有过强的煽动性。该文发表于 1847 年，在 18 世纪的德国，启蒙运动与法国大革命的影响交织，激发了社会自由主义改革的热切追求，德国为摆脱传统纠问制诉讼模式的影响，积极寻求法律革新，从法国法中移植和继受了陪审制，[1]在此背景下这篇演讲顺势而生。1848 年德国引入法国式陪审制度，此后关于陪审制和参审制的争论成为其学术界的重点。直到 1950 年德国全境司法统一，才确立了参审制模式。立足于当代，这篇文章的学术意义有限，但由于能引起对法学科学性的热烈讨论和共鸣，也值得深思。

三、当代法学作为科学的价值性探讨

从内容和形式上促使制定法正确反映自然法是法学的任务。随着社会发展和法学学科的自我进步，法学研究已经取得了长足进步，基尔希曼在其演讲之中所言的种种问题，部分已经得到了法学学科实践的良好回应。

法学研究的客观性进步瞩目。当代法学研究在科学性和客观性方面已经取得了长足进步，不仅体现于法学理论体系的构建更加合理完善，还体现在法学研究方法随着技术进步有所更新，能够更好地为法学研究提供支撑。当代法学在理论体系的构建上更加系统和完善。通过不断吸收和借鉴其他学科的理论成果，法学理论不断发展和完善，形成了各具特色的理论体系，各种理论体系为法学研究提供了更为坚实的理论支撑。此外，当代法学在其研究过程中运用了多样化的新颖的研究方法，例如通过观察经验事实以及收集和分析实验数据的实证研究方法、[2]鉴定式案例分析方法等；同时，随着时代发展和科技进步，大数据和人工智能等新兴数据工具被应用于法学研究之中，这使得可观测的样本容量变多，收集速度更加高效，并且通过分析这些样本能够得出更加精准的结果，进而提高了研究的客观性和可验证性。据此，法学研究无论是从理论构建上还是从研究方法上，都体现出其客观进步性，这为研究提供了科学指导，能够更好地揭示法律现象背后的本质规律。

---

[1] 黄河：《陪审向参审的嬗变——德国刑事司法制度史的考察》，载《清华法学》2019 年第 2 期。
[2] 武西锋：《中国法学实证研究的现实境遇与展望——对法学实证研究产能的法律经济学分析》，载《学术论坛》2025 年第 2 期；向在胜：《法学研究方法漫谈》，载《中国研究生》2024 年第 2 期。

目前，法学实践具有深厚的社会价值。一是为司法实践提供更为深厚的理论基础，法学的专家学者、研究员等以深入解读法律条文和分析实务案例等方式探析法律现象的本质和规律，针对一个问题提供多种学理观点，以供权衡各类观点的利弊，使得司法实践中法律的运用更为理性和成熟。二是法学家除了在学术上的造诣，还将自己在学术领域的研究成果应用于实践，例如反腐败立法、针对消费者权益保护等公共领域建言献策，为社会公平正义作出了重要贡献；在培养法律人才方面，法律实践也发挥着重要作用。法学生通过实务课程、模拟法庭等实践活动，在书本理论之外更深刻地感受和理解实体法的应用和程序法的运行，由此可见法学实践对于未来法治建设中坚力量培养的重要作用。该文忽视了法学在社会发展中的实际作用，法学作为一门应用性极强的学科，其科学性、价值性不仅体现在理论体系建构上，更体现在对社会发展的积极推动上。因此，法学的价值应当得到全面、客观的评价，其在当代社会中的重要地位也应当被充分认识。

法学跨学科学理化研究使得法学研究已经跳出就法治论法治的法学思维定式，[1]不断吸收其他学科的理论和方法，形成更加科学的法学理论体系。例如，犯罪心理学是法学与心理学两个学科外延和内涵的融合，深度揭示了刑法、刑事诉讼法背后的心理机制，通过研究犯罪嫌疑人的心理状态，能够制定出更为合理的审讯策略和矫正措施。另外，法经济学是法学与经济学结合的派生学科，法经济学对法律规则和相关行为的经济效应进行分析和预测，在民法侵权责任认定中体现最为明显。以上这些跨学科领域的出现，不仅为法学研究提供了新视角，还有助于揭示法律现象背后的深层原因和机制，进而能提升法学的科学价值。故而，不能简单地将法学视为无价值的学科。相反，法学正通过跨学科的研究和实践，不断证明其科学性和实用性，如此不仅正面回应了《作为科学的法学的无价值性》一文的质疑，更展示了法学作为一门科学的广阔前景和深厚底蕴。

四、结语

基尔希曼的惊世危言虽然一度在法学界引发了广泛的讨论和争议，但是

---

[1] 郭晔：《跨学科学理化阐释是拓展习近平法治思想研究的必由之路》，载《荆楚法学》2023年第6期。

正是这样的挑战激发了后来的法律人对法学科学性的深入研究和探讨。一个多世纪之后的法学大家拉伦茨还在惊叹："难以摆脱基尔希曼的演讲所带来的强烈震撼。"[1]这些声音在当代依旧振聋发聩，促使着人们敢于进行理论创新，不致迷失在法教义学的迷宫之中。故而，当代法学作为科学的价值性不容忽视。基尔希曼时期对法学科学性提出的怀疑，当代法学通过法学研究、实践应用、跨学科研究和方法创新等方式进行了正面回应，证明了法学不仅具备科学的价值性，还为社会的发展和进步作出了重要贡献。因此，应当充分肯定当代法学作为科学的价值性，并继续推动法学研究深入发展。

（曹博雯　西南政法大学行政法学院）

---

〔1〕［德］卡尔·拉伦茨：《论作为科学的法学的不可或缺性——1966 年 4 月 20 日在柏林法学会的演讲》，赵阳译，载《比较法研究》2005 年第 3 期。

法治状态的多维透视：契约、法则与自由的交织

——读康德《法的形而上学原理》

在《法的形而上学原理》这部著作中，康德对自由这一经久不衰的主题进行了切中肯綮的剖析。他立足于实践自由的维度，以契约这一核心表现形式为线索，详述了个人权利状态下实践自由中的任意属性，揭示其为构建公民状态不可或缺的基石。实践自由中的意志则被视作连接人的实践理性与道德情操的桥梁，通过意志立法的过程，提升了法则的权威性，实现了自由与法则之间的和谐统一，从而使法则的客观有效性直接作用于自由本身，转化为客观实在的力量。[1]社会因此得以有序建立，并锚定更加宏大的目标不断发展。同时，其对自由与法则的探索并未止步，而是进一步提出永久和平的理念，从外延拓展了自由与法则的关系，赋予了"逻辑的枯骨"生命与内涵，在实现个体性和集体性的均衡中为终局性的法治状态的诞生提供了理论先导，为现代法治的构建奠定了坚实的理论基础。

一、任意与契约——从个人自由到公共权利的逻辑重塑

一切的起始，是人类以不法违法，对周遭的一切一以贯之地适用自由这一普遍、统一的法则，[2]随着自然状态的演化发展，自由成为实践理性的化身，已"内含界限"。而这种实践的自由多表现为任意，也就是一般的实践理性原则。

在个人权利状态之下，任意多以占有或契约的方式表现，在所不论先验的

---

〔1〕 贺梓恒：《试论康德〈法权论〉之阐释路向——兼评契约论与自然法阐释》，载《重庆社会科学》2022 年第 3 期。

〔2〕 〔德〕阿多诺：《否定的辩证法》，张峰译，上海人民出版社 2020 年版，第 225 页。

占有让我思成为可能这一原始取得。就契约而言，它具有占有所难以企及的独特价值，被视为社会和国家起源的合理根据，以及政治权威的合法基础。[1]契约的任意是指自由选择行为的一种能力，而非一种普遍性的权利，它作为联结个体的纽带，仅与行动相关。契约的逻辑理路在于缔约者首先要摆脱自然的（或传统的）社会关系，因此，一切基于习俗的、宗教的或宇宙目的的社会观念和统治观念，在契约面前充其量都仅剩次要的效力。[2]换言之，缔约者不能在最初的摹本的世界中继续存活下去，而需要超越动物性的关系，转而诉诸个人状态下的独立，从而使契约成为可能。基于此，其证成最终端赖于必要性的实践，即对于外在对象的单方面占有能够在所有人的立法意志中得到实现，[3]使先验契约的可能不存在落地文明社会的窒碍。

那契约的成立何以可能，当然不能仅依凭这一前提条件，而要有所突破。契约由四个行为组成，即提供、同意、允诺和接受。由此，在一个特殊的时间条件下，契约之物变成了双方联合意志下的所有物，之后又实现人与人之间的转移。从时间顺序来看，上述四个行为具有连续性，这就决定了契约与"允诺和接受"同时进行的实践惯例之间存在矛盾，而契约的先验推论即抛开时间和空间等一切可以感知的条件去假设，用程序化的理性推理策略挖掘事实所蕴含的合理成分，再凝练到经过推理形成的正义原则之中，[4]弥合了两者间的裂缝。更为理所当然的是，接受的履行实质为交付，可分为即时交付和迟延交付。前者不存在可归责性，但后者在自然状态的实践过程中往往容易陷入"理性"的泥沼。详言之，在完成契约的上述四个行为后，一方只是取得了"对人权"，而没有实现其进行契约的目的——"对物权"的取得，这也是对现代民法所有权保留制度最简单的一种诠释。而在物权和人权之间，交付以物权契约的身份作为一架连接的桥梁，一度被视为"不仅使物权契约

---

〔1〕 陈秀萍：《契约的伦理内核——西方契约精神的伦理解析》，载《南京社会科学》2006 年第8 期。

〔2〕 汤沛丰：《论康德法哲学中的家庭和市民社会》，载《复旦学报（社会科学版）》2021 年第 6 期。

〔3〕 Wolfgang Kersting, *Wohlgeordnete Freiheit：Immanuel Kant´s Rechts-und Staatsphilosophie*, Berlin：De Gruyter, 1984, p. 356.

〔4〕 刘焕明、张祖辽：《"康德式"建构主义：基于"程序"和"契约"的解读》，载《北京大学学报（哲学社会科学版）》2023 年第 3 期。

理论自身变得繁杂而脱离实际，而且也使物权行为理论与处分行为理论充满不可调和的矛盾"[1]的盲肠、蛇足，在自然状态下存在着些许含混之处。

自然法是一种求得互不伤害和都不受害的对双方都有利的契约，[2]但个人权利状态下的契约却几乎与其背道而驰，不用说捐赠契约中没有人会对自己支配到如此程度，置正义的根本性地位于不顾；更遑论借贷契约中物损的责任承担存在极大的矛盾，信用基础难以为继。不妨看"真正重新获得的权利"这一典型契约，即对失物的再取得。在个人权利状态下也就是自然状态中，失物本身就附属于先权利，因而再取得时获得的权利只能囿于"对人权"，而非"对物权"，换言之，取得的是一个权宜性的权利。一旦真正的失主开始寻求，返还也就启动，善意占有的公正分配得不到尊重，这一契约设立的目的也随之荡然无存，理性的理想最终单靠自然状态无法落地生根，通过契约取得的权利也只能停留在暂时的状态，其所保护的和分配的价值也难以实现。[3]

综上所述，要想摆脱自然状态的束缚，需要个人契约向社会契约转变。[4]从更深层次上说，就是某种强制每一个个人之权利机制建立起来后，[5]实践自由才能从任意的内涵转变为意志，人才能通过契约这一形式将正在形成的社会变成真正的社会，实现自己的社会化倾向。

二、意志与立法——实践理性与品性德行的交互法则

契约只是作为预设政治合法性的形式理念，而从自然状态到公共权利状态转变所真正依据的应当是纯粹的意志，而意志是创造法则的基点，这一法则并非对自由设限，相反只是让自由的形式从野蛮僭妄的自然状态转向文明的状态。

---

〔1〕 张康林：《负担行为与处分行为区分之我见》，载《武汉大学学报（哲学社会科学版）》2007 年第 5 期。

〔2〕 《马克思恩格斯全集》（第 40 卷），人民出版社 1982 年版，第 34 页。

〔3〕 李畏、姜涌：《正义的诠释：道德规范的产生——西方社会契约论思想的视角》，载《广东社会科学》2023 年第 2 期。

〔4〕 邵华：《论康德的社会契约论》，载《华中科技大学学报（社会科学版）》2016 年第 1 期。

〔5〕 Christine M. Korsgaard, "The Claims of Animal sand the Needs of Strangers: Two Cases of Imperfect Rights", *Journal of Practical Ethics*, 59（2018）.

　　首先，创作者和立法者是不可等量齐观的，换言之，立法者并非总是"法则的创作者"即实际制定法则规定其内容的人。[1]立法者涵盖了上帝立法和纯粹理性立法，都为自然状态下的产物，前者根植于誓言的神学，法律的内容是上帝永恒的意志；[2]后者形塑于定言命令，证明一切出自法则的义务行为中诚命的崇高和内在的尊严。[3]

　　上帝立法是不加区别地将所有存在的自然对象囊括在内，具有绝对的全面性，而这一全面性也相应地导致了该立法的泛化，它不能对现存的秩序进行合目的性的规整，缺乏规范力和可实践性。同样地，纯粹的理性立法也存在理性的狡计，它以自我对自我的规定为基石，与其说是对人类的行为作出了一般性的约束，毋宁说是为人类创造了一个无限制的利好局面。因为尽管理性立法的出发点是好的，但人类的劣性往往使其抱有侥幸心理而采取逃避的行动，理性立法也因此流于形式。但无论如何，它们都为创作者的诞生提供了土壤，而创作者强调的是意志的主体地位，其是基于意志的调整性进行具体性立法的。

　　那创作者又是如何创造法则的呢？简言之，不外乎"意志服从法则"这一形式。也就是说，意志的普遍立法存在于人们以设想彼此内心态度的方式而交互强制的活动中。[4]创作者通过自律来实现法则普遍的约束力。所谓自律，即在每一次行动前自我意志都会塑造一个法则，通过这个法则来约束自我的行为，但这也相应导致了"自己约束自己"的局面，因而纯粹的自律无法实现这一状态。要将"另一个自我"也就是"他人"的自律作为辅助性原则，即通过人性的揣测，将揣测的结果作为行动的目的，进一步加强自我内心的约束。同时，法则的普遍性也在这一过程中得以彰显。意志立法之所以能够成为普适的法则，很大程度上是因为意志中包含了向善的可能性，正是

---

〔1〕 Jens Timmermann, *Kant's Groundwork of the Metaphysics of morals*：*A Commentary*, New York：Cambridge University Press, 2007, p. 107.

〔2〕 ［德］保罗·阿尔托依兹：《马丁·路德的神学》，段琦、孙善玲译，译林出版社1998年版，第255~256页。

〔3〕 韩志伟：《理性与人的自由——康德实践哲学的当代意义》，载《社会科学辑刊》2009年第1期。

〔4〕 刘凤娟：《康德的目的王国理念——对 Katrin Flikschuh 的莱布尼茨式解读的批判》，载《道德与文明》2013年第4期。

这一可能性在无形中逐步地驱使人类的行动朝着理性的方向延展，实现"如此外在的行动，使你的抉择的自由应用能够与任何人根据一个普遍法则的自由共存"[1]的良性循环。

同时，法则旨在保护权利而非制定义务，义务的概念是天然包含在法则当中的。[2]尽管各种先天性的权利潜藏在与生俱来的自由之中，但只有通过意志立法，才能上升为法则，才能赋予权利人支配义务人的权利。[3]权利和义务是一体两面的，而法则兼具二者。一方面，法则通过明确个体的法律地位和权益，赋予人们基于自由意志行使权利的合法性，使得个体在追求自身利益和幸福时有明确的法律指引和保障，从而确保了权利的行使是在一个公平、公正且有序的框架内进行的。另一方面，法则对个体行使权利设定了必要的界限，为个体权利与社会整体利益的和谐共生提供了保障。而法则的适用对象无外乎是普罗大众，但"人是生活在目的的王国中。人是自身目的，不是工具人，是自己立法自己遵守的自由人"。[4]据此，要使法则能够真正对他人发挥效力，最终的立足点还是尊重二字。一个人独特的人格被尊重，才能成为法律上作为权利主体的抽象"人"，从而被法律赋予承担权利义务的权利能力。[5]

就此而言，意志立法将理性融于意志之中，完成了个人权利状态向公共权利状态的转变。但在意志立法的条件下，根源于权利的"互惠性"，一个人主张自己的权利的条件就是要实现其他人的权利，[6]普遍的正义仍无法实现，此时需要更强的交互性状态发挥作用。

三、法治进程与权利演进：从个人到世界公民的和平构建

只有厘清了个人权利状态和公民权利状态，才能正式进入法治状态，这

---

[1] ［德］康德：《道德形而上学》（注释本），张荣、李秋零译注，中国人民大学出版社 2013 年版，第 28~29 页。

[2] 万金冬、吴宏政：《从"权利科学"看法律立法中的义务——康德〈法的形而上学原理〉的人学立场及其缺陷》，载《社会科学辑刊》2014 年第 5 期。

[3] 黄涛：《论康德权利演绎的基本结构》，载《人大法律评论》2014 年第 1 期。

[4] ［德］叔本华：《人生的智慧》，余荃译，民主与建设出版社 2019 年版，第 48 页。

[5] 胡玉鸿：《法律主体概念及其特性》，载《法学研究》2008 年第 3 期。

[6] 朱振：《论动物权利在法律上的可能性——一种康德式的辩护及其法哲学意涵》，载《河南大学学报（社会科学版）》2020 年第 3 期。

是"对所有存在的自然状态的一种根本性克服，不仅是个人与个人之间，更是国家与国家之间"。[1]即在各个层面保持自主性又能与其他主体达成均衡的一种体系。

不同于社会契约论主义者以全体成员的一致同意作为社会形成的基础，法治状态的核心是非社会的社会性，因而其逻辑联结点为人与人之间的命令，乃至进入法治状态的人对其他公民的强制。因为这一状态是人类的禀赋安全发展所必不可少的外部制度环境。[2]而命令来源于人类理性对于人类基本处境的一种先天性把握，[3]强制的基点则在于人与人之间的交互关系。就前者而言，这意味着，人类想要弥合现存状态的缺陷，只有放弃不以法治为基础的野蛮的本性，才能得到以法律为基础的法治状态下的自由，[4]进入到一个更高的状态中，从而实现他们所希求的。与此同时，自然状态的内在张力也随之显现，基于自然状态中获得的可能性，它使强制措施的实施有了资格，最终一个整全性的系统得以构建。

进一步推衍，当每个个体都受限于命令或强制，社会也就真正进入国家法的状态。与此相适应，随着不同国家的建立，竞争成为发展的常态，但基于共同的利益诉求，作为跨国的社会关系纽带[5]的国际法应运而生，其表面上虽呈现为国家间的关系，但实质是人类命运共同体中的人与人之间的关系。这一进程也并未止步于此，而是继续朝着更宏大的构想——世界公民法迈进。在这一层次上，世界公民的权利保障为其重要焦点。"世界公民"是指个体凭借世界人的身份，以全球视角看待自己，并能够在任何地域行使其基本权利，在任何角落与他人进行交往，而这种交往的尝试任何人都无法拒斥。也正是这种"关怀人类整体福利的博爱主义"，[6]在保持个体独立性的同时又强调了对他者的开放性，使得世界公民权利孕育的公共性原则得以长久地维持

---

〔1〕 吴彦：《康德法哲学：框架、特征及其精神》，载《人大法律评论》2018 年第 1 期。

〔2〕 詹世友：《康德历史哲学：构建原则及其道德趋归》，载《道德与文明》2017 年第 6 期。

〔3〕 卢雪崑：《康德的自由学说》，里仁书局 2009 年版，第 316 页。

〔4〕 ［苏］Π. C. 格拉齐安斯基等：《世界著名思想家评传》，颜品忠等译，商务印书馆 1993 年版，第 220~221 页。

〔5〕 张辉：《人类命运共同体：国际法社会基础理论的当代发展》，载《中国社会科学》2018 年第 5 期。

〔6〕 舒远招：《从世界公民概念看康德的普世主义思想》，载《广东社会科学》2012 年第 4 期。

下去。

在多维的碰撞中，最终锋芒仍指向"永久和平"这一美好的图景。顾名思义，永久的和平状态大致可以这样描述：人们彼此相邻地生活在一起，"我的和你的"都得到法律上的尊重和认可。随后，众多的人彼此结合成一个文明社会，而该社会的治理排斥单纯的经验，渴望吸纳公法理念组成法律的联合体。这一图景源于自然状态下人们对战争的厌倦，进而建立的公民状态，而在公民状态中又向往着更高一级的联合，朝着所有国家结成一个联合体的方向去设想，但这一联合体的庞大性也会相应导致新一轮的战争，一切似乎会陷入某种"好像"，好像永久和平的理论是一种悖论式倾向，不具有可实践性。但和平实际上是一种协调和宽让的结果，如果说它不一定是基于利他主义行为动机，起码也是超利己主义行为动机——承认他者和他者的权利。[1] 因此，我们不应陷入窠臼，对其的争论不应该停留在它是真实的或是虚构的层面上，而应在假定其确实存在的基础上，沿着该路径去行动，消除自然状态这一法权关系未得到确切保障的状态下的普遍敌对现象，使法权状态得以普遍确立，[2] 为"永久和平"这一图景的形成奠基。

总括而言，从"个人权利"到"公共权利"再到"世界公民权利"的营构和嬗递中，每一种权利类型都是对前者所具有的匮乏的和平性的丰赡，自然状态向文明状态的迭变也就顺理成章地完成，法治状态下个体性与集体性的均衡也正朝着永久和平的图景不断靠近。

四、结语

"一个想要理解某种意义的人完全必然地将持先入之见，从而也首先将其自我带进理解过程。"[3] 康德的理论为我们提供了一个富有价值的理论框架，他从契约和意志立法两个维度，爬梳了"自由"这一核心议题，更加全面地阐释了自由的含义和意义。自由在人类权利体系中占据原初性地位，决定了其作为法律和道德基石的不可替代性。在个人权利状态下，社会混乱无序，

---

〔1〕 万俊人：《正义的和平如何可能？——康德〈永久和平论〉与罗尔斯〈万民法〉的批判性解读》，载《江苏社会科学》2004 年第 5 期。

〔2〕 洪涛：《论康德的永久和平理念》，载《复旦学报（社会科学版）》2014 年第 3 期。

〔3〕 ［德〕阿图尔·考夫曼：《后现代法哲学——告别演讲》，米健译，法律出版社 2000 年版，第 33 页。

契约的缔结为社会的形成发挥了关键的过渡性作用；意志立法则进一步夯实了公共权利状态的基础，对社会进行了合目的性的规整，确保了社会有序进行。在此基础之上，以个体性和集体性的均衡为基础的法治状态得以建立，永久和平的进一步构想，虽存在无法实现的可能性，但无疑为当代社会指明了一条追求和平与和谐的明确路径，对建设法治中国大有裨益。

（曾辰　西南政法大学行政法学院）

规则之外：道德与法律的交织探索

——读罗伊、费恩《规则为什么会失败：法律管不住的人类行为暗码》

在纷繁复杂的人类社会中，法律与道德，如同两股交织的绳索，共同维系着社会的和谐与秩序。二者的动态互动体现为，在法律不能约束的地方需要道德予以延续，在道德直觉与法律冲突时需要法律予以纠正。《规则为什么会失败：法律管不住的人类行为暗码》的"道德维度"章节便着重从道德怎样影响个体来解释规则失败的原因。其引导我们思考守法的道德逻辑：德法相符不代表必然守法，道德直觉也存在与法律相悖的情况——其引发的非故意道德偏离是人们违法的缘由。而为了中和违法带来的巨大的道德压力，人们惯用道德推脱手段。通过深入剖析道德与法律的互动，探寻规则之外的道德真相，该书启示我们在构建一个更加公正、和谐的社会时，需要关注法律与道德之间的平衡与协调。

一、德法相符——守法的道德逻辑

"人遵守自己的道德，做自己认为正确和公正的事"，[1]其实也是在法律规范的框架中做事。当德法相符时，人们依善良道德行事无形之中也遵守了法律，这是守法的道德逻辑，也是道德对法律的影响。实际上，道德无须通过威慑和惩处等外在方式来为自己开辟前行的道路，只需唤醒人内在的灵魂和信仰，从内心深处使人养成羞耻之心和道德良心，从而让人在根本的动机

---

〔1〕 ［荷］本雅明·范·罗伊、［美］亚当·费恩：《规则为什么会失败：法律管不住的人类行为暗码》，高虹远译，上海三联书店 2023 年版，第 83 页。

上就远离违法犯罪。[1]显然，当代社会的许多法律就是建立在具有广泛社会认同的道德基础上的，富勒认为"对法律之道德性的最低限度的坚守是保障法律之实践有效性的基本条件"。[2]可见，法律之所以能够被人们自觉地遵守，其根源在于它所蕴含的德性特质。这样的法律不仅具有权威性，更因其道德内涵而深入人心，成为公众共同尊崇和践行的准则。故道德与法律的契合度越高，人们守法的积极性越强。在当代社会，法律作为社会管理和规范行为的重要工具，不仅需要考虑实际情况和社会需求，更需要与道德价值相一致，维护道德与法律的内在联系，既有利于增强法律体系的完备性和有效性，也有助于塑造一个更加公正和人性化的社会秩序。

道德引领守法，法律塑造道德。法律对道德的影响体现在法律的强制力上，人们出于对刑罚的畏惧而约束自身行为，无形中培养了自身的道德直觉。谢小瑶认为，法律通过改变社会道德的社会事实、转变道德评价/规范原则、影响公众的态度和观念来改善社会道德的面向。[3]当社会道德出现偏颇，阻碍了人们对未来美好生活的规划，不利于社会和谐稳定发展时，法律便应当发挥其矫正与规范的作用，对社会道德进行必要的改善和引导。例如，人们一向呼吁"保护环境"，但却在一系列限制污染排放、保护野生动物法律的颁布下才对环境保护有了具体的认识，才开始更加关注个人行为对环境的影响，并采取积极的措施从法律指导的各个领域开展环境保护。这是法律通过影响公众的态度和观念来塑造道德，推动社会道德向善发展的例子。再如，面对社会的不道德甚至是暴力行为，刑法的明令禁止和违法所面临的惩罚为文明社会的构建明确了道德原则，这是法律转变道德评价或规范原则，从而促进社会整体道德水平提升的例子。"现代社会，人的堕落品质所导致的社会异常，是法律成为不可或缺的社会制度的一个原因。"[4]因此，我们要借助法律，以立法、执法和司法措施对不端的道德行为进行限制，充分发挥法律对道德的影响，塑造善良道德维护美好社会，实现法治与德治的和谐统一。

---

[1] 戴茂堂、葛梦喆：《论法律道德化——兼析法律与道德之间的价值秩序》，载《道德与文明》2020 年第 4 期。

[2] [美] 富勒：《法律的道德性》，郑戈译，商务印书馆 2005 年版，第 181 页。

[3] 谢小瑶：《通过法律改善社会道德》，载《清华大学学报（哲学社会科学版）》2023 年第 4 期。

[4] [美] 斯科特·夏皮罗：《合法性》，郑玉双、刘叶深译，中国法制出版社 2016 年版，第 227 页。

总的来说，道德对法律的基础性影响与法律对道德的塑造性影响都反映出二者之间的互动是动态的，法律与道德相辅相成的密切关系成为推动社会稳定与发展的核心力量。正是这种紧密的联系，使得"德法共治"成为社会治理的核心理念。正如张文显教授所说，习近平总书记关于德法关系的论述"突破了法治、德治水火不容的传统思维定式，阐明了一种现代法治和新型德治相结合的治国新思路"，[1]揭示出"'融德于法'的法治之理和'法德共治'的实践之道"。[2]可见，在习近平法治思想中，"德"与"法"并非相互独立的关系，将现代法治与新型德治深度融合是我国的治国模式，它实现了法律与道德的良性互动，有利于推动社会公正、稳定发展，展现了中国的治国智慧。

二、与法相悖的道德直觉——非故意道德偏离

深入审视道德和法律交织的复杂领域，可以发现当二者达到高度的契合状态时，个体往往能够自觉遵循法律，避免了违法行为的发生。然而，即使在这样的框架下，人们仍可能作出与法律规定相悖的决定，这种无意识的决定是凭借道德直觉作出的。从学术的视角来看，此现象被界定为"非故意道德偏离"。

非故意道德偏离是指个体或群体由于认知偏差、环境压力等未能正确评估其行为的道德后果，无意中违反了社会或群体的道德规范。与基于理性道德约束下的合法合规行为不同，非故意道德偏离往往发生在紧急和压力环境下，面临复杂的道德抉择，个体由于缺乏足够的信息或受到外部因素的影响，可能难以作出完全符合道德要求的决策。作者利用行为经济学中的"有限理性"概念来分析这一现象。有限理性理论与非故意道德偏离都强调第一性决策失误，认为人们在决策时的理性是有限的，受到认知能力、时间、信息等因素的约束。[3]因此，即使个体有遵守道德和法律的意愿，其也可能因为这些限制而作出不符合道德规范的选择。以一名面临着巨大工作压力的会计为例，

---

〔1〕 申莉婷：《新时代中国特色社会主义"德法合治"方略的必然性与可行性思考》，载《时代金融》2019年第35期。

〔2〕 郭忠、刘渠景：《习近平法治思想中的德法关系理论》，载《重庆社会科学》2022年第2期。

〔3〕 〔荷〕本雅明·范·罗伊、〔美〕亚当·费恩：《规则为什么会失败：法律管不住的人类行为暗码》，高虹远译，上海三联书店2023年版，第90页。

即使他愿意依法依规做事，但由于时间紧迫和疲劳他无法对所有财务记录进行彻底的核查，这种疏忽可能导致他在不经意间卷入公司的财务违规行为。实际上人在预测自己未来的行为时，会有意识地权衡道德上的利弊，但到了需要行动的时候，又常常只依靠本能反应听从自己的道德直觉。在日常生活的道德决策中，直觉扮演着不可或缺的角色，但特定情境可能导致直觉受到干扰，甚至误入歧途，从而引发道德行为的失误。为防止潜在的道德偏差，个体可通过延长思考时间、深入分析问题等策略，激发道德理性的参与。良好的道德直觉具备自我审视与自我约束的特性，使得人们在遭遇道德偏离时，能够主动对自身行为进行反思，进而采取改正措施或预防同类事件重演。

在心理学领域，人们将行为与内心信仰或价值观念产生冲突时所感受到的心理不适现象，称作"认知失调"。这种状态往往会不经意间引发个体在道德层面的偏离，并非其本意所驱使。根据费斯汀格的理论，正常人的内部认知是相互协调的，不可能同时拥有两种或多种心理上不一致的认知。[1]可是，人们在生活和学习中又会不断形成新的认知，当新的认识与已有认知不一致时，人们就会发生认知失调。譬如校园霸凌案件，霸凌者对自己的认知是积极的，他们往往自我正向评价，可是又做出伤害同学的错误行为，此时他们内心便有了两种对立的认知。为了应对这种对立，霸凌者通常会寻求一种协调策略，以维持自我认知的一致性。人们普遍倾向于采取与正面自我认知相一致的协调策略，以减轻甚至消除内心的认知失调。对于霸凌者来说，这种认知协调策略意味着他们会设法在内心对伤害事故进行合理化。这种策略心理学家把它称为"道德推脱"。[2]

三、合理化道德压力——中和与道德推脱

中和与道德推脱都是个体在做出违法行为后面临巨大道德压力为自我开脱的手段，他们运用一系列的心理机制来合理化自己的错误行径，如推卸责任："这只是个意外"或"人人都会如此，不只是我"。还会将自己的错误行为与更恶劣的行为进行弱化比较达到心理安慰。犯罪者甚至还会重新界定

---

〔1〕 参见［美］利昂·费斯汀格：《认知失调理论》，郑全全译，浙江教育出版社1999年版。

〔2〕 黄向阳：《好孩子怎么会干坏事——欺凌者的自我辩护及道德推脱》，载《教育研究与实验》2024年第1期。

"受害者"：只要把自己所伤害的人想成是罪有应得，犯罪本身就从劣迹变成了义举，从罪行变成了"正当报复"。[1]借着"中和"，人在做坏事时可以压抑自己的羞愧和内疚，实现道德推脱，美化自身。

"道德推脱理论"（moral disengagement theory）描述了个体如何在面临道德压力时，通过一系列的心理机制来减轻或避免自身的道德谴责和内疚，其中包括：道德合理化、委婉化表达、有利对比、责任转移、责任扩散、结果曲解、非人化和过失归因。[2]这些机制可以让人们在意识到自己的行为可能不对时，找到理由来使自己觉得心安理得，从而避免内心的道德谴责和愧疚。"中和技术理论"（techniques of neutralization theory）解释那些奉行传统价值观的犯罪人如何通过"中和技术"抵消内心罪恶感以顺利实施犯罪。这些"中和技术"包括否认责任、否认伤害、否认受害者、谴责谴责者以及诉诸更高的忠诚等。[3]犯罪学家发现，人会使用"中和"（neutralization）技巧帮助自己克服心中的道德感，以便从事犯罪活动。为了遏制犯罪，法律通过明确的规则和惩罚来塑造行为，却常常忽略了人类心理的复杂性和对规则的适应性。在这种情况下，法律管制变得困难，因为它不仅要规范行为，还要竞争个体心理层面的中和动机。这种竞争导致了一个挑战：如何设计出既能够被广泛接受，又能够减少道德推脱空间的法律规则。实质上应对这一挑战的关键在于理解并设计符合人类行为学和心理学原理的法律体系。法律不应只是冰冷的规则集合，而是应当考虑到人的行为动机、心理状态以及社会环境的影响。同时，法律制定者应当致力于创造一个有利于道德引导和社会责任感建立的环境，而非仅仅依靠惩罚和威慑。

为了对抗"中和"技巧，维护法律有效性，我们可以尝试"中和中和"。如可以通过让犯罪人直面自己犯罪行为带来的伤害，直视受害者的悲惨、面对自己行为必须负责的事实，使他们从自我安慰的"梦境"中回到现实反思。实践表明这种唤醒道德直面伤害的方法效果显著。人们通过中和自己的行为，或是通过否认自身行为对环境或社会产生的伤害来推脱道德责任意味着人性

---

〔1〕 ［荷］本雅明·范·罗伊、［美］亚当·费恩：《规则为什么会失败：法律管不住的人类行为暗码》，高虹远译，上海三联书店 2023 年版，第 93 页。

〔2〕 杨文登、梁爽：《班杜拉的道德推脱理论综述》，载《心理研究》2022 年第 2 期。

〔3〕 See Sykes, G. M. , & Matza, D. , *Techniques of neutralization* , New York：American Sociological Association，1957.

与法律的"博弈"，这既揭示了法律的局限性，也提供了加强法律效力的可能途径。为了中和"中和技巧"需要法律多向内关注人性深层次的重要性，同时在制定与实施过程中，加强对个体心理机制的考量和利用。这不仅是对法律学者的重要提示，也是对所有关心公平正义和社会秩序的人的启示。

四、结语

《规则为什么会失败：法律管不住的人类行为暗码》让我们看到了规则之外道德与法律的交织探索：人们遵守良好道德行事无形之中守了法，在法律强制力的约束下又规范了道德，正是道德与法律这种动态互动促进了社会稳定。但同时与法律相悖的道德直觉又导致了非故意道德偏离的普遍现象，为了应付自身由于认知偏差未能正确评估行为的道德后果而造成他人伤害的情形，人们惯用中和与道德推脱来使危害行为合理化。以上三个道德与法律维度的分析使我们明晰了守法的道德逻辑和法律不被遵守的原因。由此在制定公共决策时，制定者便可以借助道德与法律的交织关系来制定出易被遵守的法律，通过向内关注个体的道德与法律的契合度，向外关注人类行为，更好地应对法律实践中的挑战和困境，推动社会的和谐稳定与发展。

（黄一　西南政法大学行政法学院）

论萨维尼历史法学思想并兼谈其对中国之意义
——读萨维尼《论立法与法学的当代使命》

萨维尼，作为历史法学派的代表人物，把"民族精神""民族共同的法律信念"视为构建法律秩序的因素，把"民族历史内在的必然性规则"作为重要的法源，引导法学家培养历史素养与系统眼光。而《论立法与法学的当代使命》（本文简称《使命》），一部法典化讨论热潮下的论战性著作，正是上述思想的集大成者。该文中，萨维尼对在当前时代背景下制定法典的不合时宜展开具体论述，构建出"民族精神说"思想的雏形。时至今日，这部两百多年前的著作仍熠熠生辉，为中国的法学实践供给学术养分，提供可行借鉴。

一、《使命》的主要观点

法律受制于民族性，与民族关系密切，随民族产生而逐渐产生，随民族消亡而逐渐消失，更随着民族共同意识的嬗变而更新。它好比一国的语言，体现着一定的民族色彩和特点。在此基础上萨维尼提出了"民族精神说"，认为了解本国的历史是制定出具有民族特性之法典的前提。"法律只能是土生土长和几乎盲目的发展"，[1]其非由立法者以自己的专断意志凭空制定，而是依赖内部的力量推进迸发，并蕴含着延续民族共同意识的习惯行为。[2]以习惯行为与世代相传的民族精神造就的习惯法，才显得恰到好处、生机勃勃。

与此同时，萨维尼认为法律具有双重的生命力：它不仅是植根于社会并随社会改变而改变的重要部分，更是为法学家特有的科学知识。在此基础上

---

〔1〕《美国百科全书》（第 24 卷·英文版），上海人民出版社 1978 年版，第 312 页。

〔2〕 法学教材编辑部《西方法律思想史》编写组：《西方法律思想史》，北京大学出版社 1983 年版，第 369 页。

"科学性"成了法律的重要属性。以民族共同体为基础的法律，经历了习惯法、学术法、法典法三个发展阶段：在习惯法阶段，"立法"虽然尚未存在，但一国的"民族信仰"构成了该国的法律原则；在学术法阶段，法学家们利用各种"技术因素"对习惯法加以改造；而在法典法阶段，统治阶级选出符合其阶级意志的学术法，并通过立法的形式将其确立为本民族内统一适用的权威法典。体现民族精神、以习惯法为表现形式的法律通过法学家这一特殊的"阶级"不断发展，成为具有独特科学性的存在。[1]作为连接法律民族性与科学性之桥梁的法学家，也应当兼具历史素养与系统眼光，在深挖民族共同意志的基础上科学立法，以减少法律的模糊性。

法律和其他事物一样，有着一定的运动和发展规律。彼时的德国，由于缺乏学识渊博与能深刻领悟历史的法学家，故不具备展开编纂法典的条件。[2]如果在条件尚未成熟之时急于制定统一的法典，将会给德国带来难以挽回的损失。此时，应对成文法缺乏这一困境的方法，便是掌握法律史并赋予习惯法新生。纯粹的、民族的、富有生命力的制度，可以促成德意志民族的统一团结。

二、以《使命》为切口——以萨维尼为主的思想学派之细节论述

凭借此书，萨维尼推动历史主义思想走上时代的舞台。他以历史的理性代替纯粹的理性，所创立的历史法学思想更是成为德国的法学主流思想，并在将近一个世纪内占据主导地位。萨维尼的思想中有许多可圈可点之处，除了前文提及的主要观点，还有许多值得探讨的思维碰撞。

（一）历史与系统——萨维尼思想之荟萃

萨维尼提到，法学家身上需具备两种特质：一是历史的素养；二是系统的眼光。他的历史观更是全面而系统，绝非以偏概全、主观臆断。萨维尼曾表明历史是联结民族初始状态的纽带，是民族庄严的导师，历史并非道德与政治事件的简单汇总，而是必然的、深层次的、包罗万象的国族的全部过去。

---

〔1〕 ［德］弗里德里希·卡尔·冯·萨维尼：《论立法与法学的当代使命》，许章润译，中国法制出版社 2001 年版，第 153~154 页。

〔2〕 ［德］弗里德里希·卡尔·冯·萨维尼：《论立法与法学的当代使命》，许章润译，中国法制出版社 2001 年版，第 15、19 页。

如果说历史素养是了解掌握各个时代法律形式的必要基础，那么系统眼光便是对规则概念形成全面理解的要素。在事物真实、整体、自然的联系中审查各个学说观点，是法学家必须习得的能力。在萨维尼看来，培养历史素养与系统眼光的方法，便是研究罗马法——一部来源外族，却与德意志法律内在贯通、逻辑相洽的法律。这或许和只注重本国历史的历史法学家不同，但却足以体现萨维尼研究法学时系统的眼光与广博的视野。

由前所述，"历史法学派代表人"这一笼统概述显然不可丈量萨维尼的思想厚度，萨维尼所代表的"历史法学派"也不能被笼统概述。除强调历史的研究方法之外，萨维尼在其他论著中曾提及实践的科学方法论，[1]指出理论也同样需要具有可实践性，而实践则须较以往更为科学化。以《使命》为中心并发散阅读萨维尼的其他论著，系统性地了解其思想，不仅能直观感受到其"法律受制于民族性"的历史法学派思想，更能深入体悟到其历史研究方法论的内涵。法学研究系统化、理论与实践一体化，这些方法论是这位法学大家遗赠给后世的宝藏。

（二）法律移植——集反题于一身的萨维尼

萨维尼坚信法律为一定的民族所特有，而这一观点让后人认为萨维尼对于"法律移植"持保守乃至拒绝态度。但矛盾的一点是，萨维尼却极力支持对罗马法的移植，因为罗马法对德国法有着深刻久远、连绵不断的影响："历史而言，考虑到罗马法与普通法的关系，其刻下之于德国极为重要……德国各邦之地方性法律本身即包含大量纯粹的罗马法，仅在原有的罗马法语境中才可理解。"[2]他的此句论述即暗含对德国法学家把握两者内在联系并主动挖掘罗马法之精华的鼓励。萨维尼虽然认为在法律中融入异域因素值得驳斥，但仍指出罗马法与习惯法具有内在贯通性，两者都是从自身内部圆融自洽地发展起来的。[3]民族精神由历史孕育，其间难免受外来因素之影响；罗马法与德意志民族精神千年融合，若因罗马法为外来法而对其加以排斥实属不当。

---

〔1〕〔德〕弗里德里希·卡尔·冯·萨维尼：《论立法与法学的当代使命》，许章润译，中国法制出版社 2001 年版，第 94 页。

〔2〕〔德〕弗里德里希·卡尔·冯·萨维尼：《论立法与法学的当代使命》，许章润译，中国法制出版社 2001 年版，第 30 页。

〔3〕〔德〕弗里德里希·卡尔·冯·萨维尼：《论立法与法学的当代使命》，许章润译，中国法制出版社 2001 年版，第 26 页。

这样看来，萨维尼移植罗马法的观点并非穿凿附会，其历史法学派的理论也非前后冲突。[1]

萨维尼为身为"外来法"的罗马法伸张辩护，这看似矛盾的一点为我们解读萨维尼的思想提供了全新视角，即走出其仅注重"本国历史"的刻板印象。"传统、民族、历史、习惯影响立法"占据萨维尼思想之主导地位，同时我们也可以看到他思维的灵活应变、条修叶贯、统筹兼顾。以全面而变通的解释把外界资源为己所用，跳出框架融会贯通，这何尝不是一种立法智慧呢？萨维尼提倡借鉴罗马法的特定部分，这对于处在文明复兴时代的我们来说，具有极大的启发意义——学习适用从古老法律中提炼出来的概念、公理、原则，将其内化为当代法律发展的动力，不失为一种良策。

三、《使命》在中国的理论价值——提供看待法律之历史视角

从整体上看，萨维尼的历史法学思想有其时代价值性，这一思潮掀起了德国法学思想与法治建设领域变革的海啸。但不可辩驳的是，21 世纪的中国与 19 世纪的德国差别甚大，中德两国拥有在不同历史社会环境与特定的时空背景下孕育出的独特生存境况。当时的德国邦国割据、社会动荡，而中国多民族和谐统一；萨维尼抛出的"是否移植外国法律来促进国家统一"的问询，也不存在于早已移植过西方法律的中国土壤之上。中国的法律移植自有"中国式"的问题，诸如"应当遴选何种法律移植适用""应当如何把握法律移植的快慢进程"。由此可见，扎根于西方的历史法学派虽尽显精微巧妙，但不能直接而亲切地影响由中国历史锻造的中国法律。[2]

然而，《使命》一书具有的幽微价值也不容置喙，它所传递的强调历史、重视传统的意志，总是闪烁着智慧的光芒。概括而言，便是可以学习历史法学派的精神，认识到法律是民族精神与共同信念的体现，民族生活的品质决定着法律的存在与发展。

法的历史性是重新看待中国法律的巨大透镜，它启发性地提供了一个看

---

[1] 张国富、杨华夏：《论萨维尼法律移植思想——基于〈论立法与法学的当代使命〉的考察》，载《河南师范大学学报（哲学社会科学版）》2012 年第 5 期。

[2] 喻中：《法律的历史性与历史法学的语境——〈论立法与法学的当代使命〉读后》，载《中国图书评论》2007 年第 4 期。

待立法的全新视角——立法者立法，首先要熟知本民族独有的历史文化。与之相照，《政府论》一书也反复提道："人们从自然状态中脱离，联合成社会并用长期有效的规则约束自我与他者，社会同意是法律之所以成为法律的必备条件，法律失之则无法被社会奉为圭臬。"由此可见，社会同意与民族历史文化传统息息相关，以社会同意为后盾的法律推行起来也必定轻而易举。反之，失去社会同意的法律相当于将人民群众从民族传统、历史惯例中连根拔起，那该是何等荒谬？此时，纵有再强大的"国家强制力"，也无法彻底改变人民长久以来心悦诚服的，落实于生活实践各个角落的行为模式、情感模式。《使命》与《政府论》虽是不同领域的经典著述，但内含的思想却可谓遥相呼应，更显精妙准确。《使命》一书的潜在意义便是传递出独特的政治视野，站在国族建设的广袤高原，揭示法律、立法与国家建构间千丝万缕的联系，见证国家在法律与立法精神滋润下的生生不息。

前文谈到，历史法学派的理论结晶，对理解中国法律之民族性、历史性具有较高的参考价值。真正值得认可的法律或多或少都汲取着历史传统的营养。这在我国的立法实践中，便体现为民族区域自治地方的立法总受传统习惯的影响、长久以来而形成的公序良俗潜藏在法律条文的方方面面。可见，历史法学家洞若观火的法律思想，也可以成为穿透文本法条，揭开成文规则的薄纱，探寻中国法律在历史长河中本真面目与本真精神的理论工具。

四、《使命》在中国的实践价值——提供当代立法之启示

《使命》一书的内容可被简易概括——无论是立法抑或法学，都应当植根于人类生活本身。法学家们负有何时立法的使命；与此同时，民族的历史、习惯会决定立法的一切。

但是何谓当代中国立法与法学的使命？人权、自由、正义、民主等理念都已融入了中国的法典中。诚然，这些价值具有深刻意义，但如若立法者编织的秩序与规则脱离中国之土壤，成为单单体现立法者意志而非体现历史传统、社会风尚的规则，那么纵使它们逻辑完美、程序得当、内容精微，也会因缺乏群众基础成为空中楼阁、象牙之塔。

对此，喻中教授提出"学于众人"与"民主立法"两个概念并明辨了二者的区别，尽显真知灼见。在他看来，"学于众人"是指从民众的社会生活中寻找规则并提炼精华。这些法律规则一以贯之且历久弥新，它们始终存在，

立法者只需要"捡拾拿来";而"民主立法"则是通过代议机构的民主表决赋予法律权威性与合法性,但这也造成了法律与民众的生活相对脱离的状态。[1]在喻中教授看来,这也可以解释"为什么有些法律施行效果不佳"。那么,我们应当如何肩负立法的当代使命呢?

原始社会时期,具有调节与规范作用的氏族习惯成为奴隶制习惯法的基础;自汉武帝始,孔儒思想影响甚大,离不开儒家伦理观念在实践生活中的根深蒂固。这和萨维尼的观点不谋而合:"法律并无什么可得自我圆融自洽的存在,相反,其本质乃为人类生活本身。"[2]在他看来,立法是顺从民众内心期待的、明确的、长久以来塑成的颇堪褒扬的倾向。立法者通过将这一倾向融入立法活动中,将人民的期待妥善保留,而不可凭空创造出脱离民族历史的法则。

周永坤教授曾提及立法是法学家思想与法律变革的直接接触点,思想观点通过立法实现物化。[3]因此,立法者可以吸取萨维尼思想中的精华,秉持发展法律并非简单地制定成文法的理念,立足于人类生活本身,钻研民族发展史、法律发展史的逻辑贯通之处,挖掘本民族法律的结晶。以此得出的法律必然是"学于众人"的、尊重保障大众权益的、为普通民众服务的、真正具有蓬勃生命力的。

历史法学派的集大成者萨维尼,曾掀起法理学研究领域的惊涛骇浪,在生前死后亦受到无数诟病、褒扬。沧海桑田,物换星移,在历史的广袤长河中,不同的法学思想次序更迭。称雄法学界近一个世纪的历史法学派,也随着 20 世纪的到来让位于新生的法学流派。但无论是对中国还是对世界,无论在过去现在还是将来,这位"法学的康德"之真知灼见将始终警醒我们思考立法的使命,其思潮带来的深远影响也永远不会沉没于历史的洪流。

(马颖　西南政法大学行政法学院)

---

〔1〕 喻中:《也说"立法与法学的当代使命"》,载《读书》2009 年第 2 期。

〔2〕 〔德〕弗里德里希·卡尔·冯·萨维尼:《论立法与法学的当代使命》,许章润译,中国法制出版社 2001 年版,第 151 页。

〔3〕 周永坤:《法学家与法律现代化》,载《法律科学(西北政法学院学报)》1994 年第 4 期。

法律系统论视域下的自我指涉机制

——读卢曼《法社会学》

社会是一个系统，在二阶观察理论下的法律也是一个全社会系统。法律系统作为诸多平行子系统中的一员，在完成系统内部的意义再生产的同时，也与作为子系统外部环境的社会系统形成了耦合。在《法社会学》中，卢曼站在法律系统论的场域，基于对社会系统双面性、失望处理机制双重性等社会学基础理论的阐释，重点论述了从社会系统中分化而来的法律系统特性，如法律系统的封闭但不完全封闭性、合法/非法的二元符码、组织与功能的二维分化结构，以及法律系统运作的核心——自我指涉机制等。本文以法律系统的二元符码为引，以法律系统的自我指涉为体，试图通过对自我指涉机制的分析以及自我指涉悖论困境的破除，探索卢曼法社会学的思想瑰宝。

一、社会系统论下自我指涉的理论基础

自我指涉作为社会系统的一般性特征，其机制构建的背后，是庞大的社会系统论相关理论基础的支撑，自我指涉的合理运作基础、复杂化约机制、悖论破除三维度等都与社会系统的双面性以及双重期望类型休戚相关。

（一）社会系统的双面性——复杂性和偶在性

世界充斥着期望和意义的可能性，这些可能性的复杂性和偶在性共同塑造了具备相应特征的社会子系统。复杂性意味着可能性横向层面的多重性，无论已被现实化的可能性何其多，总是存在着无限未被现实化的可能性，为人们提供选择与期望的多重路径。而偶在性则是从期望的纵向层面入手，意味着未来的可能性有可能与原定期望中的可能性大相径庭，无法产生预期效

果和期待利益，从而带来心理失望的落差和选择冒险的必然性。[1]

在社会系统论的视域中，系统会主动适应环境的变化、生成相对稳定的适当结构，并将体验中的复杂性和偶在性纳入该结构中以实现对可能性的控制。[2]结构化系统既能够从复杂性角度促进体验选择条件的优化与稳定，使得选择主体在面对丰富而多变的可能性时仍可以作出决断；也能从偶在性入手，建构与环境相关的期望以确保期望选择最终能够实现获益大于失望，从而激励主体即使处于事与愿违、遭遇挫折之际，也不要放弃对正向可能性的期待利益。

在这个复杂、偶在的期望世界中，除了可能性，还充斥着意义和他人。经过试错而产生的免于失望的选择形式即是意义，[3]期望偶在性在带来失望与冒险的同时，也必然会相应地产生意义，由此意义的同一性得以维持。而他人，作为异我的一种存在形式，则是提高自我体验选择性的关键一环。"他人"是与"自我"相对应的角色，两者的期望可能性具有同一性且在特定条件下可以相互转化，对"他人"而言可期望的可能性对"自我"而言也是可期望的，例如民事合同、财产性权利等就是这种相互可能性关系的具体存在形式。通过角色身份的不完全转换，"自我"即可在"他人"的视域中体会"他人"的期望，并将"他人"的可能性变为"自我"的具体可能性，从而拓展了自我的体验场域，增强了自我的直接意志选择性。[4]

然而，自我体验和期望选择性的增强也导致更多的风险接踵而至：此时，先意志领域中的单一偶在性便会演变为世界系统中的双重偶在性（double contingency）。单一偶在性虽不可避免地带来失望与冒险，但其稳定化的期望结构仍能够构建，例如，一周只有七天，日月星辰东升西落，果实终将成熟，人们终会变老等。与之相对应，由于"他人"行为与期望的自主性与不可预见性，基于此转化而来的"自我"期望也会更加复杂多变，每个人不仅要有自我体验，也要能够预见到他人期望着什么。这导致双重偶在性的稳定化期望结构更为繁杂，由此便产生了"期望的期望（expectation of expectations）"

---

〔1〕 ［德］尼克拉斯·卢曼：《法社会学》，宾凯、赵春燕译，上海人民出版社2013年版，第72页。

〔2〕 George C. Homans, *Social Behavior: Its Elementary Forms*, New York, 1961, p. 5.

〔3〕 ［德］尼克拉斯·卢曼：《法社会学》，宾凯、赵春燕译，上海人民出版社2013年版，第73页。

〔4〕 Donald M. MacKay, *The Informational Analysis of Questions and Commands*, in Colin Cherry (Ed.), *Information Theory*, London: Fourth London Symposium, 1961, pp. 469~476.

这一前提条件。[1]期望的期望具有两方面的内涵，其一是基于"他人"行为所产生的"自我"期望，其二是"自我"行为对"他人"期望产生的反作用，两者行动与期望的彼此交互便是法律系统的功能所在。

（二）失望处理机制的双重性——规范期望与认知期望

正如前文所述，基于系统的复杂性以及双重偶在性，期望落空的可能性是毋庸置疑的，即失望是必然的。失望的必然性又为其他可能性的出现创造了空间，从而为失望处理提供了多样化的期望选择机制。

根据对已无现实可能性的期望的处理方式不同，认知期望和规范期望（cognitive or normative expectations）的分类应运而生。[2]作为处理失望的两种可替代性方案，认知期望与规范期望背道而驰，认知期望作为一种积极主动的调整方式，指在遭遇失望时能够根据现实状况作出适时改变，在社会系统的其他可能性中寻求新的期望；而规范期望则是一种"反事实稳定"的行为期望，[3]它具有无条件的有效性，其规范的存在意义与规范实际上是否得到遵守无关，始终无条件地遵守定型化了的先期望。

认知期望多体现在自然科学领域，每当偶发出现了与既定理论相悖的新的科学现象时，科学家们通过反复观测与实验、比照新旧理论的差异点，运用认知期望主动脱离先前错误观点、抛弃原定期望，积极学习、采纳更新后的正确理论。例如，亚里士多德关于物体的下落速度与质量成正比的观点长期被视为真理，此即在社会中产生了一种先定期望。直至伽利略的比萨斜塔实验，即将两个重量不同的球体从相同的高度同时扔下，结果两者几乎同时落地，这一实验结果与亚里士多德的观点发生了偏离，人们原先认知观念中的先定期望被打破，经过大量的实验，物体的下落速度与其质量成正比的观点最终被自由落体定律革新替代，新的期望取代了过去的失望。

与认知期望相对，规范期望多作用于社会科学领域，尤以法学领域为典型，民法、刑法、行政法等法律法规规制的否定性评价均能体现出规范期望在社会系统中的作用。以刑法中的故意伤害罪为例，该规范确立了一种人们

---

〔1〕［德］尼克拉斯·卢曼：《法社会学》，宾凯、赵春燕译，上海人民出版社2013年版，第73页。

〔2〕 Vilhelm Aubert, Sheldon L. Messinger, "The Criminal and the Sick", *Inquiry*, 1958, pp. 137～160.

〔3〕［德］尼克拉斯·卢曼：《法社会学》，宾凯、赵春燕译，上海人民出版社2013年版，第82页。

不去伤害他人的司法期望，当有人违反了该期望而作出伤害他人的行为时，法律系统不会因个体遭遇的失望而放弃这个已定型化了的司法期望。规范期望的"反事实稳定"性，便体现在无条件的遵守性以及不因个体行为而易变的稳定性上。

二、作为法律系统再生产动力的自我指涉机制

在卢曼社会系统论的视域下，自我指涉是社会系统的一般性特征，卢曼认为"现代社会依靠已分化出特定功能的符码化方式来运行"。[1]社会系统通过全社会各子系统的自我描述过程实现自我指涉，即在"系统/环境"的二元区分下，社会系统的形式化符码的自我描述，就是全社会各子系统中经组织与功能分化后所产生的诸多符码系统的自我指涉的形式化结果。[2]因此，社会系统符码的自我指涉运作必然也伴随着作为全社会系统的法律系统的自我指涉特性。

（一）自我指涉的前提——二阶观察理论

社会系统展开自我指涉的关键前提在于"二阶观察"理论，一阶观察是以局内人的身份在系统内第一位置展开的观察，二阶观察则是以局外人身份在社会系统之外展开的观察，是一种"对观察者进行观察"的模式。依据卢曼的构建主义知识论，能够观察的前提是产生区分，在进行观察前必须首先依据对应的区分将目标对象分为两个部分，如真/假、虚/实、美/丑、有效/无效等。在一阶观察的情形下，观察者既无法观察到自身，也无法观察到产生该位置观察的二元区分标准本身，[3]因此在观察者看来，眼前的观察对象就是世界的全貌而非仅仅是划分后的一部分，观察者本人位于世界之外，被观察的对象则位于世界之内。于是便产生了观察者/观察对象的二元区分，此即外面/里面（环境/系统）的二元符码。

在二阶观察的立体化框架下，二阶观察者立足于世界整体，对不同区分标准下的一阶观察者们展开观察，因而其不仅能够看到一阶观察者们的位置，

〔1〕［德］尼克拉斯·卢曼：《生态沟通：现代社会能应付生态危害吗?》，汤志杰、鲁贵显译，桂冠图书股份有限公司2001年版，第73页。

〔2〕参见赵世奇：《法律作为社会系统如何可能：一种自我指涉的系统知识论》，吉林大学2023年博士学位论文。

〔3〕［德］尼克拉斯·卢曼：《法社会学》，宾凯、赵春燕译，上海人民出版社2013年版，第9页。

而且能够观察到在不同二元区分标准下分化出来的全社会子系统们，如法律系统、政治系统、哲学系统等。在此情形下，作为一阶观察的二元符码——系统/环境，无法再明确区分各全社会子系统们的界限，子系统内部多样化的二元符码得以产生，内生于法律系统的，便是合法/非法的二元符码。

（二）自我指涉的区分——二元符码

法律系统依靠合法/非法这一二元符码的运作划定了自身的明确边界，[1]这种边界囊括了两方面的内涵：一方面在于利用此二元符码实现法律系统内部自我描述与自我指涉的运作，以破除自我指涉的悖论和践言冲突，从而实现系统内部的同一性和完全性；另一方面则体现为涵括科学系统和法律系统在内的全社会系统在功能分化后生成的"阿基米德支点"，[2]即从二阶观察的角度观察到的是法律系统在全社会系统中按照合法/非法的对偶式符码从全社会系统中分化出来。[3]

在多重二元符码的作用下，诸多子系统从全社会系统中分化出来，并呈现出组织与功能的二维分化层级。[4]对于法律系统而言，在组织分化维度，立法机关和司法机关作为一种实现法律系统的运作过程的组织形式应运而生；在功能分化维度，立法机关发挥着更新"认知期望"的作用，不断拓宽法律系统的作用空间，体现了法律系统对外的开放性；司法机关则发挥着坚守"规范期望"的作用，不断化约法律系统内期望处理机制的复杂性，[5]体现了法律系统的封闭性。

（三）自我指涉的运作——二维分化

正是在立法机关和司法机关的双向协调互补之下，法律系统得以实现自我指涉机制的能动运转，从而在系统内部不断地生产诸多"意义"的选择形式，最终成为能够内生出自我再生产意义的"活的系统"。

---

〔1〕 秦明瑞：《系统的逻辑——卢曼思想研究》，商务印书馆2019年版，第18页。

〔2〕 赵世奇：《法律作为社会系统如何可能：一种自我指涉的系统知识论》，吉林大学2023年博士学位论文。

〔3〕 Niklas Luhmann, *Theory of Society*, Volume Ⅱ, translated by Rhodes Barrett, Stanford：Stanford University Press, 2013, p. 65.

〔4〕 Niklas Luhmann, *Organization and Decision*, translated by Rhodes Barrett, Cambridge University Press, 2018, p. 34.

〔5〕 [德] 尼克拉斯·卢曼：《法社会学》，宾凯、赵春燕译，上海人民出版社2013年版，第76页。

首先，以司法领域的"以危险方法危害公共安全罪"为例。以危险方法危害公共安全罪是指以放火、决水、爆炸、投放危险物质之外的其他危险方法，危害不特定多数人的生命、健康或者重大财产安全的行为，该罪名的客观方面即手段方法乃法定的"其他危险方法"，行为人若采取如驾车撞人、私设电网、将载客的车开下悬崖、用机枪向人群扫射等方法，则可被认定为该罪，因为这些手段均具有两大共同特征——在放火、决水、爆炸、投放危险物质之外且与之具有危险相当性。刑事司法过程便通过"规范期望"将其共性涵摄在专门的法律概念中，即将符合上述两大特征的手段均囊括在"其他危险方法"的范畴内，从而为法律系统设置了明确的识别门槛以及适用前提。在纷繁复杂的社会生活中，只有通过初步设立和扩大解释"规范期望"，才能将海量日常概念化约为特定的法律符号，简化法律系统的复杂性，提高法律系统自主运行的效率，否则大量类似于"私设电网罪""载车驶入悬崖罪""公共场所扫射罪"等罪名的涌现，必将导致法律资源的浪费和案件处理效率的低下。

其次，"规范期望"的涵摄范围是有边界的，虽能通过司法解释的方式延展其兜底性，但时代发展的尖刺总有一天会穿破兜底的旧网，产生现有规范无法解决的新问题，此时便需要将期望选择机制转为"认知期望"。以民事立法领域的劳动法为例，在工业革命时期，劳动关系作为伴随工厂制度而生的一种新型关系，其权益保护的复杂性和需求性较低，因此早期的劳动法往往被视为民事关系或商事关系的一部分而被规范在民法与商法中。随着经济的发展和社会分工的细化，劳动者权利保护问题日益凸显，原有条款对劳动领域出现的新需求和新问题捉襟见肘，劳动法得以从民法与商法体系中分离出来，成为一个囊括多部法律在内的独立的法律体系，对劳动者工时、工资、工伤、休息休假、妇女和未成年职工特殊群体权益以及数字化时代下远程办公、平台劳动者的劳动关系等的规制也日渐重视。

三、法律系统破除自我指涉悖论的三维度

建立在二阶观察理论基础上的法律系统的自我指涉机制，依靠立法机关和司法机关的协调运作得以化约其内部期望处理机制的复杂性。但社会系统以及全社会系统中的法律系统因其具有的自我指涉特性，必然会陷入悖论的境地。自我指涉在破除了传统语言逻辑命题上的线性描述时，也因其自己描

述了自己的循环模式而导致逻辑混乱、前后矛盾。以"说谎者悖论"和"罗素悖论"为典型，当一个命题在描述声称自己具有某种特征时，它实际上是在进行自我定义，因此这种定义的方式将其他语义标准排斥在外，始终无法独立于自己为自己设定的语境，最终使得命题的真实性无从验证，此即自我指涉悖论。

合法/非法的二元符码本身面临着区分该区分的标准是否合法的自我指涉悖论，[1]然而法律系统内部正是通过克服该悖论，不断内生出自我再生产意义的动力，并在对社会中存在的诸多可能性进行筛选分区的过程中，展开自我指涉悖论的运作，亦即法律系统运用自身符码的过程就是去悖论的过程。[2]在此过程中，法律系统会根据"规范"要素的作用阶段，从冲突、联接、程式三种形式的选择过程中，划定自身与外部系统的边界，维持系统内部的同一性和完全性，并分别对应社会维度—时间维度—事实维度（"变化—识别—稳定"）的三种进化过程，最终实现"规范行为期望的一致性、一般化"。[3]

（一）社会维度的冲突关系

法庭辩论是现代法治国家案件审判的必经程序，当事人为维护自身利益所发表的针锋相对的言论，在法律系统论的场域下，乃是社会各子系统从经济、政治、科学、艺术等领域不断向法律系统提交各种竞争性规范的过程，这些相互对立的规范所形成的横向平行冲突关系，便是法律系统的社会维度。

在二阶观察的视角下，具有封闭属性[4]的"区分"将系统划拨到了与环境对应的另一边，并在系统内部依靠合法/非法这一二元符码区分出法律系统、经济系统等子系统的界限，且合法/非法这一区分的运作过程又构成了法律规范效力的来源，卢曼将此称为"编码"。[5]由此既产生了与法律系统平

---

〔1〕 Niklas Luhmann, *Law as a Social System*, translated by Klaus A. Ziegert, Oxford：Oxford University Press, 2004, p. 176.

〔2〕 Niklas Luhmann, *Law as a Social System*, translated by Klaus A. Ziegert, Oxford：Oxford University Press, 2004, p. 175.

〔3〕 ［德］尼克拉斯·卢曼：《法社会学》，宾凯、赵春燕译，上海人民出版社 2013 年版，第 140 页。

〔4〕 George Spencer-Brown, *Laws of Form*, New York：E. P. Dutton, 1979, p. 77.

〔5〕 Niklas Luhmann, *Law as a Social System*, translated by Klaus A. Ziegert, Oxford：Oxford University Press, 2004, p. 173.

行的全社会各子系统，又将法律规范有效性的来源规制在法律系统内部，为法律系统站在中立的角度、依靠本系统内部独立自主生成的规范解决其他子系统之间的冲突打下了坚实基础。

（二）时间维度的联接关系

就系统而言，无论是社会系统还是法律系统等全社会各子系统，它们的基本单位都是沟通，沟通的运作过程需经过信息识别—转换—理解三个阶段，[1]且沟通与沟通之间的前后联接性是法律系统得以存续的前提。这种联接关系体现在法律系统内部，就是以法官为中间人，将过去既定的沟通（即法律、法规、司法解释、先例学说等）与未来开放的沟通（即诉争案件的裁判）衔接起来，因此时间维度便是"包容了过去与未来的共同场域，且只能产生于当下"。[2]

法律系统在合法/非法的二元符码的指涉下，在系统内部生成了诸多可以将其他子系统的行为事实涵摄进去的法律规范，并以此规范作为解决未来各子系统间矛盾冲突的范本，法律系统的功能性便在此彰显。由于各子系统间信息表述机制的差异，在形成"沟通"时首先要识别形式各异但语义相同的信息，并将其统一转换为法律系统的通用表述，如将经济系统中的使用权、所有权转换为法律系统的物权，此即信息的"识别—转换"阶段。经过统一的转换阶段，法律系统继而拥有了理解各类信息的能力，此即"转换—理解"阶段。法律系统就在信息"识别—转换—理解"过程中，联接沟通、表达期望、实现功能。

（三）事实维度的程式关系

最终，在经历横向社会维度和纵向时间维度的变化、识别过程后，规范通过固定化的程式稳定下来，并通过"如果……那么……"的条件形式，形成对社会行为的一致性、一般化评价模式，此即法律系统的事实维度。

正如前文所述，法律系统内部合法/非法的二元符码本身面临着区分该区分的标准是否合法的自我指涉悖论，因此需要将该符码转化为其他形式，以达到利用合法/非法的区分标准评判其自身转化后形式的一种外部指涉过程，

---

〔1〕 Niklas Luhmann, *Essays on Self-Reference*, New York: Columbia University Press, 1990, p. 4.

〔2〕 Claudio Baraldi, Giancarlo Corsi, Elena Esposito, *Unlocking Luhmann: a keyword introduction to systems theory*, Bielefeld: Bielefeld University Press, 2021, p. 142.

这种转化而来的形式便是所谓的"程式"。[1]程式通过"如果……那么……"的条件格式将外部信息与区分标准联系起来，从而产生了形式化、具体化的法律规范条文。规范不仅是法律系统功能实现的前提（即时间维度上的过去沟通形式），也是一种行为期望，[2]这种在设立期望的同时实现自身功能的运作过程，便是卢曼所说的"规范期望的稳定化"。

综上，以发展进化的角度看法律系统破除自我指涉的三维度，其分别对应着"变化—识别—稳定"的三阶段，社会维度的冲突打开了二元符码的形式求变的闸门，继而通过时间维度的联接对各子系统的信息进行识别，并产生了将法律规范作为沟通范本的强烈需求，最终将符码转化为程式，以法律规范的形式稳定下来，绕开了符码无法区分自身合法性的自我指涉难题。

四、结语

"法律是什么"，历史上各法学流派为找寻这一法学的根基展开了激烈的思想交锋。在卢曼的法律系统论视角下，法律是一个依据合法/非法的二元符码，展开内部自我指涉运作的全社会系统。二阶观察下，全社会系统得以从社会系统中分化出来，并依据不同的区分标准明确各自边界，法律系统正是在立法与司法机关的协调作用下得以实现内部自我指涉机制的能动运作。虽不可避免地出现自我指涉悖论，但正是在社会、时间以及事实三重维度上对悖论的努力克服，使得法律系统能够不断内生出自我再生产意义的动力，并长久地维系与发展。

（彭芷若　西南政法大学行政法学院）

---

[1] Niklas Luhmann, *Law as a Social System*, translated by Klaus A. Ziegert, Oxford：Oxford University Press，2004，p. 193.

[2] ［德］尼克拉斯·卢曼：《法社会学》，宾凯、赵春燕译，上海人民出版社2013年版，第82页。

第四次教育革命的"新机"与"变局"

——读塞尔登、阿比多耶《第四次教育革命：人工智能如何改变教育》

  在第四次工业革命的冲击下，全球经济社会面临新一轮大变革。在教育领域，许多学者开始讨论人工智能时代的教育模式。其中，"第四次教育革命"的概念获得广泛关注。塞尔登、阿比多耶所著的《第四次教育革命：人工智能如何改变教育》（本文简称《第四次教育革命》）从教育发展的历史出发，围绕教育的变革、阶段、目的，首次提出"第四次教育革命"的概念。《第四次教育革命》坚持以人为本的理念，立足人工智能与教育融合可持续发展的宏观视角，从乐观、现实两个角度看待人工智能教育，深入分析并阐述人工智能的进步给教育带来的影响，以为人工智能时代的教育发展提供有价值的参考与启示，推动教育事业的发展。

一、第四次教育革命：教育历史中的以人为本

  新一轮科技革命和产业变革推动生产力发展水平的提升，大模型内容生成式人工智能技术的快速迭代更新，使得大量的知识的产生、传播和存储的方式发生巨变[1]，人工智能、增强现实和虚拟现实成为第四次教育革命的主要内容[2]。相较于运输、医药等方面，在人工智能时代，教育是不容易被注意到的"灰姑娘"。人类历经数个时代发展阶段，存在着三次教育革命——在家庭单位、团体和部落中向他人学习构成了第一次教育革命，粮食的稳定和发展

---

  〔1〕 王祖浩、田艳：《数字信息时代高阶思维能力：要素、关系、测评及培养》，载《教育科学研究》2024年第2期。

  〔2〕 〔英〕安东尼·塞尔登、奥拉迪梅吉·阿比多耶：《第四次教育革命：人工智能如何改变教育》，吕晓志译，机械工业出版社2019年版，第1页。

推动文字的出现衍生出制度化教育从而开办了学校与大学，随着印刷术的快速发展衍生了大众化与世俗化的教育。从历史发展角度明确教育改革未来的方向离不开对时代的探讨，把握人工智能时代是理解人工智能与教育融合的前提。从逻辑上来说，人工智能和人类竞争未来有四种核心的可能性：消除、替代、变革、保持[1]。人工智能驱动的机器人或者由人工智能进化而来的其他更高智能形式可能将人类从地球表面消除，人工智能也可能通过更加复杂的植入物增强人类的身体和大脑，从而产生新的融合体来取代人种。与之相反，人类在未来生活仍旧可能如同今天人们理解的那样，由于人工智能的赋能，人类的生命质量得到很大的提高，仅仅停留在"变革"阶段，最保守的情况就是人工智能给人类的日常生活带来的影响非常小，人类将保持现有的生活状态。

"人工智能将解放人类还是弱化人类"是当今人们需要持续思考的问题，人工智能将促进还是阻碍教育的发展，现实中也存在乐观派与现实派两种争论。培养学生的核心素养，需要回答教育目的——"培养什么人，培养怎样的人"的追问[2]。一个受过教育的人会终生保持对知识的渴望和好奇心[3]，教育的目的是帮助人们独立思考和发展自由意志，从而培养根据自身和社会利益作出决策的能力。从功利的角度出发，未来就业问题也是教育的核心[4]。随着全球科技的迅猛发展，教育正朝着数字化、信息化、高度个性化和多元化方向发展。传统教育模式逐渐开始解构，未来学校将在教育形式、教育目标、教育内容方面发生根本性转变。个性化和自主、无障碍和包容性、基于问题和协作、终身和学生自主驱动的学习以及创新创造、技术应用和人际交往等技能更加受到关注[5]。人的意义分为四个部分：思维、心智、身体、意识[6]。

---

〔1〕 ［英］安东尼·塞尔登、奥拉迪梅吉·阿比多耶：《第四次教育革命：人工智能如何改变教育》，吕晓志译，机械工业出版社 2019 年版，第 223 页。

〔2〕 参见林崇德：《中国学生核心素养研究》，载《心理与行为研究》2017 年第 2 期。

〔3〕 ［英］安东尼·塞尔登、奥拉迪梅吉·阿比多耶：《第四次教育革命：人工智能如何改变教育》，吕晓志译，机械工业出版社 2019 年版，第 37 页。

〔4〕 ［英］安东尼·塞尔登、奥拉迪梅吉·阿比多耶：《第四次教育革命：人工智能如何改变教育》，吕晓志译，机械工业出版社 2019 年版，第 209 页。

〔5〕 兰国帅等：《人工智能赋能教育 4.0：挑战、潜能与案例——〈塑造未来学习：人工智能在教育 4.0 中的作用〉的要点与思考》，载《开放教育研究》2024 年第 4 期。

〔6〕 ［英］安东尼·塞尔登、奥拉迪梅吉·阿比多耶：《第四次教育革命：人工智能如何改变教育》，吕晓志译，机械工业出版社 2019 年版，第 226 页。

在思维方面，"人类的头脑不仅仅是一台信息处理机器或是机房"，理性思维的能力是人类独特性的本质；在心智方面，计算机能够复制人类的情感但不能亲身体验到情感，人类的心智体现在人类的情感和人与人的交互之中；在身体方面，人类的身体组成十分复杂，无论是会被修复、增强还是取代，人类的生活都需要靠身体进行引导。有关意识的讨论长期表现为三个学派的争论：其一，计算主义认为意识只是人类尚未理解的人体机械布线的一个方面；其二，有人认为"意识是动物才独有的特质"，计算机自然永远不可能拥有；其三是既不持无神论也不明确持有论的主张，认为意识是构成全宇宙物质的一个属性。有关意识的第一个学派则认为，意识最终可能被人工智能机器复制，后两个学派则认为，只要宇宙或天地万物存在，意识就永远不会被复制。

人工智能是教育实现现代化、推动第四次教育革命不可或缺的支撑或手段，人工智能在为教育提供全新的方式、载体和平台的同时，也带来了全新的挑战。《第四次教育革命》用历史纵向的梳理手法，将乐观派与实际派从宏观社会到教育变革，最终落点于以人为本的有关人工智能对教育影响的争论一一呈现。

二、乐观派的设想：第四次教育革命的新机

人工智能的传道者对未来有着美好的愿景。美国未来学家雷·库兹韦尔认为人工智能对人类生活的影响需要经历"利用人工智能解决问题—人工智能造成破坏性—感激推进技术时的责任感与道德"的过程，并指出，只有在人工智能方面取得进展，我们才能同时克服贫穷、疾病和环境退化。乐观派主要提出四种乌托邦式观点[1]：其一，永生不朽。人工智能理论上可以使人类通过替换和更新身体中老化和退化的生物元素来获得不朽。然而，一方面，部分文化或宗教并不完全追求人类永生；另一方面，人类永生带来的实际空间问题可能难以解决。其二，超级富足不再有战争。人工智能机器和人工智能技术能够以历史上最低廉的成本创造出更多的食物、更多的饮用水、更适宜居住的区域和更多的商品。斯蒂芬·平克在《人性中的善良天使》中指出，随着人类文明的发展，暴力事件已经减少。从理论上来说，在这个超级富足

---

〔1〕［英］安东尼·塞尔登、奥拉迪梅吉·阿比多耶：《第四次教育革命：人工智能如何改变教育》，吕晓志译，机械工业出版社 2019 年版，第 235 页。

的时代，许多问题无须通过战争来解决。但是这一现象的假设是以"人类只渴望享受物质利益"为基础的，这一假设也认为战争单纯是由缺乏物质财富引起的，而不是人类内在的冲动所致。其三，赋能人类。健康领域的革命随着人工智能的发展正在到来，雷·库兹韦尔认为新时代并不会遥远，我们可以将"思考的大脑部分和云端链接在一起"，增强大脑功能并非遥不可及。其四，技术实现的可能性。人工智能的发展已经势不可当，技术实现的可能性会迫使人类采取最好的方式治理自己的国家。

人工智能解放人类，在人类社会强化公平，在人的思维和心智上增强参与感，减少孤独感，在人的意识上建立对快乐的反省[1]。人工智能允许拥有较少物质财富的人享受更好的教育和医疗条件，美好的东西可以被每个人所享用。在人工智能的帮助下，每个人能充分参与社区和民主生活，并通过多元的形式与他人交流，解决孤独与孤立以至于能够更好地享受天赋和智慧。人工智能意味着更快乐的可能性，它推动着人们去寻找建立在和谐而非消费的基础上的幸福体验。

《第四次教育革命》将教育的历史分为几个阶段，指出当前我们正处在第四次教育革命的风口之上，但过去的三次教育革命产生的五大难题一直未能得到解决[2]，即未能克服根深蒂固的社会阶层固化问题、教育制度僵化问题、教师因行政而不堪重负、大班教学抑制学习的个性化和学习的广度、教育的同质化和缺乏个性化。而第四次教育革命恰好可以克服传统的五大难题，在人工智能时代下的第四次教育革命注重通过社会的流动性推动社会公平，意在让每个人公平地享受福利。一方面，人工智能将直接改变教学质量和班级规模，实现"伊顿式"教育，未来教育将更加注重学生个人的情况，让全世界各地不同背景的孩子都能享受到优质的教育服务，采取"不分年龄段教学""扩宽智力教育的范围"推动"个性化而非同质化"的教育。另一方面，人工智能的设备减轻了教师的负担，让他们可以将更多的时间和精力放在学生和教学上，从而让教师卸下行政负担，更有激情并获得成就感。

---

〔1〕［英］安东尼·塞尔登、奥拉迪梅吉·阿比多耶：《第四次教育革命：人工智能如何改变教育》，吕晓志译，机械工业出版社2019年版，第241页。

〔2〕［英］安东尼·塞尔登、奥拉迪梅吉·阿比多耶：《第四次教育革命：人工智能如何改变教育》，吕晓志译，机械工业出版社2019年版，第40页。

　　乐观派认为人工智能不仅能解决传统的教育难题，还另有五个好处，即激励学生、教师，且能维护传授知识的稳定性，可以不更换教师，最终指向人的意义的目标即为学生步入职场做准备，鼓励终身学习[1]。乐观派认为，人工智能可以让学习变得有趣，科技企业家兼游戏设计师简·麦格尼格尔在2010年提出游戏能开发年轻人的思维，人工智能将推动社会摈弃"只有书本和杂志才能辅助教学"的观点，通过私人定制促使学习游戏产生，激发学生对学习的兴趣。人工智能的便捷设备会节省老师的时间，能让他们有更多的时间鼓励学生，和学生交流，更好地实现从事这一职业的初衷。在第四次教育革命的教育模式下，每门课程都会为学生配备一名"个性化的老师"，从而实现学生的稳定学习。"Z一代"本身就在互联网和社交媒体下长大，他们对工作的期待变得多元：一人几份工，多种工作地点，休息时间充足等，人工智能学习和第四次教育革命的教育模式能够更好地帮助年轻人找到工作。同时，这样的模式也摆脱了"只要离开学校，就不用学习了"的观念，新技术能让更多人发现学习的乐趣。

　　人工智能为教育带来的机遇可从价值、学习、生活三个角度进行分析。第三次教育革命时代的教育被视为一种交易——只有努力才能取得好成绩，只有正规的教育才算是教育。从人本身的意义出发，人工智能将更符合以人为本的理念，人能以自己的方式学习自己感兴趣的科目，还原生活并获得终生价值。人工智能将解决空间、时间的问题，推动人与人之间的交流与互动，人工智能、虚拟现实和增强现实的出现[2]，让学生有了切身体验出国旅行的机会，在结识不同文化背景的人的过程中，学生能用任一语言与世界各地的人进行交流，相互理解，如此也能使世界更团结、更和平。人类在人工智能的影响下不再只关注定量的数据，除去国民收入、考试成绩等还会关注定性的数据，人工智能技术的成本降低，每个人的教育生活质量都能得到提升。

三、现实派的设想：第四次教育革命的变局

　　现实派则提出了与乐观派完全相反的观点，对于整体人的意义而言，现

---

　　〔1〕［英］安东尼·塞尔登、奥拉迪梅吉·阿比多耶：《第四次教育革命：人工智能如何改变教育》，吕晓志译，机械工业出版社2019年版，第205页。

　　〔2〕　王竹立：《新知识观：重塑面向智能时代的教与学》，载《华东师范大学学报（教育科学版）》2019年第5期。

实派提出了四种反对乌托邦的可能性[1]。其一，人类的生存受到威胁。人类在自己的发展史中一直致力于革新自己完全控制技术的能力以及防止落入流氓之手的能力，面对人工智能的快速发展，我们却缺乏相应的法律以及相应的防范，人工智能不能如核技术一样受到控制和监督，会对人类的生存产生威胁。其二，人类容易失去对生活的控制。人工智能机器已经能够深入地了解人类，尤其是人类的弱点和促使人类作出特定决定的动机，尽管部分公司提供了大学和政府所不具备的领头作用，推动了教育、医学和其他领域的创新，但是公司和技术的不透明性往往会左右人们的选择。其三，计算机算法的复杂程度甚至远远超出了编写它们的程序员的想象，若只像人一样专注某一特定的任务，"弗兰肯斯坦"怪物[2]仍然在可控制的范围，但强人工智能的未来仍不免引发人们的担忧，只要人工智能机器能够在没有人为输入的情况下以超越人类理解能力的速度自行升级，有关人工智能是否会"产生属于自己的心智"的争论就会永远存在。其四，人工智能极有可能会导致失业和社会混乱，技术的发展将使更多的工人沦落到低技能的行列，更多的人会面临失业，当不同年龄和学历的人都不再工作时，人类的生活将会变得毫无意义。工资或工作条件相应恶化，甚至建立在自己和他人和睦共处基础之上的个人幸福感也随风散去。

人工智能对人本身发展而言会使人类变得幼稚化，人工智能已经能以卫星导航的形式主导围绕我们的物理环境，历史学家尼尔·弗格森认为"人类认知的总和可能最终会被人工智能所削减"。在整体社会交互中，失业和工作质量下降影响人们的生活幸福感，道德和隐私问题也在日益凸显。正如使用对抗性输入数据欺骗人工智能采取不当行动不再是科幻小说的情节，智能输入机器越多，就越难以控制它们的安全问题从武器延伸到网络之中。

现实派认为，教育领域运用人工智能存在着潜在风险，有些风险与人工智能的好处直接针锋相对，有些是人工智能本身带来的坏处。在技术发展的后期，人工智能教育模式的成本会迅速降低，人工智能教育自然能够更好地

---

[1] ［英］安东尼·塞尔登、奥拉迪梅吉·阿比多耶：《第四次教育革命：人工智能如何改变教育》，吕晓志译，机械工业出版社 2019 年版，第 229 页。

[2] 英国小说家玛丽·雪莱在《弗兰肯斯特》中讲述科学家弗兰肯斯特创造出一个怪物，却发现这个怪物竟然能发展自己的心智。

普及。因人工智能的可接触性强,"王子"和"乞丐"都能获得教育,反而会导致社会的不稳定性有增无减。针对个人设置"个性化"的教育模式,能够帮助天才儿童更好地进步,也会较工厂模式培养出更多优秀的学生,但是由于家庭背景的不同,个性化的教育模式也会产生不好的影响,破坏孩子的基础均衡发展。2001 年,年仅 5 岁的阿兰·费尔南德斯就通过了 GCSE 的数学考试,教育过早的专业化[1]实际上会让孩子丧失自主选择的权利。在第三次教育革命的教育模式下,教师是权威的象征,"我知道"是一位老师权威的主要来源,而在人工智能时代,学生掌握的知识往往比旧体制下的老师还要多,对于中小学老师而言,其将丧失对学生的控制权并且面临失去"学科地位"和"教学地位"的双重困境,专业性有所降低。此外,人工智能在教育评价领域已经展现出与教师相当甚至更优的专业评价能力,挑战着教师的评价权[2]。社交媒体让学生的思考和交际都流于表面,人的生活变得更简单、更便利,但生活的深度会让那些有助于生活变得丰富多彩的冒险和拼搏都失去意义。风险投资家沃尔特·比宾顿认为,毕业生在数字的浪潮中游刃有余,但与人的交流却是浅尝辄止的。

高级语音识别翻译设备对语言教学的必要性提出怀疑,如果学习一门语言只是为了和外国人交流,那么学生有理由问:有必要吗?人工智能技术可以储存人类的大部分知识,这自然会让学生觉得花费时间和精力去学习是毫无意义的,教育在受教育者的眼中无聊化,这就要求第四次教育革命重视非功利教育,明确做生意和简化生活并不是教育的唯一目的。社交能让人们的生活变得更幸福、更快乐、更有价值,但现代社会的分化正阻碍人们进行社交,社交媒体知识扩大了人际交往的范围,技术教育课程缺乏对个人价值观、道德规范和生活技能的关注,联系得好并不意味着联系得深,人工智能会让人丧失社会属性。相较于外出、体育课程,人们更愿意整天对着电脑、虚拟现实耳机和全息投影仪,只要对着人工智能设备,人们对于休闲、刺激、工作和娱乐的需求就能得到满足,但肥胖和亚健康状态也随之而来。目前,年

---

〔1〕［英］安东尼·塞尔登、奥拉迪梅吉·阿比多耶:《第四次教育革命:人工智能如何改变教育》,吕晓志译,机械工业出版社 2019 年版,第 212 页。

〔2〕任海涛、孔仲渊:《教师评价权的智能革命:人工智能何以挑战教师评价权》,载《苏州大学学报(教育科学版)》2024 年第 3 期。

轻人的价值观塑造主要来自家人和学校的互动，好的老师和学校都致力于树立孩子正确的道德观和价值观，如果未来的学生主要靠人工智能进行学习，树立正确的价值观的方式暂时无法明确，机器是否能够像人类一样进行道德教化，我们还不可知，与一个没有灵魂的机器进行互动让人担忧，人工智能将容易导致学生价值观的淡化。科技公司储存了大量的个人信息，人工智能设备可以通过和学生的互动来了解学生的优点和缺点、素质和个性，从而左右学生的行为与心态，考虑到人工智能未来还将面临社会法则和自由意志的高度限制，对其会带来的隐私问题和道德问题也需要重视。

现实派认为，机器取代的不是人类的肌肉而是人类的大脑，人工智能与教育的融合发展会导致社会的不稳定性增加、人们的价值观淡化、隐私问题和道德问题凸显，且在学生与老师的教育互动中容易导致教育过早专业化、教师丧失对学生的控制权、教师的专业性降低、学生的幼稚化、教育的"无聊化"等问题，如此个人也将丧失社交属性，人们的生活方式变得不健康，心理健康受损。

四、结语

党的二十大报告指出，教育、科技、人才是全面建设社会主义现代化国家的基础性、战略性支撑。中共中央《关于进一步全面深化改革 推进中国式现代化的决定》指出，要深化教育综合改革。加快建设高质量教育体系，统筹推进育人方式、办学模式、管理体制、保障机制改革。人工智能是新时代推动教育综合改革、发展新质生产力的重要动力。人工智能和自动化对就业已经产生了重要影响[1]，教育赋予学生机器不具有的良好的创造力、人际交往能力和横向思考能力。科技和对大脑学习的深入理解是推动高等教育变革的动力。面对人工智能的冲击，我们必须设想第四次教育革命将让我们去向何处。

《第四次教育革命》从"以人为本"和"教育历史"两个层面分析了乐观派与现实派两大派别关于教育与人工智能融合发展的观点。由于启蒙运动坚

---

〔1〕[英]安东尼·塞尔登、奥拉迪梅吉·阿比多耶：《第四次教育革命：人工智能如何改变教育》，吕晓志译，机械工业出版社 2019 年版，第 188 页。

持理性以及笛卡尔对人的意义的狭义理解[1]，第三次教育革命并没有完全实现对进步、公平、正义的追求，第四次教育革命是另一重要的机会。乐观派与现实派的讨论始终离不开重构、丰富、创新的主题。当下，我们最应做的是坚持以人为本，确保建立能够充分培养我们的人文潜质的正确教育体系。

（刘纹君　西南政法大学行政法学院）

---

〔1〕〔英〕安东尼·塞尔登、奥拉迪梅吉·阿比多耶：《第四次教育革命：人工智能如何改变教育》，吕晓志译，机械工业出版社 2019 年版，第 260 页。

浅析法学戒条，实现法律正义

——读优士丁尼《法学阶梯》

法律的戒条是这些：诚实生活，毋害他人，分给各人属于他的。[1]此戒条是针对法的主体设立的三项命令。亨利·高迪认为第一个戒条体现了斯多亚哲学倡导的三种美德。[2]斯多亚哲学认为：若个人使自己的本性与宇宙本性和谐一致，遵从宇宙本性行事，那么他就有了德性。[3]其中首要的德行便是智慧、勇敢、节制，这正是"诚实生活"的戒条的实际来源。"毋害他人"的戒条来自亚里士多德的《尼各马科伦理学》[4]，是一种矫正正义，是对分配正义的维护。"分给各人属于他的"的戒条来自柏拉图的《理想国》，后世多名法学家、法学理论都有所继受，从而不断完善与深化对公正的定义。浅析法学戒条，实现法律正义，实际上是依据《法学阶梯》中提到的三个戒条，通过对正义本质的探寻，从法的主体方面寻找规律，为由实现个体正义到实现社会整体公平探寻路径。

一、浅析如何实现法律正义

要实现法律正义，首先需要明白正义的内涵。法律戒条中"毋害他人，分给各人属于他的"便是对正义的深刻诠释。亚里士多德在《尼各马科伦理学》中，将"毋害他人"解释为："谁害了人，谁受了害，由于这类不公正是

---

〔1〕 [古罗马] 优士丁尼：《法学阶梯》（第2版），徐国栋译，[意] 阿贝特鲁奇、纪蔚民校，中国政法大学出版社2005年版，第11页。

〔2〕 Henry Goudy, *Trichotomy in Roman Law*, Oxford at the Clarendon Press, 1910, p. 24

〔3〕 邓安庆、蒋益：《伦理学上的诸种"主义"释义》，载《云梦学刊》2021年第1期。

〔4〕 [古希腊] 亚里士多德：《尼各马科伦理学》，苗力田译，中国社会科学出版社1990年版，第95页。

不均等的，所以裁判者就尽量让他均等。"〔1〕这实际上同柏拉图在《理想国》中提到的"分给个人属于他自己的"〔2〕含义类似，都强调了一种矫正正义，否认了结果平等，是对分配正义的维护。而正义本身的含义实际上更为广泛。"正义是分给每个人以其权利的稳定、普遍的科学。"〔3〕简而言之，正义是每个人生来就拥有的人权，是分给每个人以其权利的不懈的、永恒的意志。正义是意志，是为谋求权利而恒在的大众心理，是一种人性使然，接近于自然法上的认识。

自古罗马时期以来，法学家们对正义本质的探讨从未停息。利帕在《像章学》卷三中将正义与象征人的生命脆弱的骷髅作对比，提出骷髅跟正义恰好相反：正义是永恒的。同时，利帕通过白袍、蒙眼、王冠、秤、剑蛇与狗等意象，比喻裁量公平，为正义赋予了更多可以衡量的内容，比如理智的决断、祛除先见之明等。罗尔斯则有更为明确的见解，他在《正义论》中指出，正义的对象是社会的基本结构，即用来分配公民的基本权利和义务、划分由社会合作产生的利益和负担的主要制度。〔4〕直至当代，自由主义政治哲学就再分配的话题仍是在讨论实质正义与形式正义、矫正正义与公平正义。诚然，正义的价值内涵是开放的，从古希腊到古罗马，再到现代社会，人们对正义整体概念的把握肯定有所延伸与发展，但是正义的根基仍然如千年以前《法学阶梯》中提到的一般，是人们的一种朴素、自然而然的、永恒的价值取向，它是如此强烈的诉求，以至于引发"法学是一门关于正义和不正义的科学"的论断〔5〕，由此可以得见正义在当时的宝贵。

实现法律正义，要基于正义本身是客观实在的。亚里士多德与苏格拉底、柏拉图一起结束了古希腊哲学对知识的相对化趋势，他们均信奉绝对价值可

---

〔1〕［古希腊］亚里士多德：《尼各马科伦理学》，苗力田译，中国社会科学出版社 1990 年版，第 95 页。

〔2〕［古希腊］柏拉图：《理想国》，董智慧译，民主与建设出版社 2018 年版，第 6 页。

〔3〕［古罗马］优士丁尼：《法学阶梯》（第 2 版），徐国栋译，［意］阿贝特鲁奇、纪蔚民校，中国政法大学出版社 2005 年版，第 11 页。

〔4〕参见［美］约翰·罗尔斯：《正义论》，何怀宏、何包钢、廖申白译，中国社会科学出版社 1988 年版。

〔5〕［古罗马］优士丁尼：《法学阶梯》（第 2 版），徐国栋译，［意］阿贝特鲁奇、纪蔚民校，中国政法大学出版社 2005 年版，第 11 页。

被理性探寻，从而揭露真理与现实。而正义，并不是主观的、相对的事物，它就是绝对价值，是可以凭借人的理性认识的客观实在。基于苏格拉底和柏拉图构建的关于个人正义与国家正义的理念体系，亚里士多德进一步进行深化，从而为集体正义的架构确立了一个清晰、严谨、理性的基础。他提出的是一种以交互理性为核心概念的正义观，旨在将抽象的概念转化为实际生活中个体间、个体与集体间的正当互动模式。在此视角下，"正义"不再局限于柏拉图对于理想国和个人道德秩序的理想描绘，而是深入日常生活，探讨人际交往中的权利与义务之平衡点，即现实生活中个体与个体、个体与群体的应然的交往关系。这种"应然"表现为合法和均等。〔1〕合法与均等是正义分别对个体与法的要求。其概念，实际上同"诚实生活"的戒条含义类似，并与斯多亚哲学倡导的智慧、勇敢、节制三种美德又有着高度重合。

法律正义的实现，还亟待法的主体在做出行为时，充分考虑自我关怀与他人福祉，恪守"诚实生活"的戒条，做到"智慧、勇敢、节制"。亚里士多德提出合法与均等的概念，肯定共同体中"私"的价值，反对那种过分趋于一致的城邦正义理念指导下的法律体系，并认为正义应体现出量的平衡，但这并非单纯的数字游戏，而是蕴含着深层的互惠精神。不论是涉及资源合理分配的正义问题，还是针对过错纠偏的正义范畴，其根本目皆指向调整自我关怀与他人福祉的关系维度——这意味着我们不可放纵贪欲，妄图垄断一切名望与财货，亦不得随意践踏他人尊严，无论此种行为缘于蓄意还是疏忽。与此同时，个体亦不应被迫陷入彻底舍弃个人权益，无条件服务大众需求的极端境况，或是遭遇不公对待时选择默默忍受，丧失基本的反抗意识。在特权充斥的古罗马，正义被认为是法律的使命，但却并未像现在一样包括平等，以至于实现法律正义仍需"诚实生活，毋害他人、分给各人属于他的"〔2〕戒条来引导市民实现自身正义以及裁判者通过矫正正义来实现社会整体正义。

二、智慧为剑，斩不公于无形，启迪正义之明

"诚实生活"就是善地生活，明智地生活，也是有德地生活，有德即明

---

〔1〕 陈皓：《法律正义的客观叙事》，载《北方法学》2021年第1期。
〔2〕 ［古罗马］优士丁尼：《法学阶梯》（第2版），徐国栋译，［意］阿贝特鲁奇、纪蔚民校，中国政法大学出版社2005年版，第11页。

智，做到明智，就具有了斯多亚哲学主张的第一种德：智慧。[1] 斯多亚哲学中，所谓有德的生活，也就是诚实的生活，实际上就是自然，也即带着对依自然发生之事的认知生活，选择那些符合自然的，排除那些违反自然的。[2] 斯多亚派遵循理性，认为需要通过智慧去分辨哪些事情是需要全力以赴去改变的，哪些事情是应该泰然处之、无法改变、只能顺应的，主张坚持严格的决定论。按照自然生活，相当于服从命运。在古罗马时期，西塞罗进一步发展了古希腊自然法思想中"理性"的概念。他提出，理性使人有理智和智慧。理性是人和神共有的，代表正义的自然法也是人和神共有的。体现自然的最高理性被人们认识到并成为有强制力约束人们行为的规范才成为法律。[3] 因为人有理性，所以人可以获得智慧，能感悟自然法、顺应自然法行为，从而实现正义。诚实生活的戒条，实际上是在高度强调市民社会中的权利，先哲对个人权利行使划出的边界，也是对个人行使权利的方式做出的引导。

个人权利的概念是基于《法学阶梯》中提出的"自然人"的主张成立的，书中认为，自然人，即每个人做他喜欢做的，不由强力或依法禁止做事情的自然能力，即每个人都享有广泛而不受约束的权利。[4] 而对依自然发生之事的认知，便不断演化为习俗甚至是规范，经使用者的同意所确认的持久的习惯，扮演了法律的角色。[5] 同时，在它们具有普遍性的情况下，约束所有的人。对于个体利益的肯定，并不意味着个体权利与公共利益隔绝和对立。在法律正义框架下，个体权利与公共利益的关系呈现出一种微妙而复杂的共生状态。根据自然法理论，个体权利被奉为法律正义的核心支柱，其核心宗旨在于捍卫每位公民的基本人权，确保其人身安全、自由意志与财产权益免遭非法侵扰。与此同时，公共利益作为一种宏观概念，覆盖了一系列关乎全民福祉的关键领域，诸如国家安全的稳固、公共卫生的优化以及生态环境的

---

[1] 徐国栋：《优士丁尼〈法学阶梯〉中的希腊哲学》，载《财经法学》2019 年第 3 期。

[2] ［古罗马］西塞罗：《论至善和至恶》，石敏敏译，中国社会科学出版社 2005 年版，第 54 页。

[3] 周相卿：《西方自然法含义与特征思想的历史演变》，载《贵阳学院学报（社会科学版）》2018 年第 5 期。

[4] ［古罗马］优士丁尼：《法学阶梯》（第 2 版），徐国栋译，［意］阿贝特鲁奇、纪蔚民校，中国政法大学出版社 2005 年版，第 11 页。

[5] ［古罗马］优士丁尼：《法学阶梯》（第 2 版），徐国栋译，［意］阿贝特鲁奇、纪蔚民校，中国政法大学出版社 2005 年版，第 11 页。

可持续性，构成了个体权利得以伸张与发展的必要前提。

个人在个人权利之下作出"善"的行为，便是"诚实生活"的真谛，当众人都履行了各自的善，便形成了"共同善"，正义有助于促进共同善。在菲尼斯的正义法理论中，个体的善包括生命、知识、游戏、美感、友谊、宗教及实践理性中的自由，而共同体的善，就是正义。[1]在"共同善"的引领之下，个人与政府之间的关系实现了从古典自由主义框架下的对立向合作共生的转变，这一转型标志着个人权益不再被视为与公众福祉相抗衡的力量，而是与其密不可分的一部分。共同善的愿景，不仅为个人权利的界定提供了坚实的基础，更促进了个人与社会整体目标的一致性，使两者能够携手共进，共创美好未来。这种新型关系的构建，恰逢其时地呼应了马里旦关于人与国家间互动方式的深刻洞见。在马里旦看来，人与国家应当是一个有机统一体，而非彼此孤立存在。法律体系中的权力与权利相互制衡机制正是这一理念的具体表现，它彰显出公民与国家双向互动的本质特征。尽管生存权、自由权、财产权以及追求幸福生活等基本人权根植于人类本性之中，乃自然法所赋予，但它们并非绝对无边界的特权。权利的行使，必须遵守正义在各种场合下设定的条件和界限，即在行使权利过程中，个体应当自觉履行相应的社会责任，避免因个人行为损害他人合法权益或破坏社会和谐。只有这样，才能真正实现个人自由与社会公正的和谐共生，构建起一个充满活力而又井然有序的现代社会，从而通过个人的"诚实生活"来实现正义。

三、勇气为盾，挡邪风于未萌，守护正义之坚

"诚实生活"戒条体现了斯多亚哲学倡导的三种美德：智慧、勇敢和节制。当一个人做到顺应自然，便体现了第一种美德：智慧。而如果不带给人愉快的事（例如死亡）是自然的，也要接受，这就具有了第二种美德：勇气。[2]若不带给人愉快的事（例如还钱）是自然的，却不接受，便很难维持社会的正义。这涉及多人权利之间甚至个人权利与社会正义协调之间的矛盾问题，也是从个体外在行为关系的维度来探究法律正义。现代法学家施塔姆勒同亚里士多德一样，认为正义指向社会外在生活，指向一种个体之间的正确关系，这种

---

〔1〕 陈皓：《法律正义的客观叙事》，载《北方法学》2021 年第 1 期。

〔2〕 徐国栋：《优士丁尼〈法学阶梯〉中的希腊哲学》，载《财经法学》2019 年第 3 期。

正确关系有着"善的目的"指向。正义实质上是自由意志间的平衡与调和，它致力于在个体行为和社会整体之间建立一种和谐的联系，同时化解个体意志间的潜在冲突。法律正义的作用并非简单套用古典自然法学派所设想的抽象理想法则模板，诸如那些冠以"内容可变的自然法"名义的各种预设准则，它们往往凭借学者的主观臆断而形成。正义法理论超越了单纯法律条文的范畴，着眼于构建一种包容性的社会秩序，鼓励个体间相互理解与尊重，增进彼此间的交流与协作。真正的正义不仅关乎法律上的平等与公正，更重要的是在日常生活中培养一种基于友爱的精神，让每个成员都能感受到来自社会的温暖与关爱。

"诚实生活"戒条中所反映的"勇气"，倡导的不仅仅是被动遵守规则，更是主动参与社会共建的过程，通过实际行动践行尊重与合作的价值观，最终实现个体与社会的和谐共生。个体在社会中的角色与责任，鼓励人们不仅要关注自身的利益和发展，还要关心周围人的福祉，学会倾听不同的声音，接纳多元的文化。通过增强社区内的凝聚力，促进不同群体相互沟通与理解，共同应对挑战，分享成功，如此正义才能在实践中不断深化与拓展，为社会带来持久的和平与繁荣。因此，正义不仅仅是一系列法律条款的集合，更是一种生活方式的选择，它呼唤着每一个社会成员以开放的心态，拥抱多样性和差异，共同编织一张宽广而坚韧的社会网络，让正义之花在人间绽放得更加灿烂。

四、节制为秤，衡利益于两端，调和正义之稳

如果带给人愉悦的事情（例如过多的饮食和性爱）是违反自然的，也要排斥，这就具有了第三种美德：节制。[1]"节制"的前提是判断，即对违反自然的，也即违反正义的行为进行甄别。对行为是否正义进行甄别，应当是客观绝对的，这源于正义的本质是客观的。但值得一提的是，自然正当感是主观的。自然正当感，是那种每个人都拥有的对于构成正确东西的强烈个人"感觉"，一种关于必要法律规范的主观"意见"，它寻求的是个体内在的善良意图。[2]而关于正义，亚里士多德认为，其就是绝对价值，其存在独立于人类的认知能力之外，完全能够在人类理性的光辉照耀下被认知和把握，它

---

〔1〕 徐国栋：《优士丁尼〈法学阶梯〉中的希腊哲学》，载《财经法学》2019年第3期。

〔2〕 陈皓：《法律正义的客观叙事》，载《北方法学》2021年第1期。

超脱于个人情感和偏见，拥有普适的标准和恒定的原则。因此，我们应当凭借自己的自然正当感，做到持节有度，从而尽量实现正义。

"节制"的含义，远不止于个人品行的范畴，还深植于法官的职业操守之中。追溯至古典正义理论，"合法"这一概念，在当代法治话语体系中，演化成了"法律的形式理性"。此形式理性，在立法领域表现为构筑具备普及适用、明晰确定及肯定无疑特性的法律架构；在司法领域则表现为遵从"司法三段论"式的论证逻辑。然而，值得注意的是，法律的形式理性其实并不必然导向秩序，法官的行为才是法律正义的决定因素。

步入20世纪，伴随福利国家理念的盛行，法律的面貌悄然蜕变，从过往侧重规则的刻板形象，转而投射出标准、原则乃至政策的新风貌，以目标导向与价值尺度重新定位自身。鉴于福利国家的崛起，法律的焦点从形式正义转移至富含目的性和政策导向的推理逻辑，愈发重视对实质正义的探求，而非拘泥于形式理性的束缚。亚里士多德的正义学说中，合法与均等实则融于一体，二者皆为正义的题中应有之义，绝非水火不容。置于当下法治理论框架内，即便实质性法律正义倾注心力于人文关怀与个性差异的认可，其也并未彻底背弃形式理性的精髓。拉兹关于法律权威及实践考量的见解，连同富勒在其著作《法律的道德性》中所倡导的"法治乃遵循规则的事业"〔1〕，均传递出一致信号：形式规范与公民自律之间，需维系良性循环。究其本质，法律体系的有效运转，仰赖立法者与守法民众的默契配合，以及执法机关内部的高效协同作业，唯有如此，方可铸就法律之辉煌。

综上所述，法律正义的实现，既离不开个人的持节操守，也离不开法官在个案审判中对实质正义的精准捕捉，同时亦需立法者在法规设计阶段兼顾形式理性的严谨要求。在追寻法律正义的过程中，微观上，我们要倡导"持节有度"，对违反自然正当感的事情进行排斥；宏观上，我们既要珍视形式理性所带来的制度稳定性与预测可能性，又要敏锐体察实质正义背后的人文温度与社会脉动。唯有二者并举，法律方能在守护公序良俗、促进社会和谐、实现社会正义方面，展现出更为卓越的功效。

（鲁雯琴　西南政法大学民商法学院）

---

〔1〕 ［美］富勒：《法律的道德性》，郑戈译，商务印书馆2005年版，第124~125页。

双重面向视角下法律漏洞的确定

——读卡纳里斯《法律漏洞的确定》

　　一旦提及法律漏洞，最先被想到的往往是漏洞填补，而漏洞确定作为重要的前提性问题却很容易被忽略。《法律漏洞的确定：法官在法律外续造法之前提与界限的方法论研究》（本文简称《法律漏洞的确定》）一书在前言就开宗明义地指出"如果不先行确定漏洞的存在，漏洞的填补又从何谈起？"漏洞确定问题的"意义"并非微不足道，甚至通常比漏洞填补问题更加重要，因为在确定漏洞之时就已经触及"法官究竟是否有权续造法律"这个意义重大的判断。[1]卡纳里斯严格区分了漏洞确定和填补的立场，这也被誉为法学方法论上的重大发现。

　　在此基础上深入探讨法律漏洞问题，不仅要求我们关注漏洞填补的技术性操作，更需回溯至漏洞确定的根本性前提，而这一思路恰好契合了拉伦茨所提出的法学方法论"双重面向"，即面向法教义学的实务操作和面向法理论及法哲学的深度思考，使之成为理解和解决法律问题的重要视角。本文将在拉伦茨提出的法学方法论双重面向下，以法律漏洞的研究为出发点，探索卡纳里斯教授的《法律漏洞的确定》一书中如何从上述两个方向探讨法律漏洞背后的价值和理念。

一、拉伦茨"双重面向"理论解析

　　在当代法学研究中，法学方法论起着重要的桥梁与纽带作用，它将法教义学的精细分析与法理论、法哲学的深刻探究紧密相连。拉伦茨在《法学方

---

　　〔1〕　〔德〕克劳斯-威廉·卡纳里斯：《法律漏洞的确定：法官在法律外续造法之前提与界限的方法论研究》（第2版），杨旭译，北京大学出版社2023年版，"第1版前言节选"，第1页。

法论》第一版的"前言"中写道："所有的法学方法论皆基于或者至少包含一种法理论。其必然呈现双重面向：一方面朝向法教义学及其方法的实践运用，另一方面朝向法理论并借此最终通向法哲学。"[1]

具体而言，在法教义学的视角下，法学方法论聚焦法律规则、法律解释等具体法律工具的运用策略，并进行深入研究和精细把握，旨在确保法律适用的准确与公正；而在法理论与法哲学的视角下，则强调法学方法论需超越实践层面，深潜至法律背后的价值体系与核心理念之中。

拉伦茨认为这种双重的观察方法既是方法论的困难之处，也是其独特的魅力所在。[2]困难之处在于法学方法论不仅仅是技术性的操作指南，更深深植根于对法律本质、法律价值、法律原则等深层次问题的理解和思考之中，要求研究者既要具备扎实的法律实践技能，又要具备深厚的法学理论素养。而卡纳里斯在《法律漏洞的确定》的前言中指出："本书同样以特定的尤其是关于法之本质的法哲学观念为基础，同样牵涉特别的、历史且具体的法秩序，尤其是特定的、由宪法所塑造的法官总体形象。"[3]

二、法教义学视角下的漏洞确定：界定与实证应用

卡纳里斯明确指出，其实践目标在于"通过研究漏洞概念以及漏洞确定的可能性去澄清允许法官补充法的前提"，并"尝试在此方面提出一些实用的方法规则，给予法官必要的帮助，并指明不可免除之限制"。[4]据此，其首要目标在于贯通学术与实务，并为司法实务操作提供有效的指引。[5]

卡纳里斯从法教义学的独特视角出发，在界定法律漏洞时精妙地融合了普遍语言用法与特殊法学任务，构建了一个既具普遍性又富含实践导向的方法

---

〔1〕 ［德］卡尔·拉伦茨：《法学方法论》（全本·第6版），黄家镇译，商务印书馆2020年版，"第一版前言"，第1页。

〔2〕 ［德］卡尔·拉伦茨：《法学方法论》（全本·第6版），黄家镇译，商务印书馆2020年版，"第一版前言"，第1页。

〔3〕 ［德］克劳斯-威廉·卡纳里斯：《法律漏洞的确定：法官在法律外续造法之前提与界限的方法论研究》（第2版），杨旭译，北京大学出版社2023年版，"第1版前言节选"，第2页。

〔4〕 ［德］克劳斯-威廉·卡纳里斯：《法律漏洞的确定：法官在法律外续造法之前提与界限的方法论研究》（第2版），杨旭译，北京大学出版社2023年版，"第1版前言节选"，第1页。

〔5〕 杨旭：《法律与法的评价互动——克劳斯-威廉·卡纳里斯〈法律漏洞的确定〉述评》，载《经贸法律评论》2023年第6期。

论框架。[1]一方面，通过参照普遍的语言习惯，确保法律漏洞这一概念能够跨越学术界限，获得广泛而深入的理解与认同；另一方面，他敏锐地意识到特殊法学任务的重要性，特别是司法裁判的实际需求，从而确保法律漏洞的界定不仅停留于理论层面，更能精准对接法律实践，指导并优化司法过程。这一双重特点的融合，正是法教义学研究精髓的体现，即在尊重日常语言逻辑的基础上，紧密贴合法律适用的现实需要，为法学理论的深化与法律实践的精进提供坚实的支撑。

卡纳里斯接着提出了识别法律漏洞需要满足的两个条件：法律的可能文义构成区分依据法律的法之发现和漏洞填补的界定标准；构成法律漏洞还要求具备"计划违反性"。[2]"计划违反性"作为构成法律漏洞的关键元素，强调了法律整体秩序和内在目的的重要性。理解"计划"则需要借助隐含在法律规范背后的法律评价：只有当某个规则或其违背了整体法秩序的计划和目的时，我们才能说存在一个法律漏洞。这种理解方式引导读者在关注法律文本的同时看到其背后的宏观秩序及深层逻辑，充分体现了法教义学的思维方式，即如何在现行法的框架内，通过解释论证发现和填补法律漏洞。此外，"法律违反计划的完整性"等概念的明确，不仅为法律实践中的问题提供了解释框架，更强调了司法裁判需求在法学界定中的重要性。

进一步，卡纳里斯通过三个层次逐步界定法律漏洞：实证法可能文义的界限、类推与漏洞的关系以及计划违反性。[3]首先，法律漏洞的确定必须以实证法可能语义的界限为标准，超出这一界限的情形才可能构成漏洞；其次，类推作为漏洞填补的方式，一般以漏洞的存在为前提，但在特定情况下也可以单纯作为解释工具；最后，法律漏洞还必须具备"计划违反性"，即违反"法秩序的精神"或"法律之内在目的"。这三个层次的界定体现出法教义学研究的严密性和系统性，充分展现了法教义学研究对法律规范的精细化处理。

卡纳里斯在界定法律漏洞的过程中，还特别注意将漏洞与不确定法律概

---

〔1〕［德］克劳斯-威廉·卡纳里斯：《法律漏洞的确定：法官在法律外续造法之前提与界限的方法论研究》（第2版），杨旭译，北京大学出版社2023年版，第2页。

〔2〕［德］克劳斯-威廉·卡纳里斯：《法律漏洞的确定：法官在法律外续造法之前提与界限的方法论研究》（第2版），杨旭译，北京大学出版社2023年版，第16页。

〔3〕［德］克劳斯-威廉·卡纳里斯：《法律漏洞的确定：法官在法律外续造法之前提与界限的方法论研究》（第2版），杨旭译，北京大学出版社2023年版，第6页。

念、概括条款、法外空间、反面推论等相关概念区分开来。[1]这种区分不仅有助于厘清不同法律现象之间的关系，更为法官在法律适用中作出恰当判断提供了重要的参考。例如，不确定法律概念同样存在模糊性，需要法官续造，但并不当然构成漏洞；法外空间虽然存在法律规范的空白，但可能恰恰体现了立法者"意义深长的沉默"。这些区分彰显了法教义学研究对法律现象的细致把握，为法律适用提供了精准的指引。

此外，卡纳里斯着重关注了面向法教义学的实务操作。他强调了实证法规范连同禁止拒绝裁判规则对法律漏洞确定的重要性，前述规则要求法官在面对开放式的规范时，必须在法律规范的计划范围内对法律加以续造，而不能拒绝裁决。[2]除了实证法规范，卡纳里斯还指出实证法评价连同平等原理对法律漏洞确定的重要价值，为法律漏洞的确定提供了更加丰富的思路。[3]

总之，卡纳里斯在法教义学视角下对法律漏洞的界定和填补进行了系统而深入的探讨。一方面，他提出的漏洞界定标准，如实证法可能文义的界限、计划违反性等，为法官在个案中识别漏洞提供了明确的思路；另一方面，他对不同类型漏洞的区分以及漏洞确定与填补关系的分析，为法官在面对不同漏洞时采取恰当的填补策略提供了重要参考。这些方法论的提出，彰显了法教义学研究在指导法律实践方面的重要价值，对于提高法律适用的准确性和公正性具有重要意义。

三、跨越法理论与法哲学的桥梁：法律漏洞背后的理念透视

卡纳里斯对法律漏洞的讨论，并未止步于教义学层面的概念界定和判准提炼，而是进一步探究了法律漏洞背后的理念和价值问题，体现了法学方法论朝向法理论和法哲学的一面。

从法理论的视角来看，卡纳里斯对法律漏洞的界定不仅仅局限于对具体法律规范的考察，更关注到了法律体系的完整性和法秩序的自洽性。从这一

---

〔1〕 ［德］克劳斯－威廉·卡纳里斯：《法律漏洞的确定：法官在法律外续造法之前提与界限的方法论研究》（第2版），杨旭译，北京大学出版社2023年版，第25页。

〔2〕 ［德］克劳斯－威廉·卡纳里斯：《法律漏洞的确定：法官在法律外续造法之前提与界限的方法论研究》（第2版），杨旭译，北京大学出版社2023年版，第40页。

〔3〕 ［德］克劳斯－威廉·卡纳里斯：《法律漏洞的确定：法官在法律外续造法之前提与界限的方法论研究》（第2版），杨旭译，北京大学出版社2023年版，第54页。

视角出发,法律漏洞成了审视法律系统功能、推动法律体系完善的突破口。卡纳里斯指出,法律漏洞的识别对法官适用法律提出了不同的要求,在法律规范的可能文义范围内进行解释时,法官只需保证援引规范的正当性,但在超出可能文义范围、识别漏洞时,法官需要承担更重的论证责任,提供额外的理由。这一观点揭示了法律漏洞在法律论证中的特殊地位,体现了法理论研究对法律论证的重视。

此外,卡纳里斯深刻阐述了普遍法原则、法价值、法理念及事物本性在法律漏洞确定中的核心作用。他认为,通过归纳实证法规范中的普遍法原则,并辅以对其适格性的深入评价,结合回溯法理念和事物本质的探索,能够为法律漏洞的识别构建坚实的理论基础。具体而言,归纳出的普遍法原则需经受法理念的验证,以增强其在填补漏洞时的正当性;同时,回溯事物本性则揭示了法律素材中的内在秩序,为漏洞识别开辟了新路径。[1]法理念是漏洞判定的标准之一,也指引着法律修正的方向:当实证法规范与法理念相悖时,法律修正便成为必要,以此来促成二者的和谐统一。这一理论探索深化了对法律漏洞的理解,更拓宽了法学方法论的研究视野,促进了法律体系的持续完善与发展。

当我们的视角从法理论进一步深入法哲学时,法律漏洞的讨论成了对法律背后价值和原则的追问。卡纳里斯不满足于表层的法律文本解析,他进一步将法律规范背后的价值、原则和理念纳入考量范畴。如通过分析计划违反性的含义和标准,进而触及法秩序的精神和法律内在目的等更为深远的议题。这种对法秩序完整性的关注,体现了法理论研究的一个重要面向,即探讨部分法律规范与整体法律体系之间的关系,以期实现法律适用的一致性和连贯性。

法律漏洞的填补,不仅需要遵循法律规范的逻辑,更需要体现正义的价值追求。在这一点上,罗尔斯的正义原则和阿马蒂亚·森的比较正义理论,都为漏洞填补提供了重要的理论资源。[2]二者虽然在理念上存在差异,但都蕴含了平等对待的基本要求。对此,卡纳里斯认为有必要在法理论的层面探

---

〔1〕 〔德〕克劳斯-威廉·卡纳里斯:《法律漏洞的确定:法官在法律外续造法之前提与界限的方法论研究》(第2版),杨旭译,北京大学出版社2023年版,第90页。

〔2〕 姚大志、罗翔:《罗尔斯是如何证明两个正义原则的?》,载《浙江社会科学》2024年第6期;俞丽霞:《正义的理想与实践:论阿马蒂亚·森对罗尔斯正义理论的误读》,载《国外社会科学前沿》2020年第9期。

讨二者与漏洞填补之间的兼容性问题，并在比较分析的基础上，提炼出一种能够兼顾形式正义与实质正义的漏洞填补模式。

四、结语：双重面向的交织与启示

综上所述，卡纳里斯关于法律漏洞确定的理论生动体现了法学方法论的双重面向。一方面立足于法教义学研究，强调实证法规范、法律评价和解释方法对法律漏洞确定的重要作用，为法律适用提供了精细化的指引；另一方面，又超越具体规范的局限，从法理论的高度探讨普遍法原则、法理念和事物本性对法律漏洞确定的深层影响，为法学理论的发展提供了重要的思路。法学方法论的双重面向正是在这种微观与宏观、具体与抽象、操作性与哲学性之间建立桥梁，为法律实践和理论发展提供了广阔的视野和深刻的洞察力。

这种双重面向不是割裂的，而是相互交织、彼此影响的。正是对法律漏洞的实践探讨，引出了背后的理念冲突，而理论上的反思和论证，又可以为法教义学实践提供更深厚的基础和更广阔的视野。这正是法学方法论的应有之义：在服务法律实践的同时，也要超越实践，进行理性思辨，追问法律背后的终极价值，并由此反哺实践，推动法治进步。

杨旭教授指出，卡纳里斯的理论既具有鲜明的实务取向性，又具有超越具体部门法的普遍性。[1]而《法律漏洞的确定》一书的吸引力尤其在于作者卓越的论证方式，即使在方法论研究领域也不要忘记所有法学研究的实践任务。在我国《民法典》出台以来的"后法典化时代"，我国学界针对《民法典》的解释热潮方兴未艾，这部经典的"法律漏洞教科书"在一定程度上能够大幅度推进国内方法论思考的广度和深度，对于学术研讨和司法实务均具有重要借鉴意义，当然，在借鉴的基础上，还应对此予以批判性反思和本土化发展。[2]

（王忞　西南政法大学人工智能法学院）

---

〔1〕 杨旭：《法律与法的评价互动——克劳斯-威廉·卡纳里斯〈法律漏洞的确定〉述评》，载《经贸法律评论》2023 年第 6 期。

〔2〕 ［德］克劳斯-威廉·卡纳里斯：《法律漏洞的确定：法官在法律外续造法之前提与界限的方法论研究》（第 2 版），杨旭译，北京大学出版社 2023 年版，"推荐序"，第 2 页。

教育改革中的管理与话语

——读鲍尔《教育改革——批判和后结构主义的视角》

在《教育改革——批判和后结构主义的视角》这部著作中，鲍尔聚焦1988年《英国教育改革法》，以教育政策分析为基点，综合教育改革体系中不同要素的多元联系，将市场和学校管理、学校业绩以及国家性质的变革联系在一起，从后结构主义的角度出发，在改革中探索建立一种新型的国家控制形式，结合教育政策中的有利因素，以批判的视角，将教育决策话语权进行再分配，为教育管理的改革提供了新型的、普遍性的规范模式，为教育改革的总体效应指明了方向与进路。诚然，英国与中国的教育传统和改革路径不尽相同，但如何强化教育改革的顶层设计与实践落实、进行多元主体间权力与话语的双向建构、重塑教育价值观，在推动世界经济一体化过程中引发教育问题的国际化背景下，仍然具有巨大的理论价值和借鉴意义。

一、教育改革中的政策社会学——基于"后现代主义"视角

教育改革的浪潮中政策的界定和理解是不可或缺的内容。在政策社会学的视域下，政策在不同的理论和认识中有不同的内涵。基于社会学理论，鲍尔将政策区分为"作为文本的政策"和"作为话语的政策"，二者相互包容、兼而有之。"作为文本的政策"是国家政策的直观呈现，自始至终被赋予着多种复杂的含义。在"客观"与"公正"的外衣掩盖下，政策总是以宏大而全面、周详且权威的姿态出现在民众视野里。一方面，政策制定者企图以政策文本的权威表达统一所有人的认知与解读以避免所谓"误差"解释产生不良影响；另一方面，政策本身作为不同时代和阶段不断妥协的产物，被赋予了多元的价值与内涵。首先，教育政策作为教育改革中的关键因素，其文本一手资料的有限性与文本解读的多元性会导致改革在实践中的适用差异。英国

哲学家格赖斯称之为意义的意向论——关联事实性关系的"自然的意义"与实际想传达意向所蕴含的"非自然的意义"具有差异性。语言的意义是来自意向性的。[1]正是由于语言现象的多样性、丰富性与复杂性，对语言的意义所在作出多种解释也是必然的。[2]基于知识论的理解论中"对解释的解释"现象，针对政策文本的表达和再表达不断增长、传播，困惑与误解在多元解读中滋生，从而掣肘改革的进程。其次，在政策文本与文本解读者的不同历史背景下，市场结构、阶级关系、社会状态等不平等问题同样会引导政策的含义发生畸变。政策可以改变不平等境况，但政策不能置身于不平等的社会环境之外。[3]政策文本作为行动的指南，在改革过程中不可避免会受到执行环境的影响。但在"后现代主义"语境下，差异化与多元化、质疑理性、挑战权威成了时代的主题。执行者强烈的揭示、反思与否定的精神会赋予其建设性的新思想与具有适应性的观念——秉持着因地制宜的理念，能够创造性地将抽象的政策文本与具体适用情景作出结合与匹配，从而转化为相互影响且持续的实践活动。诚然，政策与环境相适应要求结合具体的适用情景来构建、整合、完善解读模型，同时降低不同层面对于政策解读的影响和期待，以创造性的社会行动回应现实与政策的有机结合。

"作为文本的政策"增强了政策的社会影响力，同时也让更多的人卷入了政策表达解读的浪潮中。"后现代主义"的分析方法将政策文本与现实、资源、能力等多重因素进行有机协调与结合，在不加约束的情况下可能会演化为新的"多极主义"。如是，鲍尔引入"作为话语的政策"的概念，阐述相关一系列政策是如何通过真理和知识的"生产"行使其权力的，并将这一过程称为"话语"（discourse）。[4]话语以其丰富的内涵提供并建立起民众的主观意图及表达、知识与权力关系，从而让人们能够在语言与行为中传递自己最真实的观念。民众的行为和价值观念无不传达着最真实的政策——话语让政策真正得以传播、落实，即使政府仍旧是话语的产物。不可否认的是，话语不仅仅

---

〔1〕 ［美］约翰·塞尔：《心灵导论》，徐英瑾译，上海人民出版社 2008 年版，第 144 页。

〔2〕 陈嘉明：《知识论语境中的理解》，载《中国社会科学》2022 年第 10 期。

〔3〕 ［美］斯蒂芬·J. 鲍尔：《教育改革——批判和后结构主义的视角》，侯定凯译，华东师范大学出版社 2002 年版，第 32 页。

〔4〕 ［美］斯蒂芬·J. 鲍尔：《教育改革——批判和后结构主义的视角》，侯定凯译，华东师范大学出版社 2002 年版，第 37 页。

是一套功能符号,更重要的是内嵌一套权力关系。[1]在福柯的知识—权力观下,政策作为一个涉及市场、管理、评价等因素的有机整体,通过话语提供的概念与词汇,为我们提供了适配性解读与回应政策的可能,并通过"作为话语的政策"的"再分配发言权"作用赋予特定政策解读与表达的权威与价值。

在纷繁复杂的现代社会中,话语权体系的构建不可或缺。教育政策为教育改革提供了行动的指引,但其文本在传播与解读中产生误差、被曲解,影响着政策实施与教育改革的进路。而话语既能够帮助理解政策,又能够发挥多样化力量关系中的实际影响力,在认识与分析社会政策中的主要性话语的过程中,有助于不断发掘社会政策的"一级效力"(first order effects)和"二级效力"(second order effect),在研究社会政策的分配性意义和深层的建议中察觉到教育实践改革过程中特定场合与系统整体产生的变化,以人的主观能动和创造性实践推动教育改革社会路径与社会公正模式的影响力。

二、重估教育改革之价值——基于教育与教学互动关系视角

教育改革过程中,改革是本位,而教育离不开教学,教学需要通过教师来完成。20世纪60年代福利性的教育制度使得英国教育效率和效益低下,而后教育投资质量与专业性活动性质的合法性成了英国教育改革的一大重点。此时,国家课程设置的目的就是将真正的知识置于学校教育中并规范教师的行为。[2]鲍尔从课程、市场和管理三方角度出发,重构、剖析教学的内涵与价值。

就课程改革而言,教师对于教学决策的计划离不开国家课程和考试的干预。在"通过绩效主义使教育合法化"的观点下,课堂的活动逐渐被格式化、规范化。一方面,教师的专业性的自治权和决策能力受到多元因素的限制,国家评价体系的标准化导致成绩目标、学习计划的制定以及成绩任务的测评占据了教师大量的工作时间,不仅极大地限制了教师专业性教学能力的发挥,

----

〔1〕 何刚刚:《从福柯的权力观论知识的建构性特征》,载《淮北师范大学学报(哲学社会科学版)》2020年第1期。

〔2〕 〔美〕斯蒂芬·J. 鲍尔:《教育改革——批判和后结构主义的视角》,侯定凯译,华东师范大学出版社2002年版,第50页。

也导致教师的专业性知识在实践工作中的占比迅速地减少；另一方面，国家政策强制介入教学评价体系与课程组织决策使得教师的课堂活动变得更加可控、透明、同质化。例如，通过对能力分组、班级教学运动等进行干预迫使教学"话语权"再分配，教师在教学中的核心地位逐渐丧失，从话语的主体沦落为话语的客体。值得注意的是，教育改革离不开教师对教学的批判性思考和逻辑性推理，既包括学习者对于知识的批判性掌握而非被动接受，亦包含教师教学方式的自治与革新。教育的目的最终指向人的全面发展，所以课程目标的设定和制定也应始终坚持以人为中心，致力于实现人的生命价值，促进学生德智体美劳全面发展。[1]要推动教育改革离不开每一次教职工大会上具有价值的讨论、否定与反思，应重塑教师在教学课程中的核心话语权，在积极的公共关系中形成顶层设计与实践探索的良性互动。

当市场力量介入学校，便意味着教师将在一种新的价值背景下开展工作。[2]在这个市场规范性系统中，教育成了消费品，学生的能力、行为与表现则是市场中买卖和交换的商品，而教师的一元评价体系也有所改变，投入与产出的比例成了优劣的评判标准。教育的竞争在教育政策和规划的预算和程式的操控影响下，同样受到市场价格与供需的驱动——从经济效益角度出发，学校的领导者将市场营销和创收作为学校发展的重点考虑因素，这种"利己主义"将会逐渐侵蚀社会道德基础，同时也掣肘着道德基础对于市场效益的促进作用。不可忽视的是，基于市场关系，学校教学、课程组织的重点和印象管理中的伦理问题亦受其影响。在教育改革的进程中，在针对印象管理和不断回应市场顾客需求的过程中，教师作为顾客的家长将教学的偏好不断反馈给他们，进而学校的价值取向、重点和目标也将重新确立，在交流互动中促进教学相长。

管理和市场一样，是公共管理范式的一种，强调通过适度调控产生激励机制，避免行政指导式管理范式的强制与限制，以追究责任制的方式促进自治，减少强制性管理措施的影响。管理和市场的自我调控机制与"福特主义"

---

〔1〕 谭颖、祁雪洋：《后现代主义课程观对我国基础教育课程改革的启示》，载《教育观察》2021年第19期。

〔2〕 〔美〕斯蒂芬·J.鲍尔：《教育改革——批判和后结构主义的视角》，侯定凯译，华东师范大学出版社2002年版，第74页。

形成鲜明对比，在自我调控机制之下，教育与教学依赖教师的市场意识、主观能动性、自我管控的能力与强烈的责任感，教师更加注重自我调控与自我管理从而减小外力控制实施的必要性，管理激励教师形成一种整体的自我意识与自觉行为进而推动学校的整体管理，进而产生更加积极的效应。市场与管理的效应让教育资源的分配受到作为消费者的家长群体的选择与竞争性的个人主义影响而非国家层面的强制性任务，教育机构层面的自我管理和自我调控要求学校及时对市场做出反应并提出具有开拓性的策略。这种从集体规划向个体决策的下放和转变，成为"教育私有化"的有效途径。改革力量的本质，就是尝试着打破公共利益和私人利益、公共部门和私人部门之间的界限。[1]诚然，改革过程中，自我管理的能量和积极效应不容忽视。

在课程、市场和管理的视角下，教育改革进程中新的教师评价体系将使教师更加关注系统性计划的价值，从而改进自己的教学。[2]教师得以在教学中通过学校工作与活动逐步在互动过程中建立起与其他主体间的社会关系，课程教学方式的革新促进教学体系专业化的蓬勃发展、市场的规范性促进教育评价体系的经济效益最大化、管理的自我调控机制让教师在教学中更好地实现个人自我价值，教育与教学在积极的互动关系中不断拓新，在自我监督、自我评价、自我规范中发掘教育改革的意义。

三、教育改革之灵魂——基于"管理主义"的再审视

诚然，市场与管理在"权力经济"中扮演了积极的角色，同时需要认识到，教育与管理的冲突也正是教育决策话语权所涉及的冲突，而市场同样可以通过财富与权力的集中来掣肘民主的产生——市场的商业性使得人们逐渐减少"教育的语言"来思考和判断教育问题，并反向青睐于商业的话语，同时竞争性的个人主义使得民众习惯于从个人角度出发而淡化了公共利益。市场依然需要借助政府的力量实现教育管理。20世纪70年代，社会矛盾在全球化浪潮中加剧，政府财政危机使得对高效治理不得不进行新管理模式的探索。

---

〔1〕 ［美］斯蒂芬·J. 鲍尔：《教育改革——批判和后结构主义的视角》，侯定凯译，华东师范大学出版社2002年版，第79页。

〔2〕 常亚慧：《游走在社会期待与现实困境之间的教师教育》，载《教育理论与实践》2013年第31期。

随着不断对新管理主义的路径进行探索，需要变革传统科层制、福特制等治理模式，找寻能够向经济、效率、效益靠拢的治理模式。[1]市场导向的理念逐渐深入教育教学当中。

　　纯粹的自我管理可能最终会导致学校教育自治权的缺失。对于教育中的自我管理者而言，生存与安全等问题促使其在某一阶段逐渐向教育创收方向偏离而渐渐忽视教学本身所具有的问题，自我管理的大型组织最终会忽视作为消费者的家长所提出的多样化需求而转向追求组织自身目标与利益的道路。纯粹的自我管理视角会使得学校更加注重市场和效率，而教师与家长、学生、校长等主体又会处于新的关系网中，进而产生新的责任并且需要更大的自主权和灵活性。实际上，管理的自主权与灵活性同样会受制于教育市场、教育财政与国家课程方针等宏观因素。

　　在此基础上需要指出，自治权离不开自我管理惩戒性角色的介入。自我管理仅仅是贯彻改革的机制，而不是学校改革和创新的动力。[2]在考虑共同利益的基础上，国家调控能力是自我管理过程中的必要因素。在自我管理中，自我管理的话语权和业绩指标的控制权是自我管理模式下控制权的关键，而这两个因素均离不开政府控制——失去政府控制的预算权和管理权的完全下放会使得民众认为许多根本性教育改革措施是强加于学校的，从而产生惰性与排斥心理，并且一旦改革过程中遭遇了困境民众就会质疑内在政策的可行性，从而对政策与改革失去信心。如是，多元主体的介入与参与使得教育改革能够稳步推进，政府调控使得在教育改革过程中的矛盾得以转嫁，将矛盾转移到家长落实不充分或学校自主管理不善上，避免了改革过程中的"信任危机"。在如同自我管理的控制的微观技术领域中，作为权力的压制者的客体同样也是权力施行者的主体。[3]

　　可以说，市场力量的管理与政府力量的干预都离不开管理的手段，管理主义成了影响教育与改革的重要因素。从政府控制转变为国家监督的新管理

---

　　〔1〕　张应强、张浩正：《从类市场化治理到准市场化治理：我国高等教育治理变革的方向》，载《高等教育研究》2018年第6期。

　　〔2〕　[美]斯蒂芬·J.鲍尔：《教育改革——批判和后结构主义的视角》，侯定凯译，华东师范大学出版社2002年版，第109页。

　　〔3〕　何刚刚：《从福柯的权力观论知识的建构性特征》，载《淮北师范大学学报（哲学社会科学版）》2020年第1期。

主义包含了经济理性、市场价值和卓越的价值观。[1]管理主义使得民众对教育政策争论从目的合理性转向了手段合理性，其能够激发民众的积极性，有助于学校制定更为理性的决策体系。但值得注意的是，管理主义使得民众忽视了教育活动的过程性价值的获取——淡化了教育活动过程中客观知识和价值导向的传递作用，不利于批判精神、创造性、信任、尊重等多元价值观的培育。在多元价值观并存的世界中，单一价值体系难以促进学生价值观的形成和发展。教育决策者需要在教育改革过程中正视真正存在的教育问题而非怀有避讳心理，教育改革的灵魂在于从单纯知识性教学与传输转变为知识与价值理念教育并重。教育管理也需要将教育过程的人文精神教育作为重心，教育改革注重过程性价值培养，那么改革结果便是水到渠成。

四、结语

2001 年 6 月，我国实施《基础教育课程改革纲要（试行）》，自此课程管理政策的改革成为教育改革的重要目标，在课程管理权限与各级责任分配需要得到合理的划分的进程中，教育决策话语权再分配离不开多元的评价体系、多方主体参与的管理制度和丰富的教学资源。如同鲍尔在书的结尾阐释道："只有社会凝聚力和公德能够得以充分广大的地方，那里人文精神也才能得到最大限度和最有价值的张扬。"诚然，1988 年英国教育改革政策展示了教育改革过程中话语分配方式、教育管理模式的矛盾以及必要性，不容忽视的是基础教育在不同国家均呈现出办学效益低下、与社会要求脱节、机会不均等、教育质量等问题，并使得教学中存在普适性和差异性的双重姿态（double gestures）。[2]对于中国而言，依旧需要面对教育改革中的困境与抉择。在后结构主义视角下，需要在权力与话语的双向建构过程中理解知识与权力的互动，国家统一规划下的市场化走向与"新公共管理"浪潮逐渐成了解决路径的探索方向。

教育的话语与实践应当是普适性的，教育的意义不仅仅是在教学过程中

---

〔1〕　包开鑫：《新管理主义下交叉学科组织管理的困境与出路》，载《黑龙江高教研究》2024 年第 3 期。

〔2〕　范国睿：《教育中的知识与权力——走进波普维茨的思想世界》，载《华东师范大学学报（教育科学版）》2023 年第 2 期。

塑造复杂结构关系，更应当是注重专业化教学与实践的衔接与构建，以及受教育者与教师实质性的精神文化互动，而非官僚化控制与格式化规范。教育改革不得忽视教育本身的灵魂与价值——顺应天性、重视实际问题、注重教育过程，强调教育话语下民众对于教育的真实感受和利益便是教育改革真正的返璞归真，也是教育改革值得探索的一条道路。

（汪嗣杰　西南政法大学民商法学院）

法学方法论的营构：历史与体系的探掘与联结

——读萨维尼、格林《法学方法论：萨维尼讲义与格林笔记》

引 言

拉伦茨"近代法律方法学说，至少在德语区，发端于弗里德里希·卡尔·冯·萨维尼"的赞誉，[1]吕克特笔下"留给后世法学真正的遗产"之评价，绘就了萨维尼法学方法论的理论光辉。18世纪末19世纪初，反法联盟战胜拿破仑，德意志邦联成立。德意志法学家们将制定德意志统一民法典的迫切性摆至台前。传统与外来、历史与理性、罗马法与自然法碰撞激荡，法的认识论与方法论各家争鸣，萨维尼即在如此环境下开启其学术生涯。自1802年以降，萨维尼便手执讲义奔波于30余所大学，唤起德意志历史法学及方法论的先声。该书根据萨维尼亲笔讲稿、门徒格林所制听课笔记及汇编者马扎卡内注释整理而成，着重阐述了萨维尼早期法学方法论的三条基本原则：法学是一门历史性的科学；法学也是一门哲学性的科学；法学是历史性科学和哲学性科学的统一。

在18世纪处于理性法学统治下的德国法学界，萨维尼旗帜鲜明地提出发端于历史、客观与经验的法律实证主义，罗马法的智慧得以重现并闪耀于后世。兼具统一性与多样性的体系化（哲学式）研究，亦即破除过往研究中存在的法源汇编或是形式主义之谬误，并期以通过直观与逻辑的双重维度构筑法律制度雏形。最终通过历史与哲学的统一，产生并达致法律科学的目标。

---

[1] [德]阿图尔·考夫曼、温弗里德·哈斯默尔主编：《当代法哲学和法律理论导论》，郑永流译，法律出版社2002年版，第156页。

一、历史与理性：法律渊源的选择与依循

萨维尼作为"历史法学派"的创始人为后世景仰，从其早期制定法实证主义之方法论，到中后期的"民族精神法源说"，[1]"历史性"始终在其思想中散发着理论光芒。在法的历史性场域下，对个体意志支配的良策在于"存在某种完全客观、完全独立、排除任何个人意见的东西——法律"。[2]法律不由具有多样性的第三人意志产生，而应当脱胎于罗马法、诞生于先前立法史的智慧。这便是其理论中历史性的第一层含义，即"法是历史地、客观地形成的，而不是由任何个人基于其意志任意创造出来的"。[3]因此，萨维尼主张理论先行，认为法律首先产生于习俗和人民的信仰，其次才假手于法学，同时从罗马法中寻找那些在当下仍然具有生命力的基本原理、概念并进行分析。[4]在剖析罗马法理路、阐明"法学理论"后，再以现存法律资料为蓝本创立现代德意志民法典。在此思想基础上，法律即排除所有任意性，法学家无须基于个人观念左右法的生成与运作，法官处理纠纷时也不再依据自由裁量，只负责掌握规则并将其运用于个案，即法学家与法官的职能仅为对法律进行纯逻辑的解释，由此引申出萨维尼历史性科学的下位概念——语文性研究。

《法学方法论：萨维尼讲义与格林笔记》谈到"真正意义上的法律解释只包括学理解释"，解释者借"古文书考证"溯法律文本之源，摒弃个人立场转而站在立法者立场模拟其思想，在萨维尼早期的论断中，按照法律目的或立法理由而进行的扩张解释和限缩解释被坚定地排除在外，故而语文性研究中，仅能且必须具备三个要素：逻辑、语法和历史。在思想形成前期，萨维尼将研究的重心置于逻辑要素，历史要素与语法要素分别构成逻辑的语境及表达，体现了其将制定法作为唯一法源，依靠实证法的逻辑解释理解古罗马法、运用古罗马法以创造德意志民法典的思想进路。

---

〔1〕 朱虎：《萨维尼的法学方法论述评》，载《环球法律评论》2010 年第 1 期。

〔2〕 ［德］弗里德里希·卡尔·冯·萨维尼、雅各布·格林：《萨维尼法学方法论讲义与格林笔记》（修订译本），杨代雄译，胡晓静校，法律出版社 2014 年版，译者序言第 4 页。

〔3〕 杨代雄：《萨维尼早期法学方法论中的三条基本原则——以萨维尼的法学方法论讲义为考察对象》，载张双根、田士永、王洪亮主编：《中德私法研究》（2009 年总第 5 卷），北京大学出版社 2009 年版，第 95 页。

〔4〕 余履雪：《德国历史法学派：方法与传统》，清华大学出版社 2011 年版，第 87 页。

　　萨维尼的理论中历史性的第二层含义"应该回归古罗马的历史文本"得以凸显。这一论断于 1814 年德意志人民解放战争胜利后发轫的"法典论争"运动中，受到了以蒂堡为代表的理性（自然）法学的冲击。蒂堡以《论制定一部德意志统一民法典之必要性》陈述己见，指出罗马法存在可接受程度低、理念与德国现状不相符、文本分散且不确定等弊病，"再过上一千年，我们也许能有幸就上千种重要理论中的每一种都拥有优秀的、详尽的著作"，[1]强调萨维尼理论先行的判断之于德意志统一民法典的制定是无止境的。基于此，蒂堡的主张存在明显的理性主义倾向，即德意志统一民法典应当是简明而抽象的，建立在人的心灵、知识基础之上，以加快法典的制定过程。萨维尼对此极为反感，认为根植于专断及不确定的法律必然导致种种谬误，如果法典产生的时代，法学界对于其民族精神没有很好的了解，那将造成非常严重的后果。[2]他期望通过深刻的研究制定一部统一完备的法典。因此，真正的法学不在于寻找"抽象的规则"，应透视在民族这个有机体系里的法律制度。[3]

　　正是由于这一目标，萨维尼未把法学研究局限于最为著名的《罗马民法大全》一隅，而是将罗马法时期的法律整体均纳入考察范围，即"法具有历史发展性，应该将其置于时间序列之中进行考察"。一方面，在萨维尼看来，优士丁尼的立法也仅是对丰富的现存法律资料进行汇编而已，应当将其著作视为罗马法历史整体的结晶，并指出法的历史性并非历史知识在法律中的简单堆砌，毋宁是指法自身具有内在的历史性；另一方面，任何一项制度的产生均有其发展沿革，只有在时间序列中循其本源，方能透彻体悟背后的设计初衷，从而更好地指导立法。

　　进一步，萨维尼提出运用历史发展性的两层方法论，即精确把握历史的内在关联性与历史的区分。针对第一点，即基于语文性研究中的"古文书考证"收集各个历史时期的立法对同一问题作出的不同回答，进一步"纯化"和建构，以通过其内在关联理解特定制度。第二点则是对第一点论证的补充，进一步地反对线性的理性主义，明确在分析制度的历史关联性时，须以区分

---

〔1〕 ［德］A. F. J. 蒂堡：《论制定一部德意志统一民法典之必要性》，傅广宇译，载《比较法研究》2008 年第 3 期。

〔2〕 丁宇翔：《民法法典化的历史论争及当代启示》，载《人民法院报》2020 年 5 月 15 日。

〔3〕 Erik，Wolf，*Große Rechisdenker*. 4. ，1963，p. 492.

不同法源为前提，将本身不处于同一历史序列、互不相同的东西加以区分。该理论赋予了历史发展性以实践的活力。

二、直观与逻辑：法律体系的方式及发展

萨维尼法学方法论得以闪耀，不啻由于其历史性的远见卓识，更因为在此基础上发展而来的体系性推动着德意志法学研究的进程。在"1802/1803 年讲义"中，萨维尼以反向定义方式进一步限缩了体系化的内涵：体系，即"解释的各种对象的统一"，不同于条理化法源汇编的纯粹法律史研究抑或过度追求统一性以致颇具任意性的哲学法学研究。在其看来，体系方法发挥作用的前提是"其内在关联必须成为一个统一体"，"历史的内在关联"之素材来源的客观性及"统一体的凝结"之体系化论述缺一不可，赘言之，便是通过从历史性方法中提炼而得的关联性，最终通达于某种统一性、某种理念，由此构成体系化阐述的基础——哲学。

因而，在萨维尼的早期思想中，"所有的体系通达于哲学"，体系与哲学可一概而论。如此便延伸出体系化的第一层思想基础，对主观唯心主义的摒弃与对客观唯心主义的抉择。如前所述，素材来源的客观性是萨维尼体系化方法论的前提条件。其完全摒弃了康德将人的认识和思维活动看作认识客观世界要件的主观先验形式主义传统，转向黑格尔、谢林等人的客观唯心主义哲学观，不借由理性对客体进行主观把握及理解，而是通过对既存事物的观察与剖析，发掘其中存在着的内在必然性，认识客体本身即客观存在的关联性和整体性，由此提炼出历史中蕴含的理想与理念，过渡到更加本体论的、实在的、绝对的唯心主义。

然而，既称体系化为"法学方法论"之重要观点，便需进一步追问萨维尼以何种方式探寻存在于立法史中的有机关联与内在体系。1803 年，萨维尼便在面向法学家的要求中指出，"法学家需要特别的历史性工作，即直观和科学逻辑的意义相互渗透"。直观与逻辑，构成萨维尼历史化、体系化方法论的双重维度。萨维尼将直观作为其法学方法的关键，并贯彻到法律关系、法律制度以及体系建构之中，直观的方法与萨维尼取之于历史、落之于客观的观点一脉相承，并非康德对感性直观的全盘否定与对理性推理的全盘接受，也区别于费希特对直观的主观唯心主义定义，在萨维尼的学说中，直观必须指向存在的既定事物，通过有别于理性的认识方法，在历史与经验之中观察事

物的本质，并放置于广泛关联的体系之中，结出统一性与理念的硕果。

同时，萨维尼也未同谢林一般止步于直观，认为所有认识形式都需以直观为基础，而是同样认可基于理性的逻辑演绎和概念分类。这一方法的提出，似乎与萨维尼始终极力批判理性自然法的论断背道而驰，其也因此被认为是"伪装的理性自然法学家"。然而如前文提及，逻辑仅为萨维尼体系化方法论的一端，其仅在法源问题上反对理性自然法，实际上并不反对理性自然法所使用的体系建构方法，[1]逻辑的作用也仅在于阐明概念与整合法律规则。法学历史的源远流长与法学规范的浩如烟海，呼唤对法学制度及规则的定义与划分，在阐明其中所包含的概念，并剥离不符合法律现实与错误的概念后，奠定逻辑演绎的起点与体系化的基础。赖于此，进一步通过界定各种法律之间的关系、明晰规则与例外以整合多项法律规则，期以借此方法得出统一的、无矛盾的整体理论体系。

以纵向维度考察萨维尼的学术成就，《法学方法论：萨维尼讲义与格林笔记》仅是吹响了其体系方法研究的先声，其中后期著作《当代罗马法体系》则进一步延展了体系方法的本质及目标。在该书中，萨维尼提出"亲和性"以丰富体系方法的本质，通过内在关联或亲和性，将具体的法概念和法规则联结成一个大的统一体。[2]进而对亲和性的两点特质进行阐述，即亲和性常是隐匿起来的，揭示各法制度之间的亲和性对于丰富法学研究深有裨益，以及亲和性常是多元的，对亲和性需要全面把握，亦需抓其主要。全面揭示、发现法制度间的内在关联，是扩充、丰盈研究的有效之策，同时，正是因为法制度间的关系错综，对其研究仅能也必须通过主要亲和性确定。经此对于亲和性及内在关联的发现、辨认和揭示，各种法概念及法规则联结成为法体系，再经由此亲和性，反向还原出这一过程，便是体系方法的终极目标。

三、结合与往返：法律科学的体系与实践

"学问，始于方法，也终于方法。"[3]伴随前两条原则的证成，萨维尼法

---

〔1〕 李栋：《迈向一种法学的法律史研究——萨维尼法学方法论对于中国法律史研究的启示》，载《江苏社会科学》2020 年第 3 期。

〔2〕 ［德］萨维尼：《当代罗马法体系Ⅰ：法律渊源·制定法解释·法律关系》，朱虎译，中国法制出版社 2010 年版，第 167 页。

〔3〕 黄源盛：《中国法史导论》，广西师范大学出版社 2014 年版，第 25 页。

学方法论中的"双星"已然闪耀。但其对历史与体系的探赜并未止步，而是进一步将二者相结合、相统一。在"1802/1803 年讲义"中，萨维尼将第三条原则表述为"注释因素与体系因素相结合"，只有实现这种结合，法学方法才能达到完美状态。此处以"注释因素"而非历史性冠之，恰是对注释因素（语文性研究）与历史性关联的进一步肯定与加深。如前所述，从精神活动的角度看，语文性与狭义之历史性相互配合，共同从属于广义历史性。正是由于萨维尼将罗马法视为最主要法源这一一以贯之的底层逻辑，对法律规则的语文性注释即是对罗马法的历史性研究。与此同时，马尔堡讲义中亦着重释明法律解释于萨维尼的法学方法"大厦"中占据着基础地位，支撑着历史方法向前追溯，也服务于体系方法，使素材保持统一性。因此，"注释因素与体系因素相结合"亦即"历史性科学与哲学性科学相统一"。

历史与体系固有其侧重点，但二者的关联性也颇具理论意义，法学的全部属性就建立在这种关联的基础之上。略显缺憾的是，早期的萨维尼对此并无清晰表述，其仅对二者双向转换之必然性及相互结合之方法论做了浅层描绘。在关联性方面，对单一规则并非孤立加以解释后需为整体所用，在整体中思考；反过来，已抽象化的体系也应可以被分解成为单一规则。同时从反面对二原则的结合做了方法论的阐释，二者并非简单叠加，而首先应单独进行，过早的结合容易滑入形而上学的窠臼。萨维尼追求一种"有机的、循序渐进的法学"，在"格林笔记"第一部分第三章"法学的体系性研究"中，萨维尼对未进行有机整合即归入体系及随意选择逻辑媒介构建与现实背离的体系两种谬误进行抨击，该书译者杨代雄教授由此提出推断，在历史性与体系性之间存在某种媒介因素，即某种"能够描述规则之间内在关联或者能够昭显其共同价值理念的概念"，法学研究在对规则进行准确注释后，通过该媒介衡量规则之间抑或规则与既有体系之间关联与否，方可过渡至统一、成熟的体系。

"历史性方法"与"体系性方法"的内在冲突及结合之具体方法论直至中后期《当代罗马法体系》中方得以澄清。德沃金指出，"法律是一种不断完善的实践"，[1]富勒亦称法律制度为一项"实践的艺术"，[2]产生于历史性方

---

〔1〕 Ronald Dworkin, *Law's Empire*, Harvard University Press, 1986, p. 44.

〔2〕 LonL Full, *The Morality of Law*, New Haven and Yale University Press, 1969, p. 91.

法的法制度解释及其内在关联直观却显庞杂，无法收录法典更无可能应用于实践；相反，体系化虽精简概括，但在此基础上提炼出的抽象规则及其科学研究一旦形成，实践中的法官、律师、大众等法律适用者就难以再对其追根溯源，由此萨维尼的法学方法论便无法真正运用于实践。

为了调和此种"失衡"，萨维尼进一步深入理论，针对法律适用提出"再次"历史的有效之策，"直观—建构—直观"的方法论形成。"直观—建构"的衍变是之于立法者的要求，即法律的制定必须来源于最为完整的直观，通过找寻法制度的内在联系勾勒制定法的抽象规定。完全相反的，法律适用者则需代入"建构—直观"的拓展，站在立法者立场上思考其意图，为理论的枯骨注入经脉与血液，补充被抽象的有机联系，从而重现直观。

萨维尼的理论引领了法学的一个时代，我们由此认为在此时代中法学既是一种历史性的科学，也是一种哲学性的科学，并由于历史性与体系性两种方法的结合，法学的科学性成为其固有属性，[1]在历史与体系的穿梭往返中塑造和发展法律科学，形成法律产生、发展、完善、再更新的完整循环过程。

四、结语

《法学方法论：萨维尼讲义与格林笔记》作为萨维尼早期的理论汇集，有其保守、机械的一面，其刻意回避德意志彼时亟须发布统一民法典以稳定局势之实践需要，专注于对罗马法等史料的分析与整理，确有脱离实际之嫌；方法论理论中亦单纯地强调从历史角度梳理那些"比较有共同性的、一贯性的行为规范"或"具备这样属性的解决各类纠纷的理念、机制和方法"，[2]且多束之高阁，之于法律应用难有切中肯綮的指导，应当辩证看待。但其作为萨维尼法学方法论的开山之作，实际上已经建立了近代法学方法论的基础，[3]为德意志乃至世界法学研究界擘画了全新的理论、提供了全新的视角，为 19 世纪德国资产阶级的法律改革、民法典的制定以及民法学的诞生奠定了

---

〔1〕 Karl Larenz, *Methodenlehre der Rechtswissenschaft*, 3. Aufl., Springer Verlag, Berlin, 1975, S. 8.

〔2〕 陈会林：《地缘社会解纷机制研究——以中国明清两代为中心》，中国政法大学出版社 2009 年版，序第 11 页。

〔3〕 Karl Larenz, *Methodenlehre der Rechtswissenschaft*, 3. Aufl., p. 12；Wolfgang Fikentscher, *Methoden des Rechts*, Band Ill, 1976, p. 38, 67f,

基础。[1]同时，其在日复一日的讲授中播撒下的启蒙的种子，成为其日后《论立法与法学的当代使命》《当代罗马法体系》等代表著作及"民族精神说""历史—体系—历史"等系列成就的源头活水，并生根发芽于19世纪后半期"概念法学和德国民法典"时期，[2]成为普赫塔、温德夏特等法学巨擘的方法论启迪。

（陈可昕　西南政法大学民商法学院）

---

[1]　何勤华：《近代民法学之父萨维尼述评》，载《法学家》1996年第2期。

[2]　陈华彬：《19、20世纪的德国民法学》，载《法治研究》2011年第6期。

英美法学思想

法律与道德间的自由

——读哈特《法律、自由与道德》

法律和道德的关系是一个复杂而深远的问题，自然法学者与分析法学者在此问题上各抒己见，创造出灿烂的法律思想。从古至今，历代先贤不仅在法学领域，更在哲学、伦理学乃至社会学的广阔天地中，不懈地探寻法律与道德的深层联系。他们或从法律的维度出发，深入挖掘道德的根源；或从二者起源的角度出发，剖析法律与道德在历史长河中的分合演变。[1]

哈特一生中三次重大论战便是围绕"法律和道德之间的关系"展开的。第二次世界大战后的一段时间内，在英国，法律和道德之间的冲突以激烈的形式爆发，特别是在性道德问题上。1957年发布的《沃尔芬登委员会关于同性恋犯罪与卖淫的报告》引发了哈特与德富林之间关于"道德是否应受到法律的强制约束"问题的激烈争论。同年，德富林勋爵应邀在英国科学院作法学演讲，批判了《沃尔芬登委员会关于同性恋犯罪与卖淫的报告》关于公开、私下行为的区分以及论述的刑法在此领域中的作用。德富林的观点受到了诸多人的挑战，哈特便是之一。1962年，哈特在美国斯坦福大学对此问题做了三次演讲，随后在这三次演讲的基础上，写成了《法律、自由与道德》这本书。[2]

一、法律与道德为不同的社会现象

在法律对道德的强制执行问题上，哈特持一种谨慎的态度。在假定对所

---

〔1〕 ［英］约翰·菲尼斯：《自然法理论》，吴彦编译，商务印书馆2016年版，第209~210页。

〔2〕 孙利：《刑法与道德之间——读〈法律、自由与道德〉》，载《中国图书评论》2010年第10期。

有的法律都可以进行道德批判的基础上，哈特将道德分为"实在道德"和"批判性道德"。"实在道德"指流行于特定社会中被人们普遍认可的道德。"批判性道德"指用来批判实在道德在内的、现实存在的社会风俗的一般性道德。哈特将"是否可以用法律强制实施实在道德"这一问题视为批判性道德问题，且对于此问题持否定态度。他认为，法律是一种社会规则，其主要目的是维护社会秩序和公正，保护个体的权利和自由。而道德则更多地涉及个人的价值判断和道德选择。因此，从本质上看，法律和道德是两种不同的社会现象，各自有着不同的功能和作用。[1]对此，哈特甚至在他的另一本书《法律的概念》中提出法律就是法律，无需道德的确认这一观点。[2]

而与之观点相反的是斯蒂芬和德富林，这两位法律从业者对此问题都作出了肯定的回答。哈特将对这一问题作出肯定回答的理论称为法律道德主义，且为了论述和表达的方便，又进一步将其分为温和命题和极端命题，并把德富林的观点归为温和命题，把斯蒂芬的观点归为极端命题。关于法律在社会中的作用，德富林站在"社会本位"的立场上，强调法律对普遍存在的社会共享道德的保护。而哈特主张在公共道德和私人道德之间划一条界线，反对法律不适当地干预私人道德生活。[3]他认为，道德对社会的作用并不像德富林所描述的那样大，而且道德本身也不是一成不变的。[4]

随着时间和空间的变化，道德标准一直在变。在古代，忠诚与孝道是道德的基石，而在现代，尊重个体权利与追求自由则成为新的道德标杆，道德观念日新月异。道德并非一成不变的铁律，而是随着社会的演进、文化的碰撞以及个体认知的提升而不断重塑。但若是基于群体主观接受的标准来界定社会道德，或许能在一定程度上对不同的社会道德观念进行厘清。但与此同时，我们必须认识到，一个人有可能在主观上选择遵守某种规范，但内心却对其持鄙视态度，一旦有机会，他可能会毫不犹豫地替换这种规范。主观意愿与内心真实态度之间可能存在的背离，体现了社会道德标准的复杂性和多

---

[1] 田宏杰：《法律与道德：正义的法哲学及其发展——以瑞特纳帕拉法学思想研究为核心》，载《法学杂志》2022年第1期。

[2] [英]哈特：《法律的概念》，张文显等译，中国大百科全书出版社1996年版，第153~208页。

[3] 李涛：《西方法学史上的三次论战》，载《人民法院报》2012年6月22日。

[4] 郝方昉：《恺撒的归恺撒 上帝的归上帝——读哈特〈法律、自由与道德〉》，载《中国图书评论》2007年第1期。

样性。[1]

此外，道德与法律之间也应该存有自由的空间。法律能干预的最大范围应以"道德上应该做的"为限，而不适合介入仅仅是"道德上希望做的"领域。如若法律不当介入"道德上希望做的"这一领域，无疑会对公民的自由权利造成过度干预，压缩公民在道德选择上的自主空间。[2]正如"仁慈总是自由的，不可强求"，公民的仁慈行为应出于自愿，而非法律或外部力量的强制。在《鲁国之法》的记载中，子路拯救溺水者，受赠牛而欣然接受，孔子肯定其做法，认为这样做鼓励了鲁国人积极行善。而《吕氏春秋·先识览·察微篇》中，子贡赎回沦为诸侯臣妾的鲁国人，却拒绝接受国家的赏金，孔子对其给予批评，认为其高尚行为可能无形中提高了救助的成本，使得其他人因担心无法获得赏金而不再愿意赎回同胞。单纯的仁慈缺失，并不应成为受惩罚的理由，因为它并不等同于实际的恶行。[3]但如果法律可以介入所有的道德领域，将会压缩道德自主性的可能空间，从而造就一个不折不扣的绝对道德国家。[4]以拾得遗失物为例，我国的民事法律规定强调道德自律及社会整体的利益考量。在我国法律中，拾得人应履行将遗失物归还原主或交付相关机关的义务，且无权主张报偿。而在日本，遗失物拾得者可依据法律向失主要求一定比例的酬劳，在此机制的刺激下，人们更愿意执行遗失物的返还，从而提升了整体归还效率。

以上是法律对道德的干涉。而在另一方面，法律中掺杂过多的道德会导致司法工作开展的不利。以国家的权威为后盾，法律规定了权利与义务，并经国家制定或确认，构成了具有强制性的社会法则。而社会的惯例、信仰结构和传统实践则共同构成了道德行为的规范基础。因此，法律一旦被过多的道德因素浸润，两者的界定就会变得暧昧。同时，法官在司法裁决过程中可能会因难以甄别法律与道德的界限，从而诱发法律应用的错误或偏差。另外，法律的权威来自其稳定性和可预测性。而时代更迭中，如若法律过度依赖道

---

〔1〕 谢小瑶：《通过法律改善社会道德》，载《清华大学学报（哲学社会科学版）》2023年第4期。

〔2〕 滕燕萍：《性自主权、道德与法律干预——以"南京换偶案"为例》，载《杭州师范大学学报（社会科学版）》2011年第3期。

〔3〕 吴俊、王璇：《道德要求转化为法律规范的基本条件论析》，载《伦理学研究》2020年第1期。

〔4〕 滕燕萍：《性自主权、道德与法律干预——以"南京换偶案"为例》，载《杭州师范大学学报（社会科学版）》2011年第3期。

德，道德观念的不断更迭可能会动摇法律本身的稳定性，引发法律的权威的消解，致使人们对法律的信任与敬意受到影响。当司法判决受到外部社会道德压力的左右时，实质上就反映出法律正当程序在某种程度上被扭曲或偏离了其原有的轨道。[1]这种情况表明，原本应当严谨、独立的法律判断过程，已经不再仅仅受法律规则和原则的约束，而是受到了外部道德观念的强烈影响。这种影响使得法律系统的内在逻辑和自治性受到了破坏，法律判决的形成过程中掺入非法律的因素，不仅是对法律程序的一种侵蚀，更是对法律机制本身的"异化"。

因此，应该明确法律是一种社会规则，其主要目的是维护社会秩序和公正，重点保护个体的权利和自由。而道德则更多地涉及个人的价值判断和道德选择，法律和道德是两种不同的社会现象，不可混为一谈。

二、道德的法律强制

关于道德的法律强制执行问题，德富林阐述了法律强制执行道德的正当性，他认为社会可以依赖法律来捍卫那些对其持续存在至关重要的元素。在维护社会的稳定与延续上，"公众普遍接受的道德准则"扮演着不可或缺的角色，其重要性甚至可与"公众普遍认可的政府"相提并论。因此，社会有权力也有必要通过法律手段来保护这种共享的道德观念。这意味着，法律可以强制执行道德规范，不仅限于那些直接伤害他人的行为，即便是那些看似无害但破坏了共享道德进而削弱了社会凝聚力的行为，也应当受到法律的约束和制裁。简而言之，德富林主张社会崩溃命题，认为实在道德是社会的纽带，没有它，社会就会走向崩溃。

对于德富林所持的温和命题，哈特重申了密尔著名的伤害原则："只有意在阻止对他人伤害时，以违背文明共同体中任何成员之意志的方式运用权利才算是正当的。"[2]同时，哈特指出其并没有确切的历史事实可以表明"道德联结的松散常常是瓦解的第一步"。且社会关系的稳固与否，并非单一地由道德标准的统一或多样来决定，即使存在多样性、偏离了主流道德，也并不

---

[1] 魏治勋：《司法裁判的道德维度与法律方法——从江歌案民事一审判决的道德争议切入》，载《法律科学（西北政法大学学报）》2022年第5期。

[2] ［英］约翰·穆勒：《论自由》，徐大建译，上海人民出版社2021年版，第63～85页。

必然导致社会凝聚力的丧失。因此，温和命题不仅在这一点上缺乏实证支持，而且在逻辑上也缺乏合理性。[1]具体到性道德方面，也并无证据表明，对已为公众所接受的性道德的背离，即使在成年人的私生活中，也是某种像叛国罪一样的会危及社会的存在。[2]这一点在我国关于"聚众淫乱罪"一罪的刑事立法中有所体现。该罪以"三人以上以不特定人或者多数人可能认识到的方式实施淫乱行为"为成立条件，这意味着在法律框架内，对于非私人领域的行为，若其不道德性仅限于未侵犯他人权益的情形，则法律无权进行干预；只有当此类行为侵犯到他人权益时，法律方可正当介入并予以规制。[3]

这便印证了哈特在《法律、自由与道德》一书中对卖淫与同性恋行为的主张，其指出在推进道德目标的过程中，必须警惕可能带来的不幸后果，尤其是在运用刑法干预成年人之间自愿的性行为时。因为这种干预很可能与公众最深层的情感认知发生冲突，从而引发社会的不稳定。[4]书中所表述的"未对共同体之世俗利益构成损害"及"在不损害他人权益的私人领域内，国家应免于干涉"的观点，阐明了在法律规制的范畴内，某一行为只有既违背基本道德伦理，又实际造成一定的社会危害，特别是对他人权益的明确侵犯时，才应当受到法律的强制干预和制裁。因此，某一行为不应因仅仅被认为不道德而受到刑法的制裁。[5]

同时，对于温和命题，哈特认为将社会和道德等同是荒谬的，他指出"它意味我们无法说'特定的社会道德改变了'，迫使我们转而说，一个社会消失了，另一个社会取代了它"。事实上，社会的发展进步必定带动着新思想取缔过时的旧思想，一个社会中的道德标准发生变化是一件普通且平常的事情，德富林的社会崩溃命题由于过于极端且缺乏例子而站不住脚。纵观英国的发展，在时间长河中，出现了各式各样被人们认为不道德的行为，且其标

---

〔1〕 ［英］尼尔·麦考密克：《大师学述：哈特》，刘叶深译，法律出版社2010年版，第90~107页。

〔2〕 孙利：《刑法与道德之间——读〈法律、自由与道德〉》，载《中国图书评论》2010年第10期。

〔3〕 张明楷：《刑法学》（第6版），法律出版社2021年版，第564~600页。

〔4〕 姚俊廷：《法律实证主义在形式理性坚守中的道德立场——以哈特为例》，载《山西师大学报（社会科学版）》2013年第5期。

〔5〕 ［美］赫伯特·L.帕克：《刑事制裁的界限》，梁根林等译，法律出版社2023年版，第299~336页。

准不断发生改变，但到如今，也并没有出现德富林所主张的社会崩溃或解体的后果。[1]

区分于温和命题的主张者，极端命题的主张者对道德的法律强制持有更为坚定的立场。他们不仅将共享道德视为像有序政府那样具有实用价值的工具，更是将其视为一种固有的、本原的价值。在他们看来，即使某个不道德的行为没有直接伤害到任何个体，或者间接地削弱了社会的道德纽带，这样的行为也应当受到法律的严格制裁。这种立场凸显了他们对道德规范的绝对尊重和维护，以及对法律在维护社会道德方面所应发挥的决定性作用的深刻认同。对此哈特从报应说和谴责说两方面进行反驳。哈特认为"强迫人道德"是自相矛盾的做法，不具有道德意义。总之，为了道德责任而信守道德和由于害怕被处罚而信守道德，在道德价值上是截然不同的。通过法律手段来追求道德化的目标，显然是对法律功能的曲解、过度拔高乃至理想化。[2]康德指出："立法者若企图通过强制性手段来实现以伦理为目标的制度，这样的做法实乃谬误之极。"

三、结语

哈特在与德富林的论战中显然是取得优势的一方，虽然有人批评说这是一场令人沮丧的胜利，因为哈特并没有解决真正重要的问题：有没有站得住脚的道德理由，能够为强制实施客观上正确的道德（而非只是实在道德）提供辩护，但哈特在这本书中批判了肤浅混乱的观点，也澄清了问题的基本性质。

探讨法律与道德时，不可将两者混为一谈，要明确两者中有自由的空间。两者虽在内容上可能有所交织，但本质上仍保持着独立。由此，道德规范，一旦融入法律体系，其本质便发生了转变，不再单纯是道德，而应被严格界定为法律。反之，若法律意图介入道德领域，则必须具备充分的合理性与必要性，将所涉及的道德问题明确转化为法律问题进行处理。

（洪铭悦　西南政法大学行政法学院）

---

[1] 孙海波：《法律能强制执行道德吗？——乔治〈使人成为有德之人〉介评》，载《政法论坛》2020年第4期。

[2] 戴茂堂、葛梦喆：《论法律道德化——兼析法律与道德之间的价值秩序》，载《道德与文明》2020年第4期。

法律之外：非正式规范在社会治理体系中的作用
——读埃里克森《无需法律的秩序——邻人如何解决纠纷》

"法律与社会规范"这一领域从新视角为多元社会治理体系如何在现代社会秩序中更好地发挥作用提供了理论探讨的基础，对社会规范的起源、执行及其与法律之间的互动等方面的问题进行了深入研究。[1]在该领域的奠基之作《无需法律的秩序——邻人如何解决纠纷》之中，作者埃里克森对美国加利福尼亚州夏斯塔县北部农牧区开展了十年的实证研究，深入调查了该县的牲畜越界纠纷以及当地纠纷解决方式的实践情况。正如苏力老师在译者序言中所说，一种视角"向下"的深入社会、扎根生活的法学进路，阐释了一种法律规范之外的社会控制体系的运作方式。这一理论也能为中国的社会治理提供参考，法律在社会运作中需要与非正式规范有效互动协调，共同成为"善治"的制度之源。

该书通过法律经济学、社会学、博弈论等多种视角的讨论，揭示了非正式规范的内容、产生及运作。全书共分为三个部分：第一编"夏斯塔县"对该县北部牧区各种纠纷中当地的社会秩序与规范运作进行了观察和阐述；第二编"一种规范理论"，埃里克森提出社会控制体系，对法律中心主义等其他社会控制理论进行反驳，通过论证福利最大化假说进一步揭示非正式规范背后的理论支撑和运作机理；第三编"规范的未来"是对前述内容的总结，对法律规范和非正式规范以及两者的关系进行了评析。全书实践考察与理论研究紧密相连，以"阐明一个具体的次生制度，即非正式控制的运作，并探索这一次生制度与法律这一次生制度的交叉互动"。

---

〔1〕 郭春镇、马磊：《对接法律的治理——美国社会规范理论述评及其中国意义》，载《国外社会科学》2017年第3期。

一、非正式规范的正当性

"调查具体环境下的法律实在状况可以强化人们对事物的一般理解"，埃里克森在第一编中详细介绍了夏斯塔县的地理位置和气候、经济、文化等情况，展现了该地畜牧业的发展情况以及相邻关系中形成的习惯。夏斯塔县的主要纠纷有三：牲畜越界纠纷、边界栅栏融资纠纷、公路车畜相撞纠纷，埃里克森分别从纠纷原因、典型案情、法律规范以及纠纷解决情况对其加以分析。其中最重要的发现是当地居民长期遵循他们自己的非正式规范并据此解决绝大多数纠纷，而并不诉诸法律。大多数居民都信奉"相邻者之间要合作""自己活也要让别人活"的原则，在日常交往中潜移默化地形成并遵守一套完整严密且高效的非正式规范体系，这些规范往往处在"法律的阴影之外"，如对于牲畜越界侵权法律明确实行过错侵权责任，而当地居民则实行严格责任。当地的纠纷解决方式往往与法律规范相背离，但是作为在长期生活中形成并能够高效解决纠纷的一套规范体系必然有其合理性和正当性。[1]

非正式规范之所以成为夏斯塔县社会秩序形成与运行的重要力量，在于其实现了"福利最大化"，使得人们能够在博弈论语境下达成合作。埃里克森的"福利最大化"规范假说认为，在关系紧密之群体内，成员们开发并保持着一些规范的原因在于交易费用与自重损失之和最小，即相互之间的总体福利得到了最大化。

"关系紧密之群体"是非正式规范有效运作的前提，也对应着重复博弈的理想条件。作者将关系紧密之群体界定为："成员对运用权力相互对抗拥有互信且互惠的前景，对先前和当下的内部事件也有不错的信息供给"，即构成关系紧密之群体需要满足互信互惠的权力与足够的信息供给两个要素。博弈论是一种借助数理模型研究个人在互动条件下运用理性进行选择进而分析和预测人们行为的理论[2]，重复博弈就是相同博弈反复进行的博弈形式，重复博弈恰可以对应关系紧密之群体的要素，成员间拥有对抗而互惠的权利资源，

---

〔1〕 张伟涛：《法律中心主义的除魅和多元秩序的呈现——读〈无需法律的秩序〉》，载《白城师范学院学报》2011 年第 1 期。

〔2〕 李晓冬：《规范起源的社会惯例论——从演化博弈论的方法看》，载《哲学研究》2019 年第 12 期。

而频繁越界之无可避免形成了权利行使的便利机会，成员充分了解相互合作的成本和收益形成了充足的信息供给，基于对失去合作的未来报复促使人们选择达成合作。面对公路车畜相撞纠纷这一双方的单次博弈，人们更多选择提交法律解决，重视眼前利益。在牲畜越界纠纷中，受害人考虑到自己的牲畜也可能会对邻人造成损害，往往选择忍受轻微的损害，一方面出于维持长期相邻者之间友好关系的人情世故，另一方面从长远来看牧区居民的损失达到了一种大致平衡，即"扯平战略"，容忍一定的补偿差额适当让渡精确性解决纠纷。法律规则常常只是为协商设立基础性规则，而个体之间的相互作用常常采取"法律阴影下"的谈判形式。[1]可见，非正式规范其实是在长期重复博弈中达成的普遍性认同，是纳什均衡，这些满足人们需要、促成人们合作的非正式规范能够有效规制人们的行为。[2]

夏斯塔县牧民之所以选择非正式规范解决邻里纠纷，是因为在关系紧密之群体中非正式规范的运行成本更低，能够以福利最大化的方式达成目标。人类现实社会并非存在于交易成本为零的真空之中，所以福利最大化相对应的是损失和成本的最小化。每一种规范的运行都需要成本，而"法律体系是一个昂贵的纠纷解决体系"。一是信息成本，在信息费高昂的社会中不能假定人们既了解法律又信守法律。当地法律规定牧民对发生在封闭牧区的牲畜越界造成的损失需要承担严格责任，而对在开放牧区造成的损失一般无需承担责任，但当地的实践却背弃了相关规定，居民甚至执法人员对此都没有完整了解。当地牧民想要通过法律规范处理牲畜越界纠纷，需要准确界定开放牧区和封闭牧区以及各种具体情形下的侵权规则，随着法律精细化程度的提升，信息成本还将逐渐增大。二是运行成本，诉诸法律就必然要付出诉讼成本、时间成本等昂贵的代价。在牲畜越界纠纷中，法律规定的过错原则看似对于牧民有利，实质上搜集证据产生的实施成本却从另一角度增加了牧民的负担。凭借法律来讨价还价往往是最为昂贵的，在诉讼中法官往往仅能得到粗糙的、三手的说明，所以法院不一定能够准确地辨识合作与背叛，同时在诉讼成本

---

〔1〕 ［美］道格拉斯·G. 拜尔、罗伯特·H. 格特纳、兰德尔·C. 皮克：《法律的博弈分析》，严旭阳译，法律出版社1999年版，第309~311页。

〔2〕 艾佳慧：《博弈论视野下的民间法与国家法——从埃里克森和小波斯纳的学术贡献切入》，载《政法论丛》2009年第5期。

昂贵的情况下，人们选择不依赖法律来保障合作是合理的。[1]简单粗略的非正式规范运行成本要低于正式法律，而且在关系紧密之群体的重复博弈中能够发挥有效规制作用。

二、法律规范与非正式规范的局限性

法律中心主义，即国家是规则和执行活动的主要渊源，来自国家强制力的制度规范是秩序规制的主要力量。这一观点可以追溯到霍布斯，他提出自然状态是充满野蛮、肮脏与贫穷的一切人反对一切人的战争状态，人们需要构建国家，通过一个强大的"利维坦"来维系秩序。[2]奥斯丁在论及法的定义时指出，实在法是掌握主权者责成或禁止在下者从事一定行为的命令，如不服从即以制裁作为威胁。[3]法律中心主义在法学界影响颇广，法经济学开拓者科斯认为当交易成本为零时，总是可以通过自由交易实现资源配置的优化[4]，所以真实世界中交易成本为正时，法律权利的配置将影响社会产值最大化。[5]

庞德主张把法律作为社会控制的工具，但同时他也注意到"有效法律行为具有实际限制"的问题[6]，哈耶克对法律中心主义提出否认，强调人类遵循的行为模式所体现的规律性并不是国家命令与强制的结果，而是习惯与传统所致。[7]埃里克森通过实证研究进一步质疑，夏斯塔县的实地情况展现出与法律中心主义理论的巨大差异。即便存在法律规范，夏斯塔县牧民不了解也不依据已有的法律权利来处理纠纷，而是遵守长期生活基础之上自发形成的一套非正式规范。在交易成本为正的情况下，居民却倾向于选择遵守非正

---

〔1〕 崔丽：《法律的边界：寻求法律与社会规范之间的平衡——评罗伯特·C. 埃里克森：〈无需法律的秩序〉》，载《通化师范学院学报》2010 年第 5 期。

〔2〕 ［英］霍布斯：《利维坦》，黎思复、黎廷弼译，杨昌裕校，商务印书馆 1985 年版，第 94~95 页。

〔3〕 ［英］约翰·奥斯丁：《法理学的范围》，刘星译，中国法制出版社 2002 年版，第 17 页。

〔4〕 Ronald H. Coase, *The Problem of Social Cost*, Princeton：John Wiley & Sons, Ltd, 1994.

〔5〕 杨曜、高薇：《好的科斯定理和好的法律经济学》，载《交大法学》2015 年第 3 期。

〔6〕 ［美］罗斯科·庞德：《通过法律的社会控制》，沈宗灵译，楼邦彦校，商务印书馆 2010 年版，第 87 页。

〔7〕 ［英］弗里德利希·冯·哈耶克：《自由秩序原理》，邓正来译，生活·读书·新知三联书店 1997 年版，第 71~72 页。

式规范以实现福利最大化，埃里克森的结论与科斯定理恰恰相反，在他看来，科斯夸大了法律的影响力，忽略了秩序常常是自发产生的，法律不是秩序的核心。无需法律的秩序其实普遍存在着，社会生活的很大部分都处于法律之外，不受法律的影响。支配人们行为的基本规范来自人们的实践生活，在亲密关系群体之间通过重复博弈保持社会控制体系的力量并不断演化，成文法仅仅是对这些规范的系统性表述，是一种生活中的规范的"再现"[1]，人们也许会用他们自己的规则来补充以及事实上废止国家的规则。

埃里克森并非只批判了法律中心主义，还对法律与社会学者的法律边缘论进行了否认。法律规范的优点在于其明确性、普遍性和国家强制力，但具有固有的不周延性、滞后性和作用范围的有限性等特征[2]，"远方的法律制定者也许不如这些规范制定者更了解情况"，而且易被处于政治高位者操控。非正式规范的优点则在于其便捷性和适应性，但存在狭隘性的特征，关系紧密之群体的福利最大化可能伴随其他社会群体的损害[3]，这种法律以外非正式社会控制力量的制裁手段包括对不轨者的温和议论和轻度威胁，也有扣押或毁坏财产，还有毒死、射杀牲畜等自助措施，这些私力救济手段并不一定正当。同时重复博弈的理想条件随着社会距离的增大呈现消解的趋势，城市化的深入会促进法律不断侵蚀非正式规范体系控制的领地。

因此，埃里克森既不否定法律的作用，也不认同非正式规范是社会秩序构建与维持的唯一要素，而是提出"是规范，而不是法律，才是权利的来源"。此外，随着城市化发展，基于法律对社会结构基本因素的影响，法律仍可能促进非正式规范的产生与发展，"并因此可能促进或阻碍非正式合作"。

三、多元社会控制体系的协调发展

在书中，埃里克森提出社会控制体系中存在两种制裁模式、五种控制者以及五种规则。混合奖赏和惩罚的制裁模式下，第一方控制者是指行动者以个人伦理进行自我施行和制裁，第二方控制者以合约要求由受诺人强制执行，

---

〔1〕 苏力：《无需法律的秩序》，载《环球法律评论》2004 年第 1 期。

〔2〕 梁峙涛：《从法律局限性及其救济谈现代法制建设》，载《企业导报》2011 年第 2 期。

〔3〕 杨添翼：《在规范与法律之间——〈无需法律的秩序〉读后》，载《湖南科技学院学报》2009 年第 9 期。

第三方控制者包括社会力量、社会组织、政府，它们分别通过规范、组织规范、法律进行制裁，形成了一种多元的控制体系。实体规则、救济规则、程序规则、构成规则、选择控制者的规则共同作用，每一种规则和控制力量在社会控制体系中的作用都是有限的，社会控制手段具有多样性与综合性的特点，启动社会控制力量进行规制的事实特征与社会主体之间的关系多要素共同决定选择何方控制者以及适用何种规则。社会应当建立一种使社会成员间的合作共赢成为常态的秩序，以及具备充足内在驱动力达成自治的社会秩序[1]，这一复杂工程不能依靠单一社会控制手段实现，需要建立综合的多元共生的治理体系。

建设法治国家并不意味着奉行法律中心主义，而是应把法律与其他的社会控制手段结合起来，让它们在社会治理体系中协调共同发挥作用。[2]

法律规范需要保持合理限度，正如埃里克森所说"法律制定者如果对那些促进非正式合作的社会条件缺乏眼力，他们就有可能造就一个法律更多但秩序更少的世界"。不论法治如何发达，无需法律的秩序都将持续普遍存在，立法不可能涵盖社会生活的每一角落，精细化法律规范过度侵占非正式规范的领域可能将面临被抛弃成为无用功的风险。如在秋菊打官司中，秋菊"引法下乡"，破坏了乡土社会长期的重复博弈与互惠体系，法律规范与非正式规范的冲突导致了结局中秋菊的尴尬境地。[3]"徒法不足以自行"，法治的唯一源泉和真正基础只能是社会生活本身[4]。创造一个理想法律框架以期得到社会的回应和遵守，是出现"有法不依"问题的根源。法律之外的非正式规范始终存在，法律规范也需要注重本土的传统和惯例，在立法中探讨接纳其运行逻辑，为法律对社会秩序运行的建构提供助益。

非正式规范是多元社会控制体系的重要组成部分，能够对"地方性问题"提出针对性的解决方案，对于国家治理技术的现代化转型具有重要的制度意

---

〔1〕 江晗：《社会秩序社会系统工程关系研究——读罗伯特·C. 埃里克森〈无需法律的秩序——邻人如何解决纠纷〉》，载《现代商贸工业》2011 年第 4 期。

〔2〕 顾培东：《中国法治的自主型进路》，载《法学研究》2010 年第 1 期。

〔3〕 凌潇：《无需法律的秩序——〈秋菊打官司〉的另一个"说法"》，载《山西师大学报（社会科学版）》2012 年第 2 期。

〔4〕 苏力：《道路通向城市：转型中国的法治》，法律出版社 2004 年版，第 27 页。

义。[1]法治现代化是由法律规范制度和非正式规范制度两种规范制度相辅相成支撑的，必须注重非正式规范制度与本土资源的改良与完善，使其与现代法治建设相协调。[2]非正式规范实现运行成本最小化的重要原因是信息成本低，比起复杂专业的立法规则，朴素的人情世故让人更容易获取与接受，所以法律规范要重视本土的观念价值资源。一方面，要将道德作为法治建设的价值基础根基，为法律规范提供价值观共识；另一方面，要通过法治建设展现社会主义核心价值观的基本内涵和要求，形成相互促进的良性互动。[3]同时，非正式规范对于维持现代社会秩序的促进作用也是不容忽视的，目前很大一部分纠纷是通过非司法的方式解决的。非正式规范的救济更加有效、更加便捷，司法体制能够接纳的纠纷有限且成本昂贵，但是在社会距离较大、标的较大、情况更为复杂的纠纷中人们往往需要国家法律的公正评判和强制力保障的执行。现代社会的秩序是依靠各种社会控制力量共同发挥作用的结果，法律规范与非正式规范应当良性互动、共同发展。

（王金丽　厦门大学管理学院）

---

〔1〕 吴元元：《认真对待社会规范——法律社会学的功能分析视角》，载《法学》2020 年第 8 期。

〔2〕 魏建国：《法治现代化不可忽视的环节：非正式制度与本土资源——以普遍信任为视角》，载《学术论坛》2010 年第 5 期。

〔3〕 李德嘉：《论法治的价值观基础：社会治理中德法并举的本土资源》，载《法学杂志》2019 年第 5 期。

探索"千里马"自由发展的社会空间
——读穆勒《论自由》

对于个人之于社会的发展，穆勒通过以个人自由界定政府的方式划定"群己权界"，为思想、言论和个性自由开辟出可供其发展进步的社会空间。德国著名学者、政治家威廉·冯·洪堡在《政府的界限与责任》中评述："本书所展开的每一个论证，都直接指向一个总体的首要原则：人类最为丰富的多样性发展，有着绝对而根本的重要性。"[1]时至今日，读穆勒的《论自由》仍能体会到其自由原则的思想价值。

一、穆勒自由原则的追寻

《论自由》成书于 19 世纪中期，如穆勒在书中所言："由于缺乏公认的一般原则，自由常常在应予节制的地方被施与，而在应该施与的地方却被节制。"[2]在政体稳定、法治昌明的社会中，个人发展与社会权力碰撞下产生的种种问题逐渐显露出来。穆勒在《论自由》以及其他作品中逐步构建和完善的自由原则就是对这一社会问题的积极回应。[3]穆勒的见解即便带有相对悲观和保守的色彩，也依然跨越了时空限制，为今人呈现出自由的理想状态和与之相关的现实问题。

（一）"两个假设"与第三种可能

该书主要论述了个人思想、言论、个性自由的重要性。在论述个人思想

---

〔1〕 夏纪森：《自由·法治·秩序：哈耶克的"自生自发秩序"思想研究》，上海三联书店 2017 年版，第 140 页。

〔2〕 [英] 约翰·穆勒：《论自由》，孟凡礼译，上海三联书店 2019 年版，第 121 页。

〔3〕 王辉森：《密尔政治思想体系中的折衷主义特征》，载《江淮论坛》2004 年第 2 期。

和言论自由时，穆勒依托两个假设，并以一个更切合实际的可能情形作补充：一是任何公认的意见都可能错误；二是公认意见正确，却仍需在同相反的错误意见的辩论中增强活力、加深认识；三是真理共存于相互冲突的意见之中，而冲突意见往往对立且无法调和。

在第一个假设中，穆勒指出时代与个人一样容易犯错，二者所具有的判断力和理解力都是有限度的。人是欲望与良心的统一体，人们通常可以认识到错误的产生是相对的、任意的，然而采取预防措施来防范错误的行为在实际判断中并未得到足够的重视。[1]对此，基于人的思维普遍存在的特点，思考、讨论和经验的形成可以在一定程度上打破以上局限，在事实无法自明其理的情况下，由人主动地"究其理"，以争取理性的观念和行为在总体上的优势：一是主动寻求反对意见，听取多方评价并进行比较；二是研究可能的思维模式，拓宽视野的同时转换视角，使得"真理越辩越明"。

而上述方式有效的前提在于，其一，言论自由适用的情形应当是普遍的。若以某些观点对于整个社会的重要性为由，将与其对立或不完全相符的"异端意见"排除在言论自由的范围之外，对于受保护的观点而言，只是把绝无谬误的假设由观点的正确性转移到了观点的重要性上，此番结论本质上也是一种妄言绝对正确的观点，不符合人的理性所客观存在的局限；对于受限制的观点而言，这些意见往往得不到公平和彻底的讨论，主张这些意见的人的自由被限制，而主张主流意见的人也在将自己的判断与大众情绪结合，进行一场不正义的审判，并代替更大范围的群众断定是非。如此一来，双方都会蒙受损失，如井底之蛙而难以进步。其二，反对行为的意见是有限的。假使一种反对意见适用于所有行为，一方面有走向绝对正义的极端的倾向，进而陷入同主流意见一样的囹圄；另一方面因意见的适用范围缺乏针对性，论述的说服力也会打折扣，在反对任一具体行为时也不够有效。

由此可见，言论自由是自由进行驳斥的前提，而自由的驳斥是任何观点赖以存在的坚实基础，更是人类理性所容许的、达到最大程度确定性的唯一途径。

在第二个假设中，穆勒的主张可被概括为"定见必寝"[2]。在这一情境

---

〔1〕 白春雨：《穆勒功利主义社会观对中国社会的考察》，载《社会科学家》2012年第4期。

〔2〕 ［英］约翰·穆勒：《论自由》，孟凡礼译，上海三联书店2019年版，第46页。

下，穆勒关注人们对观点的获取和持守、思想的融通和选择。人们应将相对立的观点放置在天平的两端，给予它们公平竞争的机会，并充分感受对方观点带来的冲击和压力。也恰是在观点的交锋之中，人类的理解力和判断力得以培育，思想也有了更丰沛的活力。试想所有人都认可并信服通行的观点，且没有人提出反对的意见与之争论，人们便会在思维惰性的驱使下逐步遗忘支撑观点的依据，甚至遗忘观点本身的含义。当信息的接收者由原本的主动领会转变为被动接受，让观点仅仅作为一串字符被死记硬背下来，最终可能"仅能提示其原本用来传达的意思的一小部分"[1]，甚至造成一定程度上的误解。既定的结论僵化后难以深入人心，即使仍旧被尊崇，也会与人们实际奉行的行为准则产生一定程度上的分离，削弱信仰本应具有的行为指导作用。可见，只有不断重申不同的观点，引发新一轮的辩论，才有希望再塑人的思维和观点的思想价值，进而使得人们能够在前人思想的基础上有所发展。

思想与言论自由的可贵之处在于人人都得以平等地享有，不同的观点都可以被主张和回应。穆勒自由原则的论证过程本身亦是对其观点的有力例证，他在论述过程中多次举出可能存在的反对观点，并给出相应的回复，使得读者能够不断地变换视角，在多方观点的来回交手之中对其主张有更深入的理解。[2]对手的存在是理解己方立场的有力辅助，而当这种辅助逐渐缺失时，教育和辩论赛事便是可供选择的替代措施。至于最根本有效的举措，仍旧是发挥思想和言论自由的激励作用，在天然形成的讨论情境下感受否定性逻辑作为"获取任何称得起肯定的知识或信念的手段"对思维的训练和挑战。

简言之，真理不仅需要达到一定的确定性而为人所信服，且同样需要通过时常经受讨论来激发其活力，如此才能被真正地理解和持守，并取得更大的进步。

在上述两个假设之外，穆勒提出了第三种可能，即公认意见包含真理但并不全面，需要更多的异端意见来将其包含的真理补充进来，对真理的剩余部分加以完善。主流观点的更迭暗示着时代的需要，其他并行发展的学说也随着掀起的思潮泥沙俱下，"而待到思潮的洪峰消退，这些真理就成为沉淀下

---

〔1〕 ［英］约翰·穆勒：《论自由》，孟凡礼译，上海三联书店 2019 年版，第 42 页。

〔2〕 李宏图：《约翰·密尔与托克维尔——思想家交往关系的历史考察》，载《法国研究》2023 年第 2 期。

来的精华"[1]。智慧的吉光片羽虽不应被过分地夸大,但不可否认的是,其依旧对盛行的部分真理进行了有价值的补充。

与前两种假设相比,这一可能情形更贴近实际——"在观念的历次革新换代中,往往是一部分真理兴起的同时,伴随着另一部分真理的沉没",[2]并非全然理想的、片片真理不断累加直至圆满的过程。对真理的追寻不只是某一时代中仁人志士为之奋斗的事业,更是长时段的历史时期下,从无数学者到广大群众的思想的融通。例如,洛克的《政府论》与穆勒的《论自由》均有对政府权力和个人自由的关照和探寻,有互通互融之处,亦各有侧重和思想倾向。[3]又如,今日我们再读《论自由》,以此为探究视角考量或深或浅的各种中国社会的现实问题。

继思想与言论自由之后,穆勒把论述拓展到人的个性自由上,指出应容许个性差异,主张个性权利。个性自由涉及人的行为方式、生活方式、性格等多个方面,是文明和教育等影响人类幸福的重要因素的必要组成部分和存在条件,但人们对它的认知程度有别,常使其处于被忽视和低估的境地。受现有习俗的专制和种种社会规范的控制,人们会逐渐从俗合流、压抑性格、搁置本性。人们应当持有依照自己的方式安排生活的正当权利,选择适合自己的生活方式,借由鲜明的兴趣和偏好流露显著的个性,获得智识、道德、审美能力等多方面的提升,营造多元的精神发展氛围,真正提升自己的幸福感。与此同时,人们更应积极寻求自我发展,在无损他人权利和自由的范围内追逐天性、形成性格,正视欲望与激情下的澎湃活力,培育个性自由。这不仅有利于个人自身发展,同时也有益于其思想和行为可能影响到的他人,使"由个人组成的群体生机更为蓬勃",进而为后世对这一时代所作出的、基于个性自由发挥程度的评价奠定基础。

(二) 公私权利的界分

在《论自由》的最后两章中,穆勒进一步探讨了个人和社会之间权利、行为等的界限,提出应给予个性自由充分的尊重,对由其指导的纯粹个人行为,社会也不应滥用权力进行过分干涉。在论及他人做出不良行为时,穆勒

---

〔1〕 [英] 约翰·穆勒:《论自由》,孟凡礼译,上海三联书店 2019 年版,第 51 页。

〔2〕 [英] 约翰·穆勒:《论自由》,孟凡礼译,上海三联书店 2019 年版,第 50 页。

〔3〕 许晓、王晋:《民主中多数原则的演变》,载《德州学院学报》2017 年第 1 期。

指出我们同样有权发表观点和评价，表示自己的反感。但对于大肆宣传以至于形成一定程度的道德谴责，甚至激化为道德报复或者道德惩罚，其合理与否一方面取决于被评价者的个人行为是否不正当地侵犯到他人的利益和自由或者导致自己未履行对他人应负有的义务，为个人或社会带来危险甚至实害结果；另一方面则在于评价者的批判行为本身是否超出自由原则的限度。值得注意的是，判定能否对一个人施加惩罚时，其可谴责性在于行为引发了背弃义务的结果，而非行为本身，即不能无限地追本溯源。当原本合理的行为导致了危害结果，限制这一行为则会超出自由所容许的范围；而当该危害结果是由此人的不当行为招致时，若不加选择地、直接或间接地对行为加以限制，对于本可以自由选择这一行为而不招致伤害的人的自由亦是一种侵犯。

此外，穆勒在《论自由》中的论述并非仅局限于理论层面的逻辑论证，而是结合多方事例来说明自由原则，涉及宗教、道德、法律、文化、商业贸易、婚姻家庭等多个社会领域，也体现了针对夫妻、子女等社会成员关系的人与人之间的平等观念。[1]穆勒重视个人的发展，指出"从长远来看，国家的价值归根结底还是组成这个国家的个人的价值"。[2]这种将个人的发展置于如此重要地位的观念，这一在当时社会背景下经深入思考形成的、饱含情怀的经典作品，无不在启发和督促今人积极探索，在认识到个人思想、言论和个性自由的重要性的基础之上，进一步觉醒意识，明确"群己权界"[3]，逐步成长，竞相奔腾。

二、个人发展空间的制约

当今时代强调个人之于社会的重要作用，以及社会对个人的约束和保障。从广义上来讲，即为探究个人与其所处的或者相关的集体的关系。个人天然处在一些集体当中，如家庭、社会、国家，并与这个国家的政府和制度存在密不可分的关系；个人也可通过自己的理解和判断选择性地融入一些集体，如基于共同宗教信仰、观念主张、兴趣爱好等组成的团体等。此外，同样存

---

〔1〕 龚刃韧：《重读密尔〈论自由〉》，载《政法论坛》2010年第4期。

〔2〕 ［英］约翰·穆勒：《论自由》，孟凡礼译，上海三联书店2019年版，第133页。

〔3〕 严复将穆勒的《论自由》译作《群己权界论》，其在译者序中言："学者必明乎己与群之权界，而后自繇之说乃可用耳。是为序。"参见闫亮亮：《严复选译〈群己权界论〉的文化记忆》，载《中国翻译》2018年第5期。

在诸如教育等介于二者之间的情形，需要进一步加以讨论。随着人的意识和选择对其所处集体的决定程度逐渐减弱，相应集体对个人应负有的义务逐渐增多，对个人的发展和自由造成侵犯的可能性也逐渐增大。[1]这些问题和变化趋势是针对各种社会关系泛泛而谈的，却可通过分析具体问题得到针对性的解决。下面笔者将从个人和社会两个层面进行探究。

（一）自由原则之下的个人意识

在《论自由》中，穆勒向读者传递了重视个人发展的思想——"只要有自由，有多少个体，就可能会有多少个独立的进取中心。"[2]个人应作为一种力量存在，而非泯然于众人。这种力量的存在和实践并不因个人属先进者、后进者还是未进者产生根本差别，而大体受两个因素影响：一是个人对阻碍言论自由因素的认知程度；二是个人对自由的价值的认知程度。

第一，个人应对言论自由面临的压力和制约有基本的认识。在当下社会中，提出反对意见、冲破刻板印象是与很大一部分传统观念背道而驰的，提出意见者往往会受到各种政治敏感、习俗专制和各种标签化的偏见的限制。法律和舆论是社会进行干涉的主要手段。一方面，法律惩罚是加强这一社会弊病的潜在因素，如在著名的德国吕特案中，汉堡地方法院就以司法判决的形式，通过公权力限制吕特的言论自由。[3]吕特向联邦宪法法院提起宪法诉愿，同时也引发了对于基本权利的适用空间、基本权利和司法法益间的利益衡量等问题的争论，深刻影响了"基本权利的第三人效力"理论的确立。[4]另一方面，公众舆论也为言论的自由发表带来了一定压力。社会的不宽容带来了"智识世界的太平景象"，而我们为此付出的代价却是"人类心灵中道德勇气的全部牺牲"。[5]

在法律和舆论的限制下，人们也会受逐渐形成的现有习俗的制约。一个人遵循生活习惯和刻板认知，在思维惰性的驱使下盲从而不加思考，便很难

---

〔1〕 杨晓冬：《让更多"千里马"担负起时代赋予的使命责任——以习近平同志为核心的党中央关心关爱各类人才纪实》，载《中国人才》2022年第10期。

〔2〕 ［英］约翰·穆勒：《论自由》，孟凡礼译，上海三联书店2019年版，第78页。

〔3〕 参见胡建森主编：《外国宪法：案例及评述》，北京大学出版社2004年版。

〔4〕 曾尔恕、高仰光：《德国吕特案判决五十年来的社会影响》，载《河南省政法管理干部学院学报》2009年第3期。

〔5〕 ［英］约翰·穆勒：《论自由》，孟凡礼译，上海三联书店2019年版，第35页。

提出创见，形成信仰集体权威的局面。阻止变化便会静止不前，因循守旧不仅可能导致原有习俗不能与当下的时代发展接轨，也会使得千人一面。而人之所以为人的比较价值恰在于：人性应是"根据使它作为一个活体生命的内在力量的倾向去成长和发展"，而不应与千篇一律的模型和机器等同。

压力与制约是客观存在的。对此，个人应当建立基本的认识，并在此基础上发挥主观能动性和增强直面压力的勇气。于个人而言，积极主动发声有利于个人能力的提升，是改变现有困境的必要手段，如"00后"改变职场已成为热议话题。沉默者也不等同于放弃思考，他们的意识和选择对于观点的推行同样具有重大意义。穆勒指出："一切睿智或高贵的事物，其创始都出自且必定出自少数个人；而且一般说来最先总是出自某一个人。普通人的英明与光荣就在于能够追随这种创始，能够衷心响应那些睿智高贵之事，并且不顾一切毅然相从。"[1]只有充分认识到个人自由所承受的压力和个人选择的导向性作用，人们才能在发表言论和主张个性时更加审慎，尽可能不去侵犯他人的自由和权利。

第二，个人应认识到尊崇自由对社会发展的贡献和价值以及最终如何惠及时代下的个人。英国历史学家赫伯特·巴特菲尔德在其著作《历史的辉格解释》中指出，历史并不是主动、有意识地选择了当下的发展道路，今人在看待历史时也不应过于主观，亦不可将其高度概括、抽象为一条直达目标的直线。[2]我们应对历史人物作历史性的理解，在天然形成的历史背景下理解前人所经历的苦难与创造的价值。而在忽视个人自由和发展的视角下，最容易被遗忘的价值往往也是与苦难伴随而生的，却为如今的文明作出了巨大贡献。

在雅斯贝尔斯提出的"轴心时代"中，春秋战国诸子百家思想荟萃，活跃多元的思想主张为当时的局势变化和后世的发展选择提供了大量的素材和养分，而这得益于当时所有参与思考的个人凝聚而成的力量；希腊三贤超越时代的哲学思想在文学、艺术等领域影响至今，而苏格拉底的堂吉诃德式的死亡也令人喟叹。历史本身不具有主观意志，真理也并不天然具有承受苦难的力量。穆勒在书中引述德摩斯梯尼《驳提摩克拉底》（Against Timocrates）中的

---

〔1〕 ［英］约翰·穆勒：《论自由》，孟凡礼译，上海三联书店2019年版，第73页。

〔2〕 ［英］彼得·沃森：《20世纪思想史：从弗洛伊德到互联网》，张凤、杨阳译，译林出版社2019年版，第380页。

表述:"新法律的提案人要在颈项上套上套索,如果公民大会在听了他的理由后没有当场采纳他的主张,就立即拉紧套索绞死他。"在发展进程中,由改革者提出的或外部环境施加的新影响因子也可能因被视为异端而被压制。只有认识到其背后潜在的可能价值,才更有动力去挖掘新思想,在人类尚未涉足的空白领域内,从无知走向有知;在认识不足的灰色地带中,由模糊走向明晰,由错误走向"驳而不倒"的正确。

如果人们能够认识到压力之下的自由言论能为社会发展带来价值,便可由价值激励自己突破压力限制,由压力促使自己珍视自由价值,进而更严肃地对待自身言论和自由,对由其指导的行为负责。穆勒指出"真理的真正优势在于,如果一项意见是真理,它虽可能被扑灭一次、两次至多次,然而在悠悠岁月之中,总会有人重新发现它,直到有一天它的重现恰值一个有利的环境,成功地逃脱了压迫,再到它经受住了随后所有镇压它的企图而大步前进"。[1]无论是从个人角度还是在历史眼光之下,个人积极寻求发展的主观能动性都处于重要地位。而对于加强个人珍视自由、主动寻求发展的意识,除个人自身外,国家和社会的推动和保障、代际传承的文化和教育同样发挥着重要作用。

(二)基于"群己权界"的社会保障

威廉·冯·洪堡曾指出个性发展的两个条件,"一是自由,二是千差万别的环境"。对此,穆勒在《论自由》一书中也有所引用并给予了肯定和回应。[2]任何人都无法脱离社会而独立存在,集体是人的社会存在方式,个人发展也需社会和其中的组织体为此提供实现价值的平台。

下面笔者将从开放自由发声的渠道与作出适当程度的容许两个角度讨论社会的积极保障和消极尊重的权利和功能。

第一,建设开放包容自由的社会文化。社会是将个人以复杂有序的体系和方式组织起来的、具有相对独立的集体意志的组织体。合理规范社会的运转和行为的同时,也应培育积极、健康、开放的社会文化,在养成社会文化的过程中,设置相应的激励机制,为社会中的个人提供主动发声和提出创见的渠道。为促使社会有效应对集体风险,应建立维持秩序所必需的管理体系,

---

〔1〕 吴伟光:《从言论自由制度的本质分析来理解其中国特色》,载《清华法学》2018 年第 3 期。

〔2〕 [英]约翰·穆勒:《论自由》,孟凡礼译,上海三联书店 2019 年版,第 63 页。

且不可否认的是，从个性自由角度来看，将社会文化纳入社会治理体系建设确为行之有效的思考。

对于社会治理的健康发展和可持续维护，设置社会内部的匿名报告机制和沟通机制都是关键环节。设立必要的举报保护机制，有利于激发社会成员的思维活力和个性表达，同时也可保障健康的诉求反映渠道。但需注意的是，不应动摇其他社会成员本应有的基本利益或施加不当的惩罚，使人民为了举报而举报。同时，进行工作意见征集时可通过提供参考标准的方式适当引导。这一举措与公开考试有相似性。穆勒曾指出为防止国家借此牢笼意见，应将测试知识严格限定于事实和实证科学。意见征集的参考标准同样应当客观，避免刻意引导；标准也应公示，必要时可对其有效性进行评估。同时应设置开放性反馈，由此反映社会成员重视的、参考标准未涵盖的评价标准。

出于对个人自由的尊重与保护，在进行上述合理激励和引导之外不应设置额外的筛选环节。当举报和诉求在从下往上传递过程中需经利益相关人员的筛选时，便存在言论被直接压制且不可抗拒的情形。同时也不应对意见表达方式进行过分限制，即不应将表达方式必须温和节制设定为言论得以自由表达的前提。对此，穆勒主张"为了真理和公道，在主流意见这一面限制使用无节制的谩骂之语，其重要性远胜于对非主流意见那一面的同等要求"。[1]对于有一定规模的社会，社会现有的制度和体系在一定程度上就相当于社会中的主流意见，而要在此基础上进行改造和创新必然要面临新制度、新思想的提出，社会结构也会随着新生的类型多元的主体的介入发生相应的变化，无异于进行一场变革。此时，新的影响因子的产生就可能如"异端意见"一样面临更大的压力，适宜的举措是为其开辟渠道、减轻压力，而非进一步通过制度加以制约。自此，便由积极保障自然过渡到了社会中各组织体的消极包容角度。举报保护机制配合公开透明的管理和相应的奖惩机制，便可从内部、从个人角度推进社会秩序维护和治理的有效实践。

第二，完善公私自由保障的权衡机制。在更大范围的社会中，个人作为社会成员便拥有更大的发展空间。重点即在于当个人具有一定的认知基础时，社会能否保有组织体所应具有的限度和责任，并在更复杂的社会结构上灵活地协调应对。当下个人的选择一方面受制于自己的思想观念，另一方面则受

---

〔1〕 ［英］约翰·穆勒：《论自由》，孟凡礼译，上海三联书店 2019 年版，第 59 页。

制于个人在社会环境下的生存和发展，如社会对个人基本利益的保障和对个人所应承担的义务的协调。

从个人角度出发，为了保障社会秩序和谐稳定和政治、经济、文化等方面的社会发展，个人有时需让渡一部分个人利益，甚至损害他人的利益。[1] 在个人让渡自身利益的范围内，如当代年轻人若选择学习和传承非遗文化，则可能面临学习周期长、收入少等现实因素，从而迫于生活等各种压力望而却步。如若国家和社会能给予传统文化的发展更大的支持和保障，便可激励人们更审慎地进行选择，进而推动文化事业的发展。而在侵犯他人利益的范围内，则涉及近年来紧急权体系的研究范畴，国家从行为时是否具有现实紧迫的危险、行为人是否采取必要的且非属权利滥用的手段、利益优越性等角度选择性地进行考量，合理设置个人的权利空间和个人之于社会的团结义务等，对个人做出的行为保留适当的容许，进而保障个人的利益甚至生命，维护社会秩序。

对于社会而言，政府网罗优秀人才符合社会的发展需要，也是社会管理的必要手段。对此，穆勒也有针对政府干涉限度的问题作自由原则的体系之外的补充。[2] 习惯自治的民族，无论是武事还是文政，在其有足够自由的领域内都更具承受挫折的韧性和追求进步的生命力。可见，将所有的人才和事物都纳入政府的体制和管辖范围内是有风险的。组织体内的个人应当充分发挥自己的个性和力量，组织体外的人们同样应当保持进取的步伐，积极地学习、思考，履行自身所拥有的自由和监督权利，而非被限制在赋予人工具属性的机器之中。当个人有主动追寻自由、发展个性的自觉时，政府便应当给予同样积极的回应，不仅是给予当代人自由发展的空间，对于后代也应在保证义务教育的基础上，促进教育内容、方式等影响个性发展的要素多元化发展，为人们提供选择的空间。

（王欣怡　西南政法大学行政法学院）

---

〔1〕 张毅：《约翰·穆勒论个性》，载《道德与文明》2023 年第 3 期。

〔2〕 王煊：《约翰·密尔行政哲学思想的理论考察与当代反思》，吉林大学 2015 年博士学位论文。

陪审团制度在中国的适用性分析

——读德威尔《美国的陪审团》

本文探究国家探索司法自主型道路的重要性，并针对陪审团制度的移植问题进行分析。司法制度的建立和运作应以国家的历史背景和文化传统为基础。目前的制度和人们的思想与社会形成了一种相互支持的关系。孟德斯鸠强调，法律与国家自然、气候、土地、民众生活方式、政治自由程度、宗教信仰等多种因素密切相关。因此，任何制度移植都应全面考虑这些因素。

英美法律系统的陪审团制度引起了学术界和媒体的关注，但我国在移植时应慎重考虑。由于文化背景、司法体系、民众意识的显著差异，全盘引进这一制度可能导致其"水土不服"，无法有效融入中国司法体系。因此，中国的司法发展应该遵循独立的路径，慎重研究陪审团系统的适用可能性和本土化。

一、陪审团制度法律体系与文化背景的考量

陪审团制度的生命源于对"反压迫"的深刻追求。在一千多年前，英国处于社会经济生活相对粗陋的农耕文明时代。《英国大宪章》第 39 条规定："除非依据其同仁所作的合法判决，或国家的法律……我们不得逮捕或监禁任何自由人……"，这一规定确立了陪审团审判的思想。在陪审团制度被北美殖民地继受之时，印第安人的社会生活和经济生产也处于相对简单落后的状态，甚至长时间停留在石器时期，由于生产水平有限，它在农业以及游牧这两大领域内均不能获得很好的精进。当英国人第一次进入美洲时，他们自然地重新建立了他们所熟悉和习惯的法律体系。其中，陪审团制度尤为突出，并逐渐在北美殖民地扎根。矛盾冲突压迫加深导致北美被殖民者发动革命反抗英国的统治，反抗的理由之一就是英国当局剥夺了人民应当享有的陪审团审判

的权利，革命为陪审团审判赋予了重要的意义。基于对陪审团制度的信赖，美国人在他们的宪法中写入了这一制度。《美国宪法》第 3 条规定："对一切罪行的审判，除了弹劾案之外，均应由陪审团作出……"《美国宪法第六修正案》规定："在所有刑事案件中，被告应有权要求由罪案发生地之州及区的公正的陪审团予以迅速及公开之审判……"根据全球陪审团制度的惯例，陪审团制度主要存在于作为前英国殖民地的英美法系国家，如澳大利亚、加拿大、爱尔兰等。

现代陪审团制度受古希腊的"自然法"、罗马法以及近代两大法系的对立相融影响，确立过程是对个人自由权利保护的追求过程，陪审团制度的确立使公民的自由权免遭侵害，从而降低了整个社会潜在的损失，使以公民社会和个人权利主体为特征的英美社会的多样性、自治、法治等民族习性得以生成和延续；而在这一漫长的发展过程中，陪审团制度将"创造自由"和"守护自由"的品格凝结为一体。[1] 在司法领域遵循私法传统，防止公权干涉，强调个体权利本位，保护公民"私域"自由权利。

在英美法系中，陪审团裁判作为一种典型的分权与制衡裁判机制，体现了英美哲学的基本特征，即不信任国家及政府任命的官僚，它的目的是要使公民受到最公正和最无私的审判，保证公民的权利不受法院专制作风的打击。[2] 此外，美国认为陪审团保障公民自由不仅可以通过权力制约权力来实现，而且可以通过权利制约权力来实现，即陪审团审理本身是公民行使权利的一种方式。陪审团制度在美国得到广泛接纳并发展，深受资产阶级启蒙思想家主张的每个人都有权由"和自己同类的人"来审讯、"人民代表参加审判"等思想的影响，不仅成为对抗王权与特权集团的有力武器，而且成为民主的形式之一。[3]

民主性在陪审团制度中体现在对陪审员的选择、陪审团成员的组成、陪审团的裁判上。组成成员的民主性要求确保成员来自社会的多元化阶层，以

---

〔1〕 万海峰：《英美陪审团制度的政治解读》，载《中山大学学报（社会科学版）》2008 年第 4 期。

〔2〕 ［法］罗伯斯比尔：《革命法制和审判》，赵涵舆译，王之相、王增润、立知校，商务印书馆 1965 年版，第 33 页。

〔3〕 卢淑和、饶世权：《美国陪审团制度的功能及其对我国审判制度改革的启迪》，载《中南民族大学学报（人文社会科学版）》2004 年第 S2 期。

体现广泛的代表性，摒弃因性别、种族、肤色、职业、信仰等的不同带来的任何形式的歧视。[1]组成人数的民主性体现在美国的陪审团一般由 12 人组成，目的是更好地防止司法腐败，因为影响甚至收买 12 个人比影响甚至收买 1 个人要困难得多，人数的民主性是裁判民主性的根本保障。裁判的民主性在于司法主体不仅仅是一个专业的法官，而是由普通民众组成的陪审团。

二、中国司法体系的文化根基

在长期的历史演进中，小规模农业经济的生产模式与儒家思想中长期推崇的伦理道德理念紧密相连，共同塑造了中国独特的和谐司法体系，在社会层面为人民确立了和睦相处、和谐无争的生活准则。"和谐"是中华民族的文化精髓，常以"协和万邦""神人以和""庶政惟和"等表述来体现与传递兼容并蓄、均衡调和、平顺适度的和谐状态。[2]儒家经典《中庸》提到"和也者，天下之达道也"；孟子道"天时不如地利，地利不如人和"；孔子云"君子和而不同，小人同而不和"。中国从古至今延续"天下无讼、以和为贵"的传统法律文化。"以和为贵"刻在中国人的命脉里，也同样刻进司法的骨子里。为了实现理想的"和谐"社会愿景，中国在政治法律领域深入贯彻这一原则，具体体现为对"无讼"境界的追求，以及对天理、国法、人情在司法实践中的综合考虑，追求礼法兼顾与和谐，以使公平、正义、和谐、秩序高度统一，尽可能实现亲亲尊尊法律原则等。[3]中国以保障社会秩序的正常运行和政治秩序的稳定为最高的目标，追求社会整体的同一性和平衡性。[4]

中国自古奉行"有错必纠、实事求是"的司法理念，作为一种深入人心的哲学认识，这种司法理念已牢牢扎根于中国人的世界观之中。在中国，再审制度应运而生，该制度意欲使案件事实得以真实地、全面地再现，彻底摒弃"官无悔判"的封建思想；强调无论事实认定还是法律适用，满足存在确

---

〔1〕 李昌道、董茂云：《陪审制度比较研究》，载《比较法研究》2003 年第 1 期。

〔2〕 何勤华、张顺：《从"天人合一"到"以和为贵"——中国古代治国理政的法理创新与实践》，载《治理研究》2022 年第 6 期。

〔3〕 彭凯、吴蓓蓓：《"天人合一"思想对我国传统法律文化的影响》，载《广西社会科学》2008 年第 1 期。

〔4〕 冯玉军：《全球化中的东亚法治：理论与实践》，中国人民大学出版社 2013 年版，第 68 页。

凿无疑错误的条件即应加以纠正,[1]如生效裁判在认定事实或者适用法律上确有错误;程序上的违法如可能影响正确判决、裁定以及审判人员贪污受贿。"有错必纠"原则体现为二审程序中的"见错必究"和再审程序中的"当究必究"[2],结合司法实践,近几年各地相继出台了"错案责任制"规范性文件,规定了"错案"的界定,即法官在判决中故意违反法律法规,或者因重大过失致使裁判结果错误,并造成严重后果的案件。[3]"全面审理"原则的明确是为了让人民群众在每一个司法案件中感受到公平正义。

三、英美法系陪审团制度在中国的适用性分析

在英美法系中,作为司法程序的重要组成部分的陪审团制度,其适用范围正在逐渐限缩。面对这一现象,对于是否应该按照其原始形式引进,我国需要考虑到这一制度与现有司法体系制度和历史文化背景的兼容性。本文对此将从司法理念、司法资源、民众意识三个角度进行分析。

第一,司法理念的差异是影响司法制度设计和实施的关键因素。在英美法系中,陪审团制度的核心是确保实体公正,通过一次性的事实审来确定案件的事实,法官在事实认定基础上进行法律适用。因此,通过普通公民的参与,司法过程可以更真实地反映社会对案件事实的看法,从而实现公正。《美国宪法第十四修正案》确立了禁止双重危险原则,确保个人不会因为同一罪行而面临两次起诉,法院只要不因违反程序而决定进行新的程序,就应该对案件事实作出一次性决定,不能以"事实不清、证据不足"改判。该原则旨在防止个人因同一罪行受到重复的刑事追诉,保障个人权利不受侵犯。相比之下,中国的司法理念更强调实事求是和有错必纠的原则。在中国的司法体系中,司法过程被视为一个不断回溯和认识的过程,要求司法人员发挥主观能动性,即在审查判断证据、查明案件事实的过程中,办案人员不仅要有扎实专业的法律知识和卓越精深的司法智慧,更要有根据程序规则"以事实为

---

〔1〕 何兵、潘剑锋:《司法之根本:最后的审判抑或最好的审判?——对我国再审制度的再审视》,载《比较法研究》2000 年第 4 期。

〔2〕 陈科:《论司法的可错性》,载《法学》2020 年第 12 期。

〔3〕 参见《安徽省高级人民法院错案责任追究暂行办法》(2015 年)、《河南省高级人民法院错案责任终身追究办法(试行)》(2012 年)、《黑龙江省富裕县人民法院错案责任追究暂行规定》(2015 年)等文件。

依据，以法律为准绳""求是"的勇气和信念，必须忠于事实真相。[1]中国的三大诉讼法都明确规定了再审制度，允许当事人在发现判决或裁定存在错误，满足构成再审的实质理由时，依法申请再审或提出申诉。王胜俊法官表示"人民群众希望有错必纠，我们的再审工作要处理好依法纠错和维护生效裁判既判力的关系，不能固守所谓绝对的'既判力'和'一事不再理'的观念，及时依法依程序纠正错案"。[2]陪审团的一次性的事实审可能与中国的再审制度存在潜在的冲突，因为后者允许对事实进行多次审查和认定。

第二，陪审团系统需要大量的时间和经济成本来考虑案件的事实。如果由没有日常经验和专业法律知识的市民组成的陪审团负责任，那么只有对案件进行"生活化处理"，他们才能了解事件的事实。而"生活化处理"是一件极耗时耗力的事情，需要保障每个案件都有律师作辩护人或代理人，这要求国家建立完备的法律援助制度，为请不起律师的人指派律师；另外，在美国，陪审团审判重罪案件一般需要 2 天至 4 天，当涉及复杂的案情、多名被告或可能判处死刑时，审判时间往往超出一般重罪案件所需的时间，特别是在陪审团的选择阶段至少会耗费一个小时，有时甚至可能持续数天。[3]不仅如此，陪审团的成本也是一笔不小的开支，在法庭运作中，陪审团的行政成本构成复杂，并且需要考虑陪审团管理员的薪酬、传唤和资格审核的邮件费用、执行陪审团传票的支出、陪审团成员的教育培训成本，以及在某些特殊情况下，为确保案件审议的公正性而需要为陪审团成员提供的食宿及隔离成本。中国作为一个发展中国家，司法资源相对有限，现在的法院已经被"案多人少"的工作状态压得喘不过气来，对于陪审团制度所需的大量时间和资金着实是"耗不起""等不起"。这有可能使得当前"人少案多"的矛盾更加尖锐，挂案、悬案将大幅度增加，"结案难"问题更加突出，司法效率与民众期待之间的紧张关系恶化。[4]

第三，民众意识与社会结构影响司法信任度。在美国社会，民众似乎更倾向于信赖与他们身份相近的普通公民在司法决策中的判断与裁定，而非过

---

[1] 高一飞：《上帝的声音：陪审团法理》，中国民主法制出版社 2016 年版，第 44 页。

[2] 董瑞丰：《最高人民法院院长王胜俊接受本刊专访 保障公平正义是司法工作生命线》，载《瞭望》2008 年第 38 期。

[3] Nancy Jean King, "The American Criminal Jury", *62 Law & Contemp. Probs*, 41（Spring 1999）.

[4] 封丽霞：《中国需要引进陪审团吗》，载《理论视野》2017 年第 6 期。

度依赖政府官员（尤其是法官）的裁决。"普通人智慧"的信念认为普通人能够作出合理和公正的判断，倾向与美国的个人主义价值观紧密相连，强调个体的独立性和自主性。东亚文化的传统，更愿意相信权威人士能审判好案件。社会阶层性决定民众意识，在东亚，社会结构经常被形象地描述为具有"垂直性"，这表明社会关系的层级和等级是由特定的"社会地位"所决定的，通常，"社会地位"的界定是基于个体的年龄、职业等因素。在中国，餐桌礼仪就是一个典型的体现，人们按照主客、尊卑、长幼等次序进行排位以表示对传统礼仪的尊重，是最正常的现象；在日本传统家庭的理想模型中，家庭成员间倾向于在观点上避免分歧，对家长观点的质疑或反对，被视为一种失礼的表现。[1]有日本学者在深入研究中提出陪审团在日本文化中是不受欢迎的。[2]从民众意识角度分析，中国作为东亚国家之一，民众更倾向于接受法官而非陪审员的审判。

四、结语

司法制度的建立和运作必须根植于国家的文化背景、司法体系、民众意识，引入任何制度都要经过深思熟虑以确保其与本土社会的和谐融合。陪审团制度虽然在英美法系中一直发挥着重要的作用，但其在中国的适用性需要谨慎评估，中国要充分考虑司法理念的差异、司法资源的分配和民众意识的接受度。中国司法发展要走独立自主的道路，借鉴国外经验的同时，注重本土化创新，在保持自身特色的基础上，形成具有中国特色的司法模式。

（智莫涵　西南政法大学人工智能法学院）

---

〔1〕 See Lester W. Kiss, "Reviving the Criminal Jury in Japan", *62 Law & Contemp. Probs*, 261 (Spring 1999).

〔2〕 Sally Lloyd-Bostock & Cheryl Thomas, "Decline of the 'Little Parliament': Juries and Jury Reform in England and Wales", *62 Law & Contemp. Probs*, 7, 25 (Spring 1999).

正义之镜的裂痕

——读卡德里《审判为什么不公正》

司法审判制度经历了一个漫长的过程才达到现在的高度，即人类的司法审判史，是一部辉煌灿烂的文明演进史。在西方两千多年的审判史中，一次又一次的不公正审判实际上是一种反文明的行径。[1]过去审判的缺陷仍然以某种方式顽固地出现在当下，古老的冲动仍然震动着每一个法庭，从历史角度回看制度的演进中那些反理性的倾向，理想与现实的错位、罪与罚的不对等、迷信与理性的纠缠，以诉诸正义之名，为不公审判，无不揭示了人类曾经的蒙昧、荒诞、不宽容和残忍。法庭犹如一个剧场，古往今来的各种因不公审判而带来悲惨结局的案例，传达出了普世对于公正的呐喊和呼唤。[2]

一、在荒诞中寻找理性

在人类的审判史上出现过很多以现代视角来看极其荒谬的审判方式。你听说过火审、水审、面包奶酪审吗？你见过象鼻虫、母猪、尸体和女巫这样怪异的被告吗？你知道关塔那摩的非公开审判以及其他那些以审判为名、复仇为实的秘密吗？[3]这些审判在当时被认为是神圣和庄严的，但今天看来却显得荒谬可笑。在这些审判中，正义与复仇的较量、当事人隐私与审判公开的取舍、荒诞与理性的不断纠缠，最终到底是什么在影响着判决？为什么作者想要说审判常常不公呢？

---

〔1〕 张志丹、孙洲：《开拓与反思：中国法律伦理学 70 年》，载《新疆师范大学学报（哲学社会科学版）》2019 年第 5 期。

〔2〕 郭哲：《"德法兼修"下法律职业伦理之构建》，载《南京社会科学》2019 年第 6 期。

〔3〕 徐来：《法官不依法纠错就是失职》，载《法制日报》2003 年 10 月 20 日。

在维克多·雨果的经典作品《巴黎圣母院》中，卡西莫多与艾丝美拉达所经历的司法程序，提供了一个探讨法律审判公正性的重要案例。特别是，卡西莫多在副主教弗洛罗的唆使下未能成功绑架艾丝美拉达，随后所遭受的审判过程，揭示了司法程序中的深刻缺陷。在审判过程中，主审法官的缺席以及由一名聋人助理法官主持庭审的做法，构成了对法律程序基本要求的严重背离。这种情形下，被告卡西莫多同为聋人，所进行的审判造成了沟通的完全障碍，从而剥夺了当事人的法律代理权和自我辩护权。[1]这不仅违反了当时法律对公平审判的基本要求，也忽视了被告人的基本人权。在司法公正的视角下，此案揭示了即便是在文学作品中，不公正的司法程序如何深远地影响一个人的命运。卡西莫多所接受的罚款、鞭刑以及示众的刑罚，均缺乏法律正当性和程序正义，这进一步加剧了他的社会边缘化。[2]

也许审判模式的演进并非仅仅是法律条文的更迭，而是与人类正义感的深刻觉醒、理性与感性之间的辩证关系、政治与宗教的互动以及专制与民主制度的长期斗争紧密相连。这种演进是一个动态的过程，体现了社会意识形态的变迁和法律制度的适应性调整。[3]审判程序的设计和实施，应当旨在整合各种理性认知，同时对于参与审判的各认知主体可能存在的认知偏差，承担起提示和监控的责任。这样的程序设计能够确保审判功能的实质性和有效性，避免刑事法官在识别其他认知主体之认知偏差时面临困难。反之，若审判功能被形式化或虚化，刑事法官的直觉偏误可能会未受质疑地演变为最终的裁判结果，从而导致冤错案件。[4]理性在探讨存在的荒诞性与逻辑合理性之间的辩证关系时，不可避免地面临如何在荒诞的经验现实中寻求理性解释的挑战。这一过程涉及对现象世界背后深层逻辑的挖掘，以及在看似无序与混乱的表面之下，探寻潜在的结构与意义。[5]因此，"在荒诞中寻找理性"可

---

〔1〕 刘勋：《不公正的审判即悲剧之源——读〈巴黎圣母院〉有感》，载《人民司法（天平）》2018年第24期。

〔2〕 古冈：《怎样面对不公正的审判》，载《书城》2014年第8期。

〔3〕 郑卫平等：《围绕"公正与效率"工作主题　加快推进审判工作现代化》，载《人民法院报》2023年7月27日。

〔4〕 孙万怀：《刑事正义的宣谕——宽容》，载《环球法律评论》2012年第5期。

〔5〕 许天问：《法律权衡方法的形式理性——基于偏好聚合的分析》，载《逻辑学研究》2024年第2期。

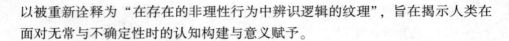

以被重新诠释为"在存在的非理性行为中辨识逻辑的纹理"，旨在揭示人类在面对无常与不确定性时的认知构建与意义赋予。

二、正义是种奢侈品

在法律的价值追求中，正义是最为基本的价值之一，是社会价值观的高阶表现形式。[1]美国当代著名的思想家罗尔斯在《正义论》中说："正义是社会制度的首要价值。就像真理是思想体系的首要价值一样。"[2]在当代社会，一个完备的法律制度是实现"形式合理"的基础，而法律制度所保障的正义则构成了"实质合理"的内涵。[3]尽管在现代法治社会中，"形式合理"占据了优先的地位，因为它确保了法律适用的统一性和可预测性，但社会追求的最终目标是实现"实质合理"。首先，正义真的存在吗？是人类的发明还是发现，是主观的还是客观的？很多人认为正义是人类的一种设计。[4]早在古希腊时期，对于正义的探讨就呈现出多元化的视角。柏拉图借由其师苏格拉底之口，提出了正义的客观性观点，认为正义是独立于人类意志的永恒存在。[5]而色拉叙马霍斯则主张正义的相对性，认为不存在绝对的标准，且强权即真理。此外，怀疑论者对正义的存在持怀疑态度，认为正义的概念可能是人类主观构建的，其本质可能并不存在。在《理想国》中，柏拉图以非常严谨的逻辑彻底驳斥了相对主义，正义一定是客观存在的。罗翔老师也从逻辑、经验和类比三个层面论证了正义是客观存在的。可以说，正义更多的是一种理想，就像在现实中，无论我们用何种仪器，都无法画出一个真正完美的圆，但"圆"这个概念本身是客观存在的。[6]在马克思主义看来，阶级平等即正义，而在自然界中弱肉强食即正义，正义有很多不同的解释，人类所有的思考其实都

---

〔1〕 参见〔荷〕格劳秀斯：《战争与和平法》（第3卷），〔美〕弗朗西斯·W. 凯尔西等英译，马呈元、谭睿译，中国政法大学出版社2017年版。

〔2〕〔美〕亨德里克·威廉·房龙：《宽容》，时峰译，西苑出版社2009年版。

〔3〕 周濂：《后形而上学视阈下的西方权利理论》，载《中国社会科学》2012年第6期。

〔4〕〔英〕塞缪尔·斯迈尔斯：《信仰的力量》，余星、李柏光、严君烈译，北京图书馆出版社2000年版，第4页。

〔5〕 冯亚仁、刘皓然、牧之：《辛普森去世，美国留下一道鸿沟》，载《环球时报》2024年4月13日。

〔6〕 史锡哲：《马克思主义超越性正义理论：逻辑前提、核心论题与理论特质》，载《中国矿业大学学报（社会科学版）》2024年第4期。

是建立在相信的基础之上的，因此，如果相信正义存在，那么正义一定是客观存在的。其次，什么是正义？正义本身就是一个复杂且多维的概念，关于正义的概念问题，在不同的社会背景下的不同的学者、不同阶级的群体对正义的理解都不尽相同。根据古希腊哲学家柏拉图的观点，正义就是人们依据其等级出发应该做的事。[1]亚里士多德则认为，正义是人们在社会关系中所产生的一种美德，一是指能否服从于法律，二是指一个人所取得的东西是不是他应得的。卢梭的观点认为正义的制度必能维护人类所谓的自由与平等，用缔结社会契约的方式所发展的制度，能够有效地达成彼此诉求。[2]当西方理论不断发展之时，东方先贤也开始思考正义，在我国古代思想中，儒家思想和墨家思想的"正义观"都非常看重"义"，一件事是正当的、有道义的，也就是正义的，不管是儒家还是墨家，"正义"都体现在人的行为中，是一种判断行为"正当性"的原则和标准。[3]总之，正义的内涵既重要又繁复，不是任何人可以随意定义的，而是由法律来界定的。正义以法律的保护为基础，没有法律的保护，正义将无处安放。在法律领域，正义通常被理解为公平、公正和法律的正确实施，是程序正义和实体正义的结合。[4]正义是法律的灵魂。最后，正义为什么是种奢侈品？在司法实践中，正义通常被理解为法律得到公正执行，每个人的诉讼权利得到有效保障和有效实施。其主要体现为形式正义和实体正义。[5]在理想的法律体系中，无论是立法、执法还是司法都追求形式正义和实体正义的双重实现，但是往往很多情况下两者并不能兼顾，因为要想在司法审判中实现形式正义与实质正义的平衡往往需要克服多方面的困难和挑战，例如程序的复杂性，从立案、审查、起诉、审判到执行，每一个阶段都需要投入时间成本、人力成本、经济成本以及司法资源成本。[6]

---

〔1〕 ［德］韦伯：《法律社会学》，康乐、简惠美译，广西师范大学出版社 2005 年版，第 225 页。

〔2〕 ［美］约翰·罗尔斯：《正义论》，何怀宏、何包钢、廖申白译，中国社会科学出版社 1988 年版，第 126 页。

〔3〕 黄宗智：《中国古今的民、刑事正义体系——全球视野下的中华法系》，载《法学家》2016 年第 1 期。

〔4〕 《马克思恩格斯文集》（第 3 卷），人民出版社 2009 年版，第 434 页。

〔5〕 庞学铨：《从罗尔斯到赫费：正义论证的范式转换》，载《浙江学刊》2024 年第 2 期。

〔6〕 ［德］奥利弗利德·赫费：《政治的正义性：法和国家的批判哲学之基础》，庞学铨、李张林译，商务印书馆 2021 年版，第 5 页。

此外，正义在现实社会中的实现往往受到经济、政治、文化等多重因素的制约，需要相对丰富的社会资源和高度发达的社会制度作为支撑，因此，它常被视为一种理想状态，从这个意义上讲，正义如同一件奢侈品，对于社会而言，其获得和维护需要付出较高的成本和努力。[1]

追求正义就像在圆圈中奔跑，没有尽头，就如圆周率，本身是小数点背后的无边无际。[2]正义存在于我们每个人的心中，但是由于个体理性的有限性，所以所谓正义感也是极为有限的。法官是正义的代名词，这也是我们作为普通公民最殷切的期盼，我们都希望我们能够坚守的最后一道救济防线能够掌握在充满正义的法官手上。[3]为了构建更加公正的社会，需要不断努力降低实现正义的成本，提高司法效率，促进繁简分流。

三、法律与理性审议

现代刑事审判中，每个案件都以理性思考和逻辑辩论为特色。[4]在学术语境中，法律与理性审议可以被表述为司法实践中对法律规范的逻辑分析与辩证评估。[5]这种表述强调在法律适用过程中必须对规则进行严谨解读和理性的思考，深刻把握法律原则、法律精神和法治理念的内涵。此外，法律与理性审议一直都是两个密不可分的概念，它们在现代法律体系中扮演着重要的角色。理性审议是一个逻辑推理和分析的过程，而法律则是规制和调控人类关系的一种合理手段和原则。[6]

法律源于理性还是感性一直是一个很有争议的经典问题，有学者指出，只有社会上大部分人都认为对的事情才会是道德上对的事，所以道德是社会大众想法的集合，具有感性的属性，而法律来源于道德，自然也是感性的。[7]但

---

〔1〕 孙健健、李宗明：《中国式现代化视角下生态正义的理论与实践》，载《南海学刊》2024年第2期。

〔2〕 孙全胜：《论马克思分配正义思想的三重维度》，载《上海理工大学学报（社会科学版）》2024年第1期。

〔3〕 李勇：《比较视野下的正义观念》，载《社会科学辑刊》2024年第1期。

〔4〕 胡悦、史彤彪：《论实践理性自然法之不证自明性》，载《浙江社会科学》2024年第3期。

〔5〕 雷磊：《法社会学与规范性问题的关联方式 力量与限度》，载《中外法学》2021年第6期。

〔6〕 杨天江：《格里塞—菲尼斯学派论自然法道德原则》，载《澳门法学》2022年第3期。

〔7〕 参见〔英〕休谟：《人性论》，关文运译，郑之骧校，商务印书馆2016年版。

是，法律是规范化、文书化的道德，所以必须使用理性思维把感性的道德规范化，[1]否则不可能用简单的语句来概括大量的社会行为，可见法律也应当是理性的。[2]法律的理性主要是通过司法理性来得以体现，司法理性既不具有文学思维中对生活进行夸张或缩小的浪漫主义色彩，也不同于经济学思维中追求边际收益最大化、边际成本最小化的计算方式，体现出独特的法律思维和法治思维。这种思维致力于追求和维护公平正义，其追求的极致几乎达到了价值实现的最大可能。[3]

在立法过程中，理性审议至关重要。理性意味着限度，在立法中体现为对立法总体思路和罪刑设定科学性的强调。立法者应当基于充分的论证避免盲目跟随社会舆论和公众情绪，考虑各种利益、价值和社会目标，通过辩论和讨论来形成最合适的法律。审议过程中应当坚持开放透明的原则，充分反映社会的多元化声音，让法律的制定和适用对社会的理解和对人性的洞察更加深入，对公平正义不断追求。那些声称是为了避免不可靠的定罪而制定的法律，结果反而会成为误判的主要原因。[4]只有立法做得好，才可以使得上下游处于更好的关系之中。[5]

法官在解释和适用法律时同样必须进行理性审议。他们需要通过认真分析案件事实、研究法律条文的形式和实质内涵以及先例的衍生价值，来确保判决的公正性和合理性。这种审议过程要求法官具备扎实的法律知识和素养、敏锐的洞察力和公正无私的法律品德。无论被告是小偷还是时间领主，无论法官是天使还是黑社会的渣滓，审判本身作为一种被社会高度尊重的仪式，始终承载着一种崇高的理想。人们应当在实施惩罚之前暂停一下，让理性超越思维，并在复杂多变的世俗中保持其独立性。司法正义的实现并非无代价，

---

〔1〕 刘艳红：《轻罪时代刑事立法泛刑化与重刑化之理性反思——以〈刑法修正案（十二）〉为视角》，载《法学评论》2024 年第 2 期。

〔2〕 张晓琳、奚茜：《理性还是情感：论〈赎罪〉中的正义问题》，载《外国语言与文化》2023 年第 4 期。

〔3〕 韦钰琦、杨景天：《我国法律职业伦理的理性构建》，载《中国报业》2023 年第 24 期。

〔4〕 张志丹、孙洲：《开拓与反思：中国法律伦理学 70 年》，载《新疆师范大学学报（哲学社会科学版）》2019 年第 5 期。

〔5〕 郭哲：《"德法兼修"下法律职业伦理之构建》，载《南京社会科学》2019 年第 6 期。

它涉及保护无辜者的期望与对有罪者施以惩罚的社会渴望之间的内在冲突。[1]尽管现代审判制度旨在抑制直觉性判断，但每一种司法机制都仍需尊重对于惩罚的潜在冲动。正义的天平不断地进行调整，适当的透明度使得法庭外的人员能够理解法律制度的运作，从而确保审判活动的参与者能够合理地行使各自的职能。正如伯格所指出的，公开审判的目的是增强公民对法院的信任，正义的实现必须以可见的方式进行。[2]

总的来说，司法裁判是一项复杂的系统性工程，其中法官的判决过程被卡多佐形象地描述为一种"合成物"。[3]实用主义司法哲学的核心在于对司法过程性质的具体感知和理性理解。这种哲学认为，理性的意义在于对司法存在的本质负责，包括对司法与社会的关系和其内在的社会使命有深刻的认识。在此基础上，法律工作者不仅需要认识到司法理性的重要性，而且应当超越单纯的认知层面，将司法实践与新时代人民群众在民主、法治、公平、正义、安全、环境等方面的更高层次、更高标准的需求相结合，从司法理性走向理性司法。[4]

四、结语

纵观人类的审判史，审判从最早来源于神意，到探索犯罪者心理秘密，再到纠问式审判以及由外行参与的英国陪审团式审判，无不体现了人类的道德观、价值观和司法制度的本质。审判毫无疑问有展示审判者权力的一面，但另一方面民众的参与也限制了司法权的滥用。[5]立足于审判制度的发展规律来看，以审判为中心的诉讼模式没有完成时，只有进行时。为了进一步深化以审判为中心的诉讼制度改革，必须推动立法跟进。依托于相关的司法解释文件，对于实践中证明有效的改革措施，应当及时进行总结和提升，使之上升为具有普遍约束力的法律规定。这样的做法有助于确保改革成果的稳定

---

〔1〕 夏伟：《法益概念解释功能的教义学形塑》，载《苏州大学学报（法学版）》2023 年第 2 期。

〔2〕 韩笑：《刑事错案治理中司法正义的理性回归》，载《北京科技大学学报（社会科学版）》2023 年第 3 期。

〔3〕 李江艳：《论法治的司法面向》，载《现代商贸工业》2022 年第 15 期。

〔4〕 章安邦：《"法律、理性与情感"的哲学观照——第 27 届 IVR 世界大会综述》，载《法制与社会发展》2015 年第 5 期。

〔5〕 孙锐：《刑事诉讼本质论》，载《政法论坛》2012 年第 4 期。

性和长期性，从而为司法公正和法治进步提供坚实的制度保障。展望未来，审判制度的完善仍然是建设法治国家的重要内容，促进法治系统互相衔接，构成一个意义大于部分之和的整体。[1]此外，在世俗法律之上还有更高的法则，那就是正义。法律人是民主社会最后的贵族，他们是防止民主走向极端和多数人暴政的最坚固的堡垒。[2]在办案中，司法机关要把理性司法视为一项根本原则，依照事物本身发展的规律、案件的客观需求和自然演变的原则来进行深入的思考，不能仅凭个人直觉办案，也不能就事物表面的事实进行判断，更不能采取简单机械的司法处理方式。司法机关应当运用科学的方法和逻辑推理，全面、客观地分析案件，以确保司法决策的合理性和公正性。

（肖琼芳　西南政法大学民商法学院）

---

〔1〕 边慧亮：《刑事诉讼三元本质论》，载《理论探索》2015 年第 5 期。

〔2〕 刘小禾：《浅谈柏拉图的〈申辩篇〉》，载《三角洲》2024 年第 7 期。

社会控制理论视角下法律对社会的支配
——读庞德《通过法律的社会控制》

资本主义的自由形态演化为垄断，为社会控制的理论框架提供了根本推动力，这是因为人的本能倾向于不断追求扩展，与此同时自然资源却是有限的，这样的对立催生了对社会控制手段的需求。社会通过法律的手腕，即国家运用法律的规范来确立和调节社会构架及成员关系。当法律的力量、社会的自律机制及文明进程相互纠缠，才可能在人的无尽欲求与地球资源终极边缘之间找到均衡。只有这样，世界各地的居民才能享受到满足而宁静的生活状态。对此，庞德指出："社会控制的任务就是我们所说的法律的高度专业化的形式，这是希望能够限制人性自私的一面并且防止它无限膨胀的势头。"[1]

一、社会控制的构想

庞德从普通法系的法律理论发展入手，梳理了从纯粹自然法到纯粹"法律事实"的转变过程，展示了从一个极端到另一个极端的转变，这一过程不仅体现了法律理论的发展轨迹，也反映了社会控制手段的变化和文明进步的需求。文明不仅包括物质自然界和人类本性的控制，也涉及通过法律等手段对社会行为的规范和调整。这也表明文明的发展需要社会控制机制的支持，以确保文明的进步不会导致社会秩序的混乱。

社会控制的定义强调了社会组织通过社会规范对成员行为的约束过程[2]，

---

〔1〕 〔美〕罗斯科·庞德：《通过法律的社会控制》，沈宗灵译，楼邦彦校，商务印书馆1984年版，第81页。

〔2〕 胡桂贤：《浅析科技信息传播对社会控制的相关作用》，载《黑龙江科技信息》2011年第14期。

揭示了社会控制不仅仅是外部力量的强制，更是一个内化于社会成员心中的过程。调整社群机制是为了使各社区生活领域保持和谐运作，同时守护集体的福祉与安宁，此做法反映出社会学理论中的系统分析与结构功能理念。社会导向的理念关乎利用社会性影响力引导公民遵守既定规则，从而保持社会的有序状态。这种控制不仅仅是强制性的，也包括教育、文化等非强制性的手段。随着文明的发展，法律成为社会控制的主要手段之一。这表明随着文明的提升，带来了社会管治手段的丰富化与进化；同时揭示出在维系文明序列过程中社会管治扮演的关键角色，即确保文明沿着既定轨迹发展，不可忽视借助外在的社会控管力量，以激发人类共生共融的天性。这意味着法律的社会控制需要在尊重个体自由和社会责任之间找到平衡点。法治在管理社会秩序方面的角色凸显出依托法律手段进行社会管理的至关重要性，并且指出有必要更加清晰地界定法律在现代社会治理机制中的职能。从社会学的视角分析，法律主要通过调停矛盾和保障社会稳定性来履行其作为社会调节器的职责。尽管如此，法律施加的社会控制效用并非独立运作，它与其他社会控制方式相互作用，共同构成了一个多元化的社会控制体系。这些不同的社会控制方式在不同的社会情境下发挥作用，其效果可以通过法律事件出现的频率来衡量。

集体管理的集中化与超越个体性特质阐明了此种管理远非仅限于个体的行为引导，它实际上反映了社会架构与整体力量的存在。集体管理最基本的一个特征，就是事物的集体化管理表现出事物超脱个体，因此其不是简单地规制个人的行为，而是对社会群体的制约和引导。集体管理的宗旨在于维护社会的相对秩序，推进社会的不断发展，协调、规整社会内部各种关系的制度化体现。因此，集体性的行为原则上也应当服从集体。社会之所以进行集体管理，目的在于维护和巩固自己的统领地位，故它在进行管理时会利用社会规则，即法律、道德、宗教、舆论等。社会为了规制某些行为，提倡某些行为，主要采用教化、惩罚、疏导、控制等方式手段，主要通过观念力、道德力等方式对行为者施加影响。

二、法律是理性和经验有效互动的产物

法律是理性和经验有效互动的产物。韦伯在其著作《法律社会学》中说明了一个观点，即近代法律的发展理性化是一个需要通过多种不同层次手段

才能最终实现的过程，[1] 由此我们可以推断出法律的发展是一个综合性的过程，即法律的发展离不开运用理性思维思考之后的理论发展与法律实践所产生的经验的共同作用。具体而言，二者存在一个互相影响作用的过程，法律在实践过程中所产生的问题以及积累的经验，启发了法律相关学者利用其理性思维对法律体系的研究与理论学说进行丰富来解决相关问题同时运用相关经验来丰富自己的研究，而这些被不断丰富的理论与学说在投入社会实践后又进一步促进了社会实践经验的产生与积累，而就是这样一个有效互动的螺旋式过程促进了法律的发展。

法规乃是理智思考的结晶，其合理性可扩展至法律判决之合理性，虽有可能掺杂规则机械性质，但随着历史的演进和岁月的消磨，法规中的合理性要素日益凸显。这表明法律不仅仅是一种冷冰冰的规定，而是随着社会的发展和人类理性的进步而不断演化的。从理性角度来看，法律在构建和实施过程中融入了科技理性和法律理性。这两种理性不仅体现在法律规范的制定上，也体现在对法律实施效果的评估和调整上。在社会控制到公共治理的变迁过程中，法律发挥的功能体现了法律对于社会文明进步的贡献。此外，法律与道德的关系及其实践发展表明，法律是社会控制的主导规范，这体现了法律理性对社会行为的影响。上述过程进一步表明法律是在不断地积累经验中发展完善的，现实社会的发展不断弥补和改进现有的法律体系。其他证据也证实了这一观点，举例来说，法产生权威并非仅仅依仗逻辑推理，实际上更依赖于实践经验，这揭示了法律中不仅理性的要素占据一席之地，同时也深刻地受到经验因素的塑造。同时，法律的实质理性与形式理性相对应，体现了法律内在逻辑品质的重要性，这些品质包括规则性、现实性等，都是基于理性思考并经过实践检验的结果。

法律治理的理念被认为是对法律根本性质及其进化规律的宏观全局的合理理解和构建。这说明法律不仅仅是一种经验的产物，也是理性思考的结果。庞德的主张进一步深化了法律既源于逻辑推理又源于实践经验的理念。他的看法是，只有当立法者的意志受到逻辑思维与实际体验的共同制约时，我们才有理由期望其能够确立合理的法规。法律的发展和完善是一个将理性与经验相结合的过程，既依赖理性的指导，也需要经验的积累和检验。这一过程

---

〔1〕 参见 [德] 韦伯：《法律社会学》，康乐、简惠美译，广西师范大学出版社 2005 年版。

体现了法律作为社会规范的复杂性和动态性。

三、法律为有效的社会控制提供路径

法律的主要任务是实现社会资源利用的最大化，在浪费最小的情况下实现资源分配的最优化。法律不仅仅是维护秩序和制裁犯罪的工具，更是通过合理分配社会资源来实现社会整体利益的一种手段。

法律和社会控制以及文明三者有着复杂的关系，文明、法律以及社会控制三者是密不可分的，只有三者有机结合形成合力才能在人类不知满足的欲望与地球有限的资源之间寻找到一个平衡点，才能让全世界的人民过上知足常乐的生活。[1]对此庞德指出："社会控制的任务就是我们所说的法律的高度专业化的形式，这是希望能够限制人性自私的一面并且防止它无限膨胀的势头。"[2]

法律是一种现代技术手段，这就要求对现代法律技术的运用予以商讨。而被庞德所构造并赞美的法律学正是一种社会工程主义的理论。庞德最早在《通过法律的社会控制》一书中明确了其社会工程主义立场。他援引鲁思所相信的拉克说过的一段话，表示对拉克的道义彻底不信任，提出法律在某种程度上也是一种社会工程。法律作为社会控制的手段，必然有其潜在的局限性，例如它能够阻止政治国家行使必备的自由裁量权，使政治国家仅受其应当服从的法律的约束。综上所述，在接受以"跟进"为标志的规范主义控制性社会工程手段之际，一方面需要回归规范主义理性思辨本身，平衡法学规范与现实社会互动所涉及的问题；另一方面则需要深刻检讨和思考——在规范主义的原教旨主义的前提下，社会工程也必然无法摆脱其自身的难题。

四、法律是社会利益调整的合理方案

"从经验中去寻找某种能在丝毫无损于整个利益方案的条件下使各种冲突的和重叠的利益得到调整，并同时给予这种经验以合理发展的方法。"[3]法

---

〔1〕 尹逊涛：《庞德社会控制理论研究》，黑龙江大学 2019 年硕士学位论文。

〔2〕 ［美］罗斯科·庞德：《通过法律的社会控制》，沈宗灵译，楼邦彦校，商务印书馆 1984 年版，第 81 页。

〔3〕 参见 ［美］罗斯科·庞德：《通过法律的社会控制》，沈宗灵译，楼邦彦校，商务印书馆 1984 年版。

律作为社会控制的一种手段，它的主要作用是确认并保护经过长期社会实践为立法者所承认的最为有利的利益。法律作为社会控制的最有力的手段工具，其任务就在于使自我利益与他人利益保持平衡，通过设定利益分配标准达到一种"双赢"的局面，[1]"最终以法律权利的方式实现最大多数人的最大利益"。[2]

庞德认为，法律的价值问题是法律科学无法回避的难题，他强调了建立一个为每个人所同意的普遍法律价值尺度的重要性。这表明庞德认识到法律不是冷冰冰的规则和命令，而是需要有一定的价值支撑，这些价值能够指导人们的行为，确保社会秩序的稳定与文明的发展。法律的价值尺度是根据确定的价值进行划定的，这意味着法律的目的不仅仅是维护既有的秩序，更重要的是促进社会的进步和发展。这一点在他的书中得到了进一步的阐述，他认为为了保障文明的正常发展，必须借助外部的社会控制，使人类的合作性社会本能得以实现。这说明庞德认为法律是实现社会控制、促进文明发展的重要工具。

（韩明旭　西南政法大学人工智能法学院）

---

〔1〕 夏娜：《论庞德的社会控制理论及其对我国犯罪控制的启示》，载《江西科技师范大学学报》2014年第3期。

〔2〕 王莉：《例谈价值观差异对商务谈判的影响》，载《考试周刊》2008年第34期。

论美国刑事司法制度的不平等

——读克莱尔《特权与惩罚：美国司法的阴影》

美国刑事司法制度长期以来被视为民主、自由与法治的堡垒，仿佛每一桩案件中都体现了公平正义。然而，现实远非如此。尽管《美国宪法第六修正案》白纸黑字地写下："在一切刑事诉讼中，被告人有权……取得律师帮助为其辩护"，似为每一名被告人平等的辩护权背书，但这平等的辩护权在司法实践中并不真的为被告人平等享有。

法律以某种标准客观地对人、物、事件进行调整，但无法自动地消除特定群体在司法过程中受到的歧视和不平等。美国司法在积极追求满足优势阶层需求的同时，导致那些"被剥夺权利和地位低下的人"难以走出司法制度背后的种族差异的阴影，因此无法得到真正的正义。他们所处的社会地位让他们有着不同的生活阅历，最终决定了他们能获得的资源与获得资源的方式的差异，亦影响了最终的司法判决结果。本文从种族与阶级差异问题入手，尝试说明《特权与惩罚：美国司法的阴影》中提及的美国刑事司法制度的不平等。

一、美国刑事司法中广泛存在种族差异问题的成因溯源

任何上层建筑都无法脱离其经济基础而存在，美国的刑事司法制度与它所处的时代背景血肉相连。法庭上的一切都无法凭空存在，诉讼制度本身也是人的意志通过实践付诸现实的产物。美国刑事司法制度广泛存在不平等的原因有二：一是律师与被告人间天然不平等的再生产；二是美国刑事司法制度鲜明的政治色彩与经验主义。

首先，种族与阶级的不平等在美国刑事司法制度中主要由律师和被告人之间的关系来体现。这一刑事司法制度中最重要的关系本身就不平等，而这份

不平等又会通过法庭潜规则的运作再生产不平等。[1]调查证明，本身既不具有诉讼相关经验，也没有任何法律知识储备的优势群体——各个群体的中产阶级或白人工薪阶级，更愿意与律师建立信任与合作关系，因为他们相信自己高薪聘请的律师会忠实地履行辩护义务；而居住在贫困社区的穷人与有色人种中的工薪阶级极易与律师形成对抗关系，曾有过的犯罪前科或被治安监控的经历使他们难以相信公权力，自然也包括由权力机关派来的公设辩护人。并且，他们的诉求除了使自己免罪减刑，往往还有让警察或政府为种族主义举措和不公正对待作出补偿。后一点与律师的辩护期望并不一致，多数时间里也不会出现在优势群体的诉求中。

律师被迫夹在检察官、法官与被告人之间，辩护律师的工作量远超负荷致使辩诉交易成为刑事诉讼的主流。在这样的工作压力下，律师也很难顾及被告人的情绪与不满。况且多数律师事实上处于中产阶级，即使他们认为司法制度确实存在腐败和不公，也往往不会认为对弱势群体的种族偏见是系统性歧视，或司法制度本身缺乏公信力。

在刑事立案之后，法官与辩护律师便会开始就辩诉交易进行谈判，辩诉交易的基本含义是指在庭前通过被告方作出有罪答辩使控诉方降低指控强度，即将重罪名变为轻罪名，或减少指控罪数，或建议法官从轻处罚，双方经过协商、讨价还价之后达成一致协议并提交法官审决。[2]这一制度使得美国刑事司法审判中的认罪结案比例相当可观。辩诉交易堪称美国司法审判中的"潜规则"，法官、检察官、律师均对其心知肚明。但若弱势群体被告人与自己的辩护律师形成了对抗关系，坚持运用自己的法律知识亲自参与案件并拒绝接受律师给出的认罪建议，律师往往会选择消极地对待他们的案件，胁迫被告人认罪乃至于干脆放弃代理这桩案件。没有律师协助的被告人在充满辩诉交易的法庭寸步难行，加诸弱势群体被告人身上的罪名便自然愈发沉重。被告人对待律师的态度有着明显的种族和阶级差异，这一差异在司法运作过程中生产了新的不平等，也就是法官在裁决被告人时亦拥有种族和阶级歧视，最终导致优势群体被告人和弱势群体被告人同罪不同罚的

---

〔1〕［美］马修·克莱尔：《特权与惩罚：美国司法的阴影》，郭航译，上海人民出版社 2024 年版，第 142 页。

〔2〕郑丁足：《美国辩诉交易制度的无奈》，载《政治与法律》2002 年第 5 期。

滑稽局面。

另外，司法制度中浓厚的政治色彩使美国始终无法做到"司法至上"。尽管民权运动使美国从不光彩的种族歧视中醒悟过来，自 20 世纪 70 年代以来不断寻找此类问题的出路，为此颁布一系列司法改革，妄图以吸纳更多有色人种进入刑事司法机关工作的方式来解决种族主义问题。然而，美国的各项政治制度却仍然没能去除种族主义的成分，这种功能性障碍来自思想僵化和阻止改革与调整的顽固政治行为体的权力不断增长。[1]事实上，美国的种族问题不单纯是文化遗传和个人层面歧视问题，更表现为结构性的结果。美国的种族结构导致白人和黑人只在特定群体内部普遍拥有身份认同，但并不预设各个群体之间的认可和价值共识。[2]这是根深蒂固的种族主义的来源，也是那些掌握着整个美国政治命脉的人不愿意将太多权力让渡给黑人的原因。因此，这样治标不治本的司法改革对于美国司法制度光环背后浓郁的阴影无疑是隔靴搔痒。

美国的司法虽自比为世界人民追求平等的堡垒，但实质上并未完全独立于国会。尤其在刑事司法领域，联邦最高法院在裁决时最先考虑的是总统的态度而非判决的合宪性。其原因是联邦最高法院的大部分成员与司法权均受国会控制，而总统往往只提名那些与自己政见相合的人为法官候选人。同时，美国的法官制度要求法官"忠于职守，终身任职"，否则便有可能遭到国会的弹劾。如此，当选美国法官不可能不具有自己的政治立场。既然联邦最高法院无法独立于国会，不能去除自身的政治色彩与党性，在种族主义与党争肆虐的美国，其难免沦为种族主义的堡垒与政治的玩物。

况且，美国刑事司法审判中的不平等问题，不仅是对于种族的歧视，更带有对这些种族被告人经济地位低下的偏见。和优势阶层相比，弱势群体的发展机会是欠缺的，这也导致他们很难取得司法人员所认可的社会经济地位。例如，受到高等教育是跨越阶层的较为容易的方式，好学校的招生并不存在蓄意的歧视，但大部分贫困家庭无力承担高昂的学费，经济的拮据也为多数弱势群体走上犯罪提供了理由。当弱势群体的阶级地位因为种族的结构性而

---

[1] [美] 弗朗西斯·福山：《美国政治制度的衰败》，安桂芹编译，载《当代世界与社会主义》2014 年第 5 期。

[2] 李京桦、张爽：《美国种族主义的结构性问题解析》，载《贵州民族研究》2020 年第 11 期。

固定，优势群体会认为弱势群体穷、受教育程度低和失业率高是种族的原因而不是结构性的原因。[1]也由于上述原因，弱势群体的底层阶级几乎是固化的。

有色人种执法人员数量的增多显然并未改变大多数弱势群体被告人的命运，阶层地位的改变也带来了思想感情的转变，他们在执法过程中并不首先考虑自己同胞的命运，而是被偏见与歧视同化为一台冷酷的宣判逮捕的机器。

并且，经验主义难免会产生偏见，司法的能动主义是否在弱势群体身上体现为"多数人的暴力"？大多数民众情愿将法院看作一个按部就班恪守职责的冰冷的权力机器，但实际上并非如此。法庭是一个由法官、检察官、辩护律师等人组成的活生生的组织体，组成它的每个人都有自己的意见、个人感情、生活经验乃至政治倾向。美国法律允许警察在执法时自行决定是否需要逮捕当事人，这为形成以个人态度为转移而非以罪行为依据的美国司法系统开了窗口。这份极大的自由裁量权致使他们在决定是否逮捕他人时，难免会受到文化背景因素的影响。优势群体被告人通常与司法人员来自相同或相当的阶层，他们之间拥有某种"文化共性"——对于所属文化以及文化群体内化并产生归属感，[2]这使他们都更加信任彼此；而弱势群体被告人显然无法享受这一特权。克莱尔指出，在受访的警察中，很大一部分人的决策基于道德判断，亦即对方是否属于对社会有道德价值的人。多数弱势群体只是活着便已竭尽全力，因此他们缺乏警察所认同的社会地位或文化背景，很难在谈判阶段避免被警方逮捕的命运。

对一个给予利益集团太多不应有的重视却未能汇聚大多数人利益的制衡体制，只进行细枝末节的简单改革是没有效果的。[3]美国的社会评价标准日渐失去一致性，对一切权威都加深了蔑视的感情，强化了贫困阶层和少数民族对各种形式的权力不信任的心理。[4]本应承担保护职责的警察的作为反而

---

〔1〕 李京桦、张爽：《美国种族主义的结构性问题解析》，载《贵州民族研究》2020 年第 11 期。

〔2〕 张艳芳：《多元文化背景下跨文化认同理论的内涵及意义分析》，载《文学教育（上）》2018 年第 2 期。

〔3〕 ［美］弗朗西斯·福山：《美国政治制度的衰败》，安桂芹编译，载《当代世界与社会主义》2014 年第 5 期。

〔4〕 何鹏：《美国刑事司法新动向的剖析》，载《吉林大学社会科学学报》1982 年第 6 期。

提醒了人们不平等的存在，这颗不信任的种子自下而上地影响了弱势群体被告人对整个司法制度的态度，并通过其对律师的不信任生产新的不平等。如果美国的司法制度不能得到真正意义上的改革，这样的不平等问题只会愈演愈烈。

二、解决美国刑事司法不平等问题的现实困境

穷人和有色人种的日常生活和可能存在的犯罪前科使他们对司法制度普遍抱有消极的信赖。1868 年，美国通过了《美国宪法第十四修正案》，尽管此法案抽象规定黑人与白人享有同等受法律保护的权利，保证黑人与白人在政治权利上平等，却无法维护二者在社会生活中的平等。这一不平等问题始终无法彻底解决，其现实困境有二。

第一，难以跨越的阶层与日益尖锐的阶层矛盾。弱势群体被告人和优势群体被告人从出生开始就注定不同，不同的经济条件和所生活的社区环境塑造了他们。尽管他们最后走上了殊途同归的犯罪道路，但前者总因自身的特权而受到优待，后者却因身处弱势而受到压迫。不同的文化背景使得他们就连犯罪的理由也相差甚远——对于贫民窟和工薪家庭的拉丁裔或非裔而言，犯罪往往是他们不得不走上的道路；而对于中产阶级的美国白人而言，犯罪更像是一种享乐。

与能在社会资源、阶层地位甚至是种族身份的保障下与警方谈判后易于免除处罚的优势群体被告人不同，弱势群体被告人生活在一个稍有不慎便会遭受处罚的生活环境中，他们与权力机关缺乏社会联系，无法信赖由权力机关派遣的公设辩护律师，也没有多余的财力聘请私人律师。究其根本，是因为他们从来都不信任未得到高额报酬的律师会考虑他们的最优利益或寻求正义。事实也的确如此：即使有的律师对判决结果有所追求，他们追求的减少量刑与弱势群体对正义的诉求也绝不是同一种东西。

弱势群体被告人所生活的社区大概率会遭到当地警方的密切监视，贫困、疏离感、警方的严密盘查与不问事实如何，以上的任何一个因素单独存在都足以将他们打倒。并且，越是对弱势群体加以刑罚，他们自力更生的能力就越弱，因为他们所积累的生产资料与人际关系均可能因刑罚化为乌有。而优势群体大部分在和警方谈判的阶段便有概率免于被处罚，这是他们所拥有的社会资源所决定的。

在刑事诉讼程序的不同阶段，法官和律师会对弱势群体被告人表露出反感与歧视，而对优势群体被告人则表现出热情与优待。[1]甚至，弱势阶层和优势阶层从立法上便不平等。从缓刑制度上来看，大多数弱势群体被告人不愿意选择缓刑而宁愿被监禁，因为他们所处的社会关系和社区环境都不适合执行缓刑。这一现状的存在源于立法者在设置这一刑罚时并未考虑到这些贫困阶级的有色人种社区的真实结构。阶层之间的壁垒成了横亘在解决不平等问题之路上的高墙。

第二，过度膨胀的司法权力与大规模刑事化时代。美国有着对政府权力不信任的传统，而这一政治传统导致相较于其他民主国家，美国的司法机关和立法机关一直对政府起着巨大作用，也侵蚀着行政权力，导致行政问题需要通过司法手段解决。法院成为政府扩张的工具而不是约束导致了司法权力的不当扩大，而过于扩张的政府权力不可避免地会侵害公民的自由权与平等。这份侵害在弱势群体身上体现得尤为明显，尤其是在警察行使自由裁量权的时候。

自由主义是主导美国人的生活哲学，深深根植于美国的法律文化和法律价值观之中，渗透到了包括司法制度在内的各个领域，导致了各种公权力的处理方式私权化、刑事权力的处理方式民事化。[2]这样的司法指导思想也使美国刑事司法审理程序对辩诉交易的依赖与日俱增。但辩诉交易实质上破坏了法律的公平与正义，损害了法律在人们心中的威信。正义不应该是讨价还价和交易的对象。罪责刑相统一是法律的严肃性所决定并赖以体现的，而辩诉交易实际上是在拿法律作交易。辩诉交易的存在，通过辩护人与被告人之间天然的不平等关系，扩大了优势群体被告人与弱势群体被告人间的不平等。

辩诉交易是检察官自由裁量权的滥用，而美国警察所拥有的极大自由裁量权亦对弱势群体被告人实施了不公正的对待。在美国社会中，说警察机关是最有权力的国内机构并无不当之处，因为它能剥夺人的自由与生命。[3]美

---

[1] ［美］马修·克莱尔：《特权与惩罚：美国司法的阴影》，郭航译，上海人民出版社 2024 年版，第 142 页。

[2] 郑丁足：《美国辩诉交易制度的无奈》，载《政治与法律》2002 年第 5 期。

[3] ［美］弗兰克·莫恩：《当代美国犯罪问题和刑事司法制度探析》，刘艺工、任尔昕译，载《甘肃政法学院学报》1998 年第 4 期。

国自 20 世纪中叶以来逐渐开始有意识地限制警方的权力，诉讼法的主体得到了较大的完善。但是，没有一种法律制度能够在维护公共安全、保护社会财富与保护个人权利之间找到完美的平衡点。[1]前文已经提到，警察在逮捕被告人时，比起合宪性、违法性，最先考虑的是这个人对社会是否具有道德价值与这个人对于警方执行公务的态度是否恭敬。但多数弱势群体被告人缺乏警方所认可的社会价值或经济地位，他们所生活的社区决定了他们对公权力倾向于采取对抗性的态度，在接受警方盘问或审查时缺乏话语权，亦难以避免进入诉讼程序。

美国如今深陷于一个大规模刑事化的时代。美国在第二次世界大战后醉心于对外进行经济扩张，致使本国经济发展速度减慢，资本主义固有的各种矛盾日益尖锐，而阶级矛盾与民族矛盾也逐渐突出。[2]以上种种导致美国犯罪率直线上升，甚至达到了令统治阶级难以应付的状态。为了抑制犯罪数量，政府的施政导向从提供社会福利转向了大量制定惩罚性政策，而诉讼是美国的公共管理中不可分割的一部分，[3]自然检察官提起诉讼的数量也大大增加。不断扩充的监狱对弱势群体聚居的社区造成了极大的负面影响，他们遭受监禁的概率与优势群体相比大大提升。

弱势群体的社会经济地位使他们无法利用特权逃避刑罚，过于高昂的诉讼费用和严厉的刑罚本身又加重了他们的经济压力，如此，弱势群体被告人的命运似乎陷入莫比乌斯环。

三、结语

本文探讨了美国刑事司法制度中广泛存在的不平等现象的成因与解决此问题的困境。今天的种族主义司法不公已经不再以公然横行的种族歧视，而是通过压制和胁迫弱势群体的形式来展现。归根结底，美国刑事司法制度中的种种问题反映了更深层次的社会结构性不平等。如果不能通过更彻底的改革来打破这种循环，从制度上消除经济和种族歧视，增加对弱势群体的支持，

---

〔1〕 ［美］艾拉·柏恩敬：《美国刑事司法程序与对抗制度》，载《国家检察官学院学报》2005 年第 3 期。

〔2〕 何鹏：《美国刑事司法新动向的剖析》，载《吉林大学社会科学学报》1982 年第 6 期。

〔3〕 ［美］弗朗西斯·福山：《美国政治制度的衰败》，安桂芹编译，载《当代世界与社会主义》2014 年第 5 期。

司法制度的独立性和公正性将无从谈起。唯有通过全面的制度变革，才有可能让司法制度真正独立于政治，公平公正地对待每一个人，使得所谓的司法正义不再只是一种虚幻的光环，而是可以切实触及的现实目标。

（隆丽媛　西南政法大学人工智能法学院）

德肖维茨权利观：自然法理论的新注脚

——读德肖维茨《你的权利从哪里来》

古往今来，"权利来自哪里"常是各个法理学者的论战之地，在自然法学派和实证主义法学派探求权利本源的对垒中，学者们窥见了诸如来自神授、自然或者实定法等答案，却无法在此两大法学派中寻得定论。德肖维茨教授《你的权利从哪里来》一书便是一次开辟权利来源第三条进路的尝试，基于对自然法学派和实证主义法学派的批评，[1]他提出了"培养的权利"学说——权利来源于不义经验的总结，并于书中详细阐述了其学说的具体实践。本文将在自然法理论的立场上，沿袭作者的论证逻辑，从作者对自然法理论的批判导入，再以新自然法学派的理论对其批评作出回应，最后阐述两种理论在实践中如何结合和践行。

一、自然法理论的不足

自然法学派从诞生起便带着守护权利的神圣使命，划定着人类自由王国领域。从芝诺将"自然"置于斯多葛学派的思想中心，再到阿奎那将自然法视为与造物主沟通的"心灵渠道"，最后以自然权利的面貌在近现代世界的各个人权宣言中展露人权之光，[2]自然法终成为对抗不义实定法的利器。然而作者仍认为自然法在外在和内在两个层面均缺乏人类"正义感"情感经验的支撑，无法实现确定性的正义。

自然法的权利来源的外在论证路径即为造物主的授予，而此进路却充斥

---

〔1〕 作者在书中对于实证主义法学派的批评基本是借用自然法学派的批评，本文对此论述不再展开。

〔2〕 陈林林：《从自然法到自然权利——历史视野中的西方人权》，载《浙江大学学报（人文社会科学版）》2003 年第 2 期。

着极大的不确定性。正如《美国独立宣言》所言"我们认为这些真理是不言而喻的：人人生而平等，造物者赋予他们若干不可剥夺的权利，其中包括生命权、自由权和追求幸福的权利"，其意便是人类的神圣权利全部掌握在造物主的手中，人类对此只能承认而不能对抗。而神的旨意并非直接于人类心中显现，此不确定性便给诠释者们以"神谕"裁判人世的巨大权力。他们的目的如何，他们的神也就是何模样。[1]当种族歧视、男女不平等等社会议题出现时，"以造物主之名发言的人，不管是有意还是无心，总会以自然权利来掩护党派、宗教与个人的议程"，[2]造物主成为不义行为的背书。

并且，由于该进路所具有的宗教性，其需回应两重质疑：其一，如果权利来源于造物主，那么权利的内容应当具有时空的一致性，地域的差别和历史的发展不应会改变权利的内容。但全世界并非都拥有与美国一致的权利清单，权利由造物主书写只是一个美国人"坚信的建国神话"。而且，诸如蓄奴等在当时的辩护者称为造物主授权的权利，在我们现代人看来则是违背人权价值，已经成为被批评的过去，这愈加说明神学进路不仅不能为权利提供来源，且成了滋生不义行为的温床。其二，世界中宗教众多，更有无神论者，那么如何解决每个人信仰之间的冲突呢？一场战争既可以被一方辩护为正义之战，在另一方同样可以被辩护为"圣战"，[3]两者如此吊诡的辩护，足以揭示出造物主常是政治人物为论证其行为正当性的一种说辞，"造物主模糊的话语可以为任何意识形态所使用"。很多人都宣称自己获得了神旨意的真谛，但在多元的现代世界中，没有一种"真谛"能够为权利提供确定的来源。无法回应上述批评，权力来源的外在进路便被作者否定。

揭开神的律法作为不义行为的遮羞布后，作者便顺势展开对权利来源内在进路即"自然"的分析。借由前文的批判，其也揭示出"自然是善"的结论只不过是"神是善与万能"变种的真相，因此自然作为权利源头只剩下另一种可能——人性。

正如休谟所言，"在一个能不断改善与激发渴望的世界里，实然与应然并

---

〔1〕 ［德］费尔巴哈：《宗教的本质》，王太庆译，商务印书馆2010年版，第72~73页。

〔2〕 ［美］艾伦·德肖维茨：《你的权利从哪里来》，黄煜文译，北京大学出版社2014年版，第20页。下文若没有特别标示，均从该书中引用。

〔3〕 小布什在"9·11"恐怖袭击后对中东发起的战争中声称是造物主告诉他要打击基地组织，而本·拉登则认为他也只是按照其信仰的造物主的指示行事。

没有必然的关联性"，当我们把目光投向自然之时，自然的道德中立性赫然显露于丛林法则之中——弱肉强食的动物世界没有道德存在的余地，自然状态不能作为权利推导的正当性的神圣来源。以幽默的比喻来说，人性就像具有量子波动性一般，既有互帮互助的一面，也有互相残杀的一面，它只是以中立的态度呈现，无法附上"道德"的价值。但这也并非否定自然与道德毫无关联，作者仅仅是以此展示人性不能直接转译为道德、合法性或权利，而必须通过人类的经验加以调和，要避免自然主义谬误和教化主义谬误。[1]由此观之，作者实则非全面否定人性进路，这便为本文第三部分将其权利观与自然法理论的结合提供了可能。

神学的进路带有模糊性，人性的进路具有中立性，因而神学与人性均不能成为权利的真正来源。前者将权利来源抽象至难以被人所直接感知，后者将权利来源直接限定在赤裸裸的人性之中，两者的局限性都在号召一种"以人类可接近的来源为基础，并且必须服从于民众都可运用的真理验证体系"的出现——基于"正义感"情感经验的权利学说。人类权利的发展历史，也是人类对抗恶行的历史。在作者看来，完美的正义不能被描述，否则只会沦为替政治辩护的工具。但正义可以被感知，人类面对恶行时所涌现的"正义感"会提示正义的轮廓，我们便能从反面尽量接近完美的正义。然而，虽然作者想以此理论来解决自然法所存在的不足，但其理论的局限注定了其只能作为自然法学派的一个新注脚。

二、德肖维茨权利理论的局限

权利来源理论从根本上应当是形而上的，否则就难以经得住人类理性的层层追问，因而权利来源的历史生成论、法律实证论等权利的认知模式都难以成为权利来源问题的根本性解法。而作者单纯的经验视角下的权利理论让权利自身褪去了神圣色彩之后，既不向造物主祈求权利清单，亦非从自然之善中演绎出实体的权利，其本质上仍没有从形而上的层面对权利的正当性进行探讨，而只是从经验的层面指出了权利形成的路径。下文就将据此说明此种基于"不义"经验的权利观虽存在一定的局限，实则与自然法理论本身并

---

〔1〕　王时中：《论权利正当性论证的第三条道路——以德肖维茨的权利来源说为视角》，载《安徽大学学报（哲学社会科学版）》2016 年第 2 期。

不相悖，反而能与自然法的理论逻辑形成自洽。[1]

"这种不太有野心的权利取向不仅是我们所能采取的最好做法，并且在多元化的社会里，人们对于什么是最好的生活往往有着不同的想法，因此这个取向也可说是一种'理想建构'。"基于此，作者以极端的不义作为权利来源，将自己的权利理论自下而上的建立分成两个步骤：首先是辨识出某项权利丧失时出现的重大恶行，其次借助人们于此不义中获得的经验为该权利的设立作强大的辩护。当权利理论以负面经验为基础构建时，便获得更加贴近现实的特性，而非为自上而下演绎论证的虚无缥缈。也就是说，作者所强调的是理性的人民在应对恶劣的不义行为时能够精准地把握恶行的"不义"事实，但人民是否能够总是把握"不义"的内涵作者无法在自身的理论中给出解答，因此陷入了"从经验到先验又到经验"的循环论证之中。[2]

要解决上述论证谬误，作者本应当对"不义的定义"和"不义的限度"进行充分的阐述，但他却将该重任交由人们自己的判断。问及"不义"内涵，作者只是用列举事件的方式对不义的概念进行说明，论及何为极端的恶行时作者也只是诉诸"绝大部分理智的人"的正义感。而"正义感"的内涵，实则仍会涉及人们的正义理想，仍需要先验理论的支撑。

在学理上，学者们主要从积极和消极两个方面来定义正义感。罗尔斯即从积极角度把握正义感，他认为正义感是接受和执行正义原则的欲望和能力，它促使人去接受制度、信赖他人、履行义务，强调的是主体在未履行相应责任与义务时产生的负罪感；[3]另一方面，正义感则被视为与法律理念紧密相关的情感，具体而言就是人们在看见某个现实的法律现象与正义理想不一致时油然而生的愤怒感和不悦。[4]而后一种才是作者在构建其权利观时所使用

---

〔1〕《世界人权宣言》序言就写着"鉴于对人权的无视和侮蔑已发展为野蛮暴行，这些暴行玷污了人类的良心，而一个人人享有言论和信仰自由并免予恐惧和匮乏的世界的来临，已被宣布为普通人民的最高愿望"，这已然是自然法理论结合"不义"经验的论述。

〔2〕肖武：《基于恶的权利本体论构建——评艾伦·德肖维茨〈你的权利从哪里来?〉》，载《中国人权评论》2018 年第 1 期。

〔3〕陈江进：《正义感及其进化论解释——从罗尔斯的正义感思想谈起》，载《伦理学研究》2011 年第 6 期。

〔4〕何浩：《论公众法感情的法律价值——以昆山案为切入》，载《湖北经济学院学报（人文社会科学版）》2019 年第 3 期。

的正义感。

由此观之，该理论中的正义感必须与人类社会对于正义理想的想象相关联。同时，任何情感的触发都必须经过感知和评估两个阶段[1]，作为人类情感之一的正义感的激发同样要经过人们对当前事实的评估，该评估中所蕴含的理性就是人们心中的正义。所以，当美国的种族隔离开始时，众多白人在"白人至上主义"的熏陶下，并没有认为此制度违反其心中的正义，更妄谈其为作者书中的"极端的恶行"，因此，不辨析正义的理想，只谈"权利来源于恶行"并没有实际效用。

作者虽然在书中旗帜鲜明地反对先验式的正义学说，实则为新自然法学派的正义观留下了诸多余地。其并没有对于诸如罗尔斯的新自然法学派的正义理论展开全面的批判，反而在书中承认"自私，乃是建立个人权利体系的重要基石"。而罗尔斯设计的"无知之幕"正义观，同样是基于对人性自私的承认，只是在这样的一种理想的契约环境之中，人们可以超越时代、社会和个人所具有的局限性，从而选择他们认可的正义原则。[2]因此，在罗尔斯学说的框架下，正义理论首先主张"每个人对与其他人所拥有的最广泛的基本自由体系相容的类似自由体系都应有一种平等的权利"[3]，如此既明晰了正义理想，也明晰了正义感的内涵。

至此，借助新自然法学派的思想，作者理论中的"不义"内涵才得以在正面上明确。然而罗尔斯的思想也面临着一个实践层面的拷问：如何将此正义原则转化为政治制度构建的依据呢？德肖维茨的权利观回答了该转化的路径，欲图完善新自然法学说，需将抽象的正义理想运用于民主社会，并将其转化为如作者倡议的正义感经验，从而促进自然权利在实定法上的确立和运转。这正是本文第三部分将要阐述的德肖维茨权利观下自然法理论的实践问题。

三、自然法理论与德肖维茨权利观的结合与实践

耶林曾批评历史法学派提出的法律像原野上的植物那般毫无痛苦、毫不

---

[1] 唐丰鹤：《司法过程中的法感情——基于心理学情绪理论的分析》，载《四川大学学报（哲学社会科学版）》2021年第5期。

[2] 姚大志：《打开"无知之幕"——正义原则与社会稳定性》，载《开放时代》2001年第3期。

[3] [美]约翰·罗尔斯：《正义论》，何怀宏、何包钢、廖申白译，中国社会科学出版社1988年版，第56页。

费力地自然生成，认为这种观点是对法律过去状态的错误理解，是"浪漫主义法学派"。[1]而若单纯地把自然法学派的正义理想悬置于学者探讨之中，同样也是将权利的形成过程浪漫化。作者之所以在论证权利来源时诉诸人类的"不义"经验，正是担心抽象的自然法塑造的是一群权利的懒惰者，只见形而上的正义，不见形而下的现实。虽然德肖维茨的权利观存在理论的局限，却能够作为自然法学派的一个注脚，提示自然法学家们建设正义理想的方式——权利的斗争。

"联结国民与法律之间的牢固纽带，不是习惯，而是牺牲。"[2]法律的存在必须防御不法侵害，一旦面对极端的恶行，人们不仅不能单纯等待法律的救济，而且还要基于自己的"正义感"为自己的权利而斗争，最终从为了人格的道德自我维护，再到协同实现权利的理念，以此维护整个社会的共同利益。[3]在斗争之中，实体法的权利得到激活，实体法缺乏的自然权利得到确认。与此同时，自然法学派憧憬的"正义"观念也真正在实体法中展现，"权利来源于恶行"才得到证实。

但在社会现实中，要想实现上文所述的理想状态，就须认识到一个国家的法治水平与公民的权利意识息息相关，而完备的权利意识不仅要求公民了解维权途径，还要求公民认识和理解其享有的权利及其价值。[4]这样公民才知道为何而斗争。在中国语境下，前者在"打官司热"面前应不成问题，而后者在普法实践中却易流于具体法条普及而非权利理想与法律价值的普及，最后导致公民在法律程序运作中频频碰壁，乃至出现法律保护权利后的成果与程序发起人意愿相左的情形。[5]

与此同时，普法实践会遭受"精英主义"与"西式改造"的批评，[6]被认为会割裂普通公民与本土非讼文化的联结，破坏了我国现有的治理环境的窠臼，然而非讼和诉讼都是一种选择，如果当事人选择了以法律作为救济自

---

〔1〕 雷磊：《"为权利而斗争"：从话语到理论》，载《苏州大学学报（哲学社会科学版）》2019年第2期。

〔2〕 ［德］鲁道夫·冯·耶林：《为权利而斗争》，刘权译，法律出版社2023年版，第9页。

〔3〕 ［德］鲁道夫·冯·耶林：《为权利而斗争》，刘权译，法律出版社2023年版，第13页。

〔4〕 姜涌：《公民的主体意识》，载《山东大学学报（哲学社会科学版）》2003年第3期。

〔5〕 参见电影《秋菊打官司》。

〔6〕 凌斌：《普法、法盲与法治》，载《法制与社会发展》2004年第2期。

己的方式，就应承担法律程序带来的结果。法律为其自身的正义理想是否实现负责，不为当事人的结局是否令其满意负责。[1]问题并不在于法律制度，而在于公民对于法律程序导向的正义的了解，这最终仍需要普法实践。并且，公民没有对法治理想国的认知，不知道法律程序运作的最终结果，权利斗争也难以被激活，遑论权利体系的完善与运行。法治理想的落实呼唤更广泛的普法实践与权利斗争。

四、结语

作者原本带着重塑权利来源学说的目的而来，最后却也只是将"正义感"的经验观带进自然法学派之中。正如作者所言，"或许要提出一个完全没有破绽的权利理论是不可能的。若果真如此，该书可视为一个论证，支持——而非反对——一种过程导向、倡导性权利取向"，虽然该书实际上在权利来源问题上开辟出第三条进路，也未对富勒、哈特等探寻权利理论其他进路的法学家做出回应，却也从"正义感"的角度向我们重申了"法律的生命并非逻辑，而是经验"的真理，为自然法学派提供了新的注脚，也为人类的法治理想的实现提供了更为现实的视角。

（林志凯　西南政法大学经济法学院）

---

[1] 缪因知：《秋菊的错误与送法下乡》，载《法律和社会科学》2012 年第 2 期。

逻辑与经验的司法和谐

——读卡多佐《司法过程的性质》

法官应当如何作出司法决定？这是困扰每个时代的法律人的问题。而 19 世纪末 20 世纪初的美国也不例外，彼时美国已跃为头号资本主义强国，工业化和城市化高速发展，普通法的法律体系难以适应多变的社会现实，法学期待着全新的变革。美国法官卡多佐提供了崭新的视野，其著作《司法过程的性质》对整个司法过程进行了敏锐透彻的分析，他将哲学、历史、传统与社会学的方法作为影响司法过程的因素，形成了完整的司法过程的方法论集群。他的方法论之中融合了法律的经验与逻辑，以社会的福利的终极价值为导向。彼时的法律形式主义认为法律是自足、封闭、全面且完整的逻辑体系，而法律现实主义是对法律形式主义的反叛，认为法律是实现社会目标的工具，法律须根据它所达成的后果来判断，而不是根据它的内部结构来判断。[1]卡多佐不拘泥于某种主义，而是将僵硬的法律形式主义和激进的法律现实主义进行修正和协调，形成了和谐的司法过程的方法论框架。

一、司法过程中的逻辑：严谨类推的过程

卡多佐在书中提到了哲学的方法，即逻辑的方法，也称为类推的规则。普通法崇尚先例原则，先例原则中蕴含着类推的逻辑方法。在此背景下，法官不会将成文法规范直接作为演绎推理的大前提，而是将之作为裁判资料来源。[2]而判例是直接的法源，处理案件时法官更倾向于引用判例中的裁判规

---

〔1〕 王德玲：《法律现实主义、后果取向与大数据——疑难案件裁判范式新探》，载《山东社会科学》2019 年第 5 期。

〔2〕 李红海：《英国普通法导论》，北京大学出版社 2018 年版，第 261 页。

则或判决理由，此时类推的逻辑规则就为法官的判例援引提供了正当基础。

卡多佐认为普通法的运作并不是从普适的真理中演绎推理得出结论，而是从先例中不断地归纳总结，运用从旧的具体案例到新的具体案例的逻辑方法，形成普通法。后世法官开始对案件进行裁判时，会将该案件与先例进行比较，若案件与先例存在的事实存在重合或者类似的情况，法官就会从先例中抽象出可适用于本案的原则与规则，然后使用逻辑的方法，即类推的规则，将那些原则和规则作为新案件的判决理由进行判决。即类案是司法过程中的重要一环——尽管石油、天然气与野兔等动物迥然不同，但是它们在财产法的流动资源产权问题上有时就可被当成类似物。[1]在运用上述方法即严谨的类推的逻辑方法时，法官尚未考虑其他的影响司法裁判的因素。

卡多佐将这种逻辑的方法作为司法实践中选择规则路径之首。"如果依据相互对立的原则交替决定这些案件，那么这就是一种很大的不公。"[2]逻辑的方法正是对民众公平公正的期待的回应，将其放在首位也体现了司法对每个公民的尊重，体现了司法公平公正的价值取向。同时，卡多佐认为，逻辑的方法存在有利的确定的假设前提，从众多的实践先例中抽象出的原则和规则是具有合理性的，将这些原则和规则适用于新案件的过程是自然、有秩序且符合类推逻辑的，这会减少司法过程偏离的现象的发生，尽最大可能确保司法的道路的正确性和合理性。总之，类推的规则存在其正当性。虽然传统逻辑偏爱演绎推理——所有推论不是演绎的，就是欺骗。[3]但随着社会的发展，具体案件数量过大，使用类推的逻辑方法能提高司法效率，减轻法官负担，该方法不仅具有正当性，在实践中也具有现实意义。

但普通法中并非只运用了类推这种逻辑方法，艾森伯格对普通法中的推理模式进行了重新总结，将其归纳为先例推理、原则推理、类推推理、专业文献中确立规则的推理、假设推理以及推翻和其他的否决模式，[4]由此可窥见普通法中逻辑方法的博大精深，而先例原则是对逻辑方法的生动体现。先例原则自然是需要遵循先例的，其哲学基础是形式正义原则，即同案同判，

---

〔1〕 ［美］理查德·波斯纳：《法官如何思考》，苏力译，北京大学出版社2009年版，第171～172页。

〔2〕 参见［美］本杰明·卡多佐：《司法过程的性质》，苏力译，商务印书馆1997年版。

〔3〕 参见武宏志、周建武、唐坚：《非形式逻辑导论》，人民出版社2009年版。

〔4〕 参见［美］迈尔文·艾隆·艾森伯格：《普通法的本质》，张曙光等译，法律出版社2004年版。

但遵循先例中类推的内在逻辑也决定了先例原则必然要区别先例，形式正义原则的另一面要求不同案不同判，[1]法官此时需要推翻先例，那么不同判时法官又应该如何作出判决？这也正是区别先例产生的后果之一，先例原则的第三项内容——创制先例。

在区别先例之后，先例原则无法适用于新的具体案件中，或者先例原则适用于该案会导致明显的不公平或不合乎常理，此时法官就可以创制先例。正如博登海默所言，"对于所受理的案件尽管存在着规则或先例，但是法院在行使其所被授予的权力时考虑到该规则或先例在此争讼事实背景下总的来说或多或少是不完美的而拒绝适用它的情形"。[2]法官拒绝适用先例之后，英美法系中的衡平原则就发挥了重要作用。衡平原则认为，具有普遍性的规则一旦适用于某个别案件会导致不合情理或不公正的结果的，就有正当理由不适用它。[3]此时法官可以遵循正义和公平的原则作出判决，因为不是逻辑的方法，而是以公平正义为理由作出判决能与传统、社会的方法相衔接。综上，司法过程中的方法并不能只有逻辑，若逻辑的方法被极端滥用，法官都僵硬地遵循着类推规则裁判案件，那么案件中的特殊情况就会被忽视，真正的正义在逻辑的滥用中就被消解。同时，只运用逻辑方法导致法官没有创制先例的自由空间时，先例就无法跟着社会的变迁不断更新，法律也会如一潭死水，无法实现创新和进步。

二、司法过程中的经验：自由裁量的范畴

社会变迁，法律却具有安定性，此时自由裁量就需要发挥弥补的立法功能——"正如社会现实的变化是生活的法律，回应社会现实的变化则是法律的生命"。[4]司法过程中，法官在严格遵循逻辑方法之外，尚有自由裁量的范畴，此时法官则需要使用历史和传统的方法对案件进行审视，这正是司法过程中经验方法的部分体现。

卡多佐认为："历史在照亮昔日的同时也照亮了今天，而在照亮今天之际

---

〔1〕 孙海波：《普通法系法官背离先例的经验及其启示》，载《法商研究》2020 年第 5 期。

〔2〕 参见 [美] E. 博登海默：《法理学——法哲学及其方法》，邓正来、姬敬武译，梦觉校，华夏出版社 1987 年版。

〔3〕 王洪：《论判例法推理》，载《政法论丛》2018 年第 3 期。

〔4〕 参见 [以] 巴拉克：《民主国家的法官》，毕洪海译，法律出版社 2011 年版。

又照亮了未来。"〔1〕霍姆斯认为："对法律的理性研究在很大程度上仍然是关于历史的研究。"〔2〕卡多佐与霍姆斯的思想存在相似之处，他们都肯定了历史因素在法律中的重要作用。"历史是一个表演场，在上面进行着各种追求正确的法之尝试。"〔3〕卡多佐认为，法律本身就是历史发展演化的产物。从纵向对法律进行考察，不难发现法律本身会受历史发展的限制。部分规则从法律的外部而非内部来到我们面前，其难以用逻辑的方法推理得出，它们是历史演化的产物，是历史经验的规范表达。例如在不动产法的历史中，封建土地占有制相关的法律难以通过不动产的抽象概念演绎推理得出，其根植于当时封建土地占有制的土壤，若不对当时的历史进行考察则难以理解其法律制度，故历史的方法具有天然正当性。历史的方法启示着法官在决定案件时应当关注法律概念和法律原则的起源。置于历史情境，根据当时立法所考虑的因素、所服务的社会目的，可以将法律适用的外延适当扩大到当前的生活需要。历史的方法可以帮助法官解决成文法中没有明确规定的案件，具有重要意义。

历史的方法很重要，传统的方法同样不可忽视，传统即习惯。美国社会学家希尔斯认为："传统决定性的标准是，它是通过人类的行动、思想和想象创造出来的，代代相传。"〔4〕社会存在决定社会意识，习惯作为一种社会意识，根植于社会存在的土壤中，例如，在两次工业革命中，蒸汽和电的技术革新衍生出了新的习惯。卡多佐认为，社会生活塑造了行为，维护并确认了习惯，从此，人们在处理问题时，都会为了群体利益自觉或不自觉地遵循习惯，这在某种程度上成了人民日常的信仰和实践。若司法过程中忽视习惯的方法，公众对习惯的感情会受到伤害，正常的生产生活秩序可能遭到破坏，导致最后的裁判可能偏离正义的道路。

那么司法过程中应该如何适用习惯？能够运用到司法中的习惯也具有特殊性，需要经过一定标准的检验，即习惯必须具有合理性。对习惯的合理性进行论证需要从观念、功能与文化三个维度进行分析。其一，该习惯需要在观念上符合普通善良大众的价值取向，以确保该习惯在日常生活中符合常识；

---

〔1〕　参见［美］本杰明·卡多佐：《司法过程的性质》，苏力译，商务印书馆1997年版。

〔2〕　O. W. Holmes, "The Path of the Law", *Harvard Law Review*, Vol. 110, No. 5 (1997), p. 1001.

〔3〕　参见［德］阿图尔·考夫曼、温弗里德·哈斯默尔主编：《当代法哲学和法律理论导论》，郑永流译，法律出版社2002年版。

〔4〕　Edward Shils, *Tradition*, The University of Chicago Press, 1981.

其二，要探寻这个习惯合理化的目的以及它的功能取向是什么；其三，要厘清这个习惯与其适用场域之间的内在联系，找出该习惯对这个场域特殊的文化意义。[1]从这三个维度对习惯进行深入分析后，便能够对习惯在司法过程中的适用作出取舍。

同时，习惯的方法具有极大的创造力，对推进法律的革新有着重大意义。卡多佐认为，大多数情况下，习惯是一种司法过程中的检验标准，但其同时是社会存在的产物，能够在一定程度上反映社会的需求，若其需求足够大，法官也可谨慎行使对其予以法律批准的权利，推动法律本身的发展。

三、二者的协调：终极价值为导向

卡多佐将司法比作酿造化合物的过程，哲学、历史、传统和社会学的方法是其酿造的成分，那么各成分的比例如何确定？司法过程中逻辑和经验方法应该如何平衡协调才能达到和谐？这都是引人深思的问题。"法律所服务的目的将支配所有这些方法。"[2]此时，平衡的依据回到了法律的目的，经历漫长的思想流变，从僵硬的法律形式主义到法律实用主义，卡多佐眼中的法律的目的并不是法律本身，而是社会的需要。

庞德指出："法律不是为科学而科学。科学性是实现目的的一种手段，它必须通过它所达到的结果而不是其内部结构的精妙来评判；它必须根据它所满足目的的程度来衡量其价值，而不是以它的规则从它视为基础的教条中推导出来的逻辑过程的优美或严格来评判。"[3]卡多佐和庞德的思想有异曲同工之妙。在卡多佐看来，对于逻辑与经验的协调，需要运用社会学的方法，始终以法律的终极价值即社会福利为导向。社会福利非常宽泛，其大致可以解释为社会公众的朴素正义观，他们所坚持的集体的善以及由此所带来的社会收益。在1877年出版的《法律的目的》中，耶林将目的视为法律的创造者，法律是"透过国家的强制力量所获得的，确保社会生活条件之形式"。[4]法律为社会而存在，故法律并非冷冰冰的机器，若司法过程不考虑社会学的方

---

〔1〕 刘顺峰：《习惯何以成为法律——基于法人类学的考察》，载《甘肃社会科学》2023年第3期。

〔2〕 参见［美］本杰明·卡多佐：《司法过程的性质》，苏力译，商务印书馆1997年版。

〔3〕 R. Pound, "Mechanical Jurisprudence", *Columbia Law Review*, Vol. 8, No. 8 (1908), p. 605.

〔4〕 R. Jhering, Zweck, p. 443, 转引自吴从周：《概念法学、利益法学与价值法学：探索一部民法方法论的演变史》，中国法制出版社2011年版。

法，与社会大众的朴素正义认知相背离，那么法律的目的和终极价值便走向了虚无，正义难以实现。卡多佐的社会学方法坚持法律实用主义的观点，对僵硬的法律形式主义进行了修正，在重视法律本身的同时，强调社会实践与实际需求，始终以社会的合理的主流风气和价值观为终极价值导向，走向正义的司法裁判之路。

卡多佐的社会学方法除了可以成为平衡经验与逻辑的依据、保障司法的社会正义性，还对法律本身的发展有着重要作用。以社会福利为导向的方法可以在一定程度上为填补法律空白提供思考路径。现实世界复杂又千变万化，法律不可能涵盖各个领域的各个部分，实践中总会出现法律遗漏的情况和法律无法及时约束的新情况，法律总是存在着漏洞和空白，而在填补这些空白时，利用社会学的方法可以更加深入地了解这些空白背后的社会情况，正如深入冰川之下的海底，能够突破冰山一角而窥得其全貌，从而使空白的填补能够始终坚持社会正义的导向，推动法律的进步与革新。同时，社会学方法也能在一定程度上监督法官行使自由裁量权。在逻辑与经验的方法中进行平衡协调本就是法官所进行的自由裁量，若法官始终坚持个人的主观想法，导致逻辑与经验失衡，作出错误的、与正义背道而驰的判决，对法律本身发展并无益。而社会学的方法无形中为法官创设了限制，即法官的判决会受到社会大众的审视，大众会用社会正义去衡量法官的决定，如此，法官便不会封闭自己，而是开放地接受社会主流的观点，以社会福利为自己自由裁量的导向，从而作出判决。

四、结语

法官并非机器，即只是将法律条文与案件事实僵硬地匹配起来而得出决定。法官作出司法决定的过程中有着更多的智慧，正如卡多佐所言，这是一个将不同成分以不同比例酿造化合物的过程，无论是逻辑与经验方法的平衡艺术，还是以社会福利为导向的法律目的论，都能够助力法官作出更加合理的司法决定。该书虽立足于普通法的背景，但其文本内容具有普适性和启发意义，值得我们吸取教益。

（张杨杨　西南政法大学民商法学院）